大學叢書

教育行政

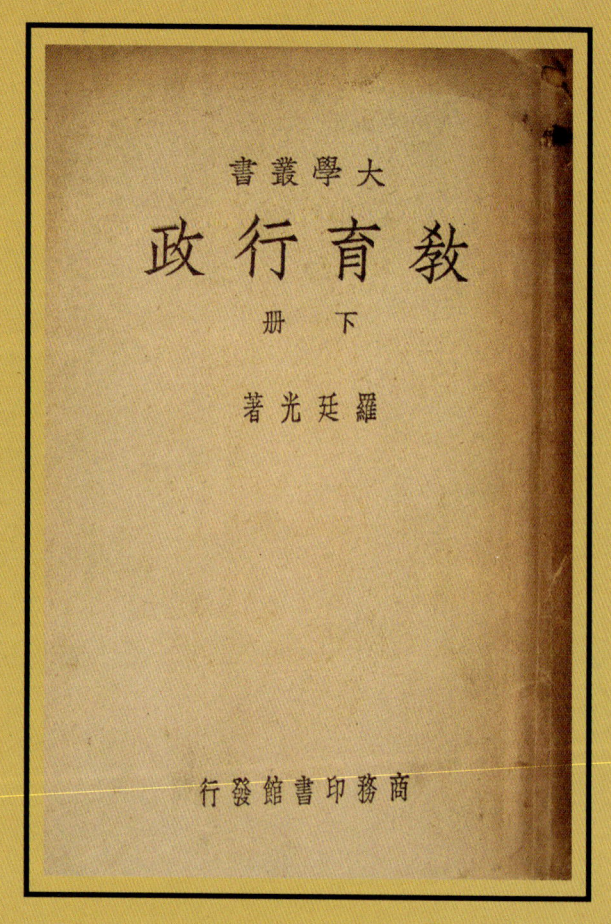

下冊

羅廷光 著

商務印書館發行

本书下册1948年于商务印书馆出版时的封面

二十世纪中国教育名著丛编

教育行政

下册

罗廷光◎著

主编◎瞿葆奎 郑金洲　特约编辑◎孙锦涛 谢延龙

福建教育出版社

目 次

卷下 学校行政…………………………………………（1）
 第一篇 行政组织………………………………………（3）
  第一章 组织系统……………………………………（5）
   第一节 组织类型…………………………………（7）
   第二节 组织原则…………………………………（14）
  第二章 校务分掌……………………………………（18）
   第一节 校务分掌的实际…………………………（18）
   第二节 各项会议…………………………………（26）
  第三章 办事效率……………………………………（32）
   第一节 行政计划…………………………………（32）
   第二节 办事方法…………………………………（39）
   第三节 办公室的布置和设备……………………（42）
 第二篇 教务……………………………………………（51）
  第四章 学级编制……………………………………（53）
   第一节 班级制之由来及其利弊…………………（53）
   第二节 分级的标准………………………………（56）
   第三节 经济的编制………………………………（59）

1

第五章 学级编制（续）…………………………（65）
第四节 改良的编制…………………………（65）
第五节 学级编制的评价……………………（76）

第六章 课程……………………………………（86）
第一节 课程的本质…………………………（86）
第二节 课程编造的理论和方法……………（90）
第三节 我国中小学现行课程………………（92）
第四节 课程行政的原则……………………（98）

第七章 教材及用书……………………………（102）
第一节 教材的本质…………………………（102）
第二节 教材的选择…………………………（103）
第三节 教材的组织和排列…………………（105）
第四节 用书问题……………………………（107）

第八章 上课时间支配…………………………（115）
第一节 各科上课时间的支配………………（115）
第二节 每周上课时间的支配………………（121）

第九章 成绩考查………………………………（129）
第一节 概说…………………………………（129）
第二节 测量法（标准测验）…………………（135）

第十章 记分法…………………………………（140）
第一节 记分法的本质及其使用……………（140）
第二节 记分法的种类及其利弊……………（142）

第三篇 训育……………………………………（155）

第十一章 概说…………………………………（157）
第一节 训育的本质及其重要………………（157）
第二节 训育的目标与原则…………………（162）

第十二章 训育实施……………………………（169）

第一节	训育制度	(169)
第二节	训育人员	(174)
第三节	训育方法	(176)
第十三章	**训育问题**	(181)
第一节	奖惩问题	(181)
第二节	顽童训练问题	(186)
第三节	学生自治问题	(188)
第四篇	**事务**	(193)
第十四章	**学校建筑与设备**	(195)
第一节	概说	(195)
第二节	校舍的建筑	(199)
第十五章	**学校建筑与设备（续）**	(211)
第三节	校舍的利用	(211)
第四节	学校设备	(217)
第十六章	**学校经费管理**	(226)
第一节	学校经费的支配	(226)
第二节	学校预算决算的编制	(229)
第三节	学校会计制度	(233)
第十七章	**庶务**	(238)
第一节	校工的管理	(238)
第二节	图书和校具的管理	(242)
第五篇	**体育与卫生**	(247)
第十八章	**学校体育与卫生**	(249)
第一节	学校体育	(249)
第二节	学校卫生	(251)
第三节	卫生工作纲要	(253)
第四节	卫生设备	(255)

第六篇 研究与推广 ………………………………………… (259)
第十九章 研究 ……………………………………………… (261)
第一节 研究组织 …………………………………………… (261)
第二节 研究方法 …………………………………………… (264)
第三节 研究程序 …………………………………………… (266)
第二十章 推广 ……………………………………………… (269)
第一节 推行家庭教育 ……………………………………… (269)
第二节 办理社会教育 ……………………………………… (272)
第三节 学校间的联络和协作 ……………………………… (275)

参考原料 ……………………………………………………… (278)
一、中国国民党抗战建国纲领 ……………………………… (278)
二、战时各级教育实施方案纲要 …………………………… (280)
三、李端棻请推广学校折 …………………………………… (283)
四、清德宗维新之诏 ………………………………………… (287)
五、清德宗诏停科举 ………………………………………… (287)
六、学部官制职守清单 ……………………………………… (288)
七、各省学务详细官制及办事权限章程 …………………… (290)
八、国民教育实施纲领 ……………………………………… (293)
九、修正小学规程 …………………………………………… (299)
十、修正民众学校规程 ……………………………………… (310)
十一、保国民学校设施要则 ………………………………… (313)
十二、乡(镇)中心学校设施要则 ………………………… (315)
十三、中学法 ………………………………………………… (317)
十四、修正中学规程 ………………………………………… (318)
十五、国立中学课程纲要 …………………………………… (334)
十六、师范学校法 …………………………………………… (338)
十七、修正师范学校规程 …………………………………… (339)

十八、职业学校法…………………………………(357)
十九、修正职业学校规程………………………(358)
二十、大学组织法…………………………………(370)
二十一、专科学校组织法………………………(377)
二十二、修正教育部组织法……………………(378)
二十三、修正教育部各司分科规程……………(380)
二十四、县各级组织纲要………………………(387)
二十五、修正浙江省县政组织规程……………(390)
二十六、训令办理县各级教育行政应行注意事项……(392)
二十七、小学教员待遇规程……………………(395)
二十八、教育部视导规程………………………(398)
二十九、省市督学规程…………………………(400)
三十、训育纲要……………………………………(401)

参考书举要………………………………………(409)
  (1) 西文部………………………………………(409)
  (2) 中文部………………………………………(422)

卷下　学校行政

卷下

第一篇　行政组织

第一篇　計量經濟學

第一章
组织系统

　　一个学校是一种生活的集团,也是一种有机体。它该维持一种生活的秩序,才能使这机关健全的存在着。这种生活的秩序的产生,就在于它的组织系统要健全而灵活,如同生物的循环系统、神经系统、消化系统一般。现在工商界正高声提倡科学的管理,其目的无非在增进效率,提高生产。科学的管理的要义,也就在组织健全;分工虽甚精细,各方衔接却十分灵巧,力量是集中的——力量一经分散,定无效率可言。故为增进行政效率,学校组织系统,不可不详加研究。

　　一校的组织系统,视其规模大小和事务繁简而定:"单级小学,由一个人担任,也可勉强过去。能请一位助教,当然更好。理想的便是夫妻两人合任。两级的小学,要有三人;三级的至少四人,最好是五人;四级的六人;五级而有高年级的,宜八人;六级至少九人:这都是指专任教员说的。六级以上,每增一级,约以添教员一人半为度。四级以下的小学,不易设不任教科的职员。六级以上可设一职员,九级以上约设二人,十二级以上约设三人。大约每增三级,加一职员,这是一个大概的通则,实际要看经费而定。"① 实际，学校规模小不成问题，一个人"自拉自唱"还会有什么跟不上的？"夫唱妇随"，琴瑟协调，有如天籁！便在教员共有三五人的小学里，大家朝夕相见，同桌而食，随时可以谈论校务，何必一定要画出学校组织的系统表来？何必一定要设种种会议？

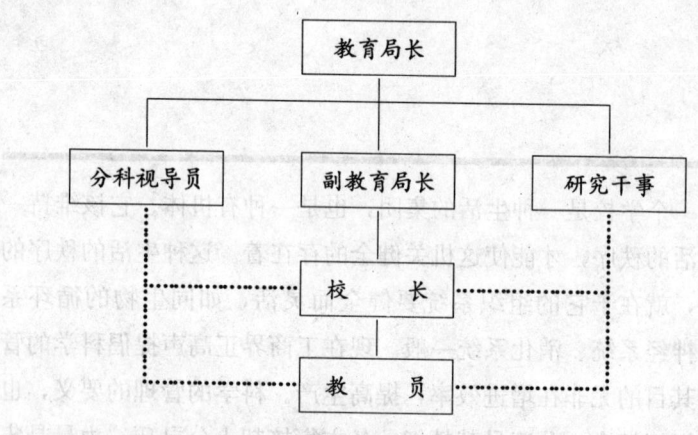

图 7 美国普通市教育行政组织简图

难的是到了学校规模大了，教职员、学生人数都多了，为避免冲突，便于校务进行起见，不得不有组织系统，有人依据客观的调查事实而发现过去小学组织系统的弊端有四：（1）组织不翔实，（2）事权不统一，（3）部分欠联络，（4）会议太浪费。② 中等学校何尝不犯了同样的弊病？或专骛外表，不讲实际，或冗员太多，办事迟钝，或"会而不议，议而不决，决而不行，行而不

---

① 俞子夷：《小学行政》，中华，第73页。
② 王秀南：《小学行政组织之新趋势》，载《教育杂志》第23卷第11号。

通"。待改革之处真不少呢？

外国学校，组织系统非常简单，校长以下，小规模的只设几个书记或事务员，大规模的亦不过加上几个助手如副校长、秘书及女生指导员之类，从不像我国学校之设如许主任和如许职员的。在美国，一市（或一县）的教育行政，多采领袖制，事权集中，大部学校行政事项的管理和监督（如教员的聘任，校舍的建筑，校具的购置，教科用书的采办，经费的管理及学校卫生的施行等），几乎全属教育局长或副教育局长的职权；校长虽是一校的领袖，但只接受局长的政策，代为执行而已，故其学校系统极为简单。观上图可知校长在整个行政系统上所占的地位，虚线表示彼此互有联络，实线表示上下相承可以命令行之。

第一节 组织类别

组织形式通常分下列各种：

一、线形组织 "线形组织"（Line type of organization）又名"竹节组织法"，意本直线的进行，自上而下，条分缕析，部下分系，系下分股，有层层叠叠的阶级。此种组织，在我国通常分为二部、三部或四部。行二分制者，校长以下设教导、总务二部；行三分制者，校长下设教务、训导（依《修正中学规程》，六级以上学校得设教务、训育主任各一人）及事务（或称总务）三部，或将教务、训育合为教导，另设研究部，成为三部；行四分制者，校长以下设有教务、训育、事务及研究四部（实例见后）。依张文昌氏分析沿海六省八十个中学章程，或九十个中学调查表，而知现今"我国各中学以三部制为最多，而三部之分类，以教务、事务与训育为最多。行政单位的名称，以处为最多,部次之;分股以二股、四股或三股为最多。"①

此种组织,滥觞于企业的管理,含有个人独裁的意味②,其应用教育行政上,则由领袖居高临下,逐步指挥监督;属下对直辖长官负责,而归宗于最高长官一人(在学校则为校长),行之于规模较大的学校,颇为适宜。

二、职能组织 "职能组织法"(Function or staff type of organization)也称"横体组织法"。学校系统上不分数部,而按工作种类和事实需要,分为若干科或若干股,每科或股只管单纯的一件事,如教务股、指导股、出版股、会计股等,各有专责,由校长直接统辖。校长之下另设各种会议,如教务会议、行政会议等,共商重要校务。前东南大学附属中学曾实行之(图例详后)。依该校主任廖世承氏称,此种组织有以下各优点③:(1)它是一种会议制的性质,各种事情注重公开,避去独裁的弊病;(2)各教员分任职务,破除教职员的界限;(3)职务有专任,不致推诿不负责;(4)全体学生对学校行政也负了一部分的责任。实际这种组织,行于规模小的学校较为适宜,因为阶级少,行动便敏捷。若在大规模的学校,事务繁杂,皆须由校长直接统辖,未免过劳;且遇校长不在校,或有意外更动时,各科或各股间的联络,便失了中心,无人可指挥全局;不比线形组织尚有各部主任负责,无大影响,且分部较少,联络亦较易。

三、合作组织 合作组织就是"委员组织"(Committee plan of organization),不分部,不设各部主任,仅按各项事务分

---

① 张文昌:《中学教务研究》,民智,第一章第一节,以及黄式金、张文昌:《中学行政概论》,世界。

② 详 Ayer, F.C. and Barr, A.S., *The Organization of Supervision*, ff., D. Appleton and Co., 1928, p. 210.

③ 廖世承:《中学教育》,商务,第159~162页。

类，设置许多委员会处理。此种组织法，在地方教育行政方面（如英国的郡参事会和郡邑参事会下之教育委员会及美国市教育董事会下每设若干委员会——例如新泽西（New Jersey）州之纽瓦克（Newark）市设有五个常务委员会，他处亦有类似办法），显出其相当成绩。惟在学校行政方面，是否可全用委员制，则大成问题。大约需多人合力研究或共同处理的事项，不妨设委员会以为研究处理；其余主干部分定当有人专门负责，不可诿之委员会，理至明显。江西在民国十六、十七年〔1927、1928〕间中等学校曾一度废除校长，全用委员会制，其弊端已如陈礼江氏所举："赣省中等学校昔时采用委员会制度，学校当局遇事推诿，毫不负责。校务进行的速率，适与委员会人数的多寡成反比例。"总之，此种组织的施行，自有其相当限度，不可漫然行之。①

四、混合组织　即纵的组织（如线形组织）和横的组织（如职能组织）的混合；在一方面将普通行政事务分配于各部股主任；另一方面将专门事项，如研究推广及自治指导等，划开设科办理。在此制下，各种委员会亦可因事实需要酌为设置。兹举数例以见一斑：

（一）线形组织的例——上海中学实验小学组织系统

---

① 关于线形组织、职能组织及合作组织利弊，F. Engelhardt 在所著 *Public School Organization and Administration*, pp. 150-160 中论之綦详，可参考。

上海中学实验小学组织系统图

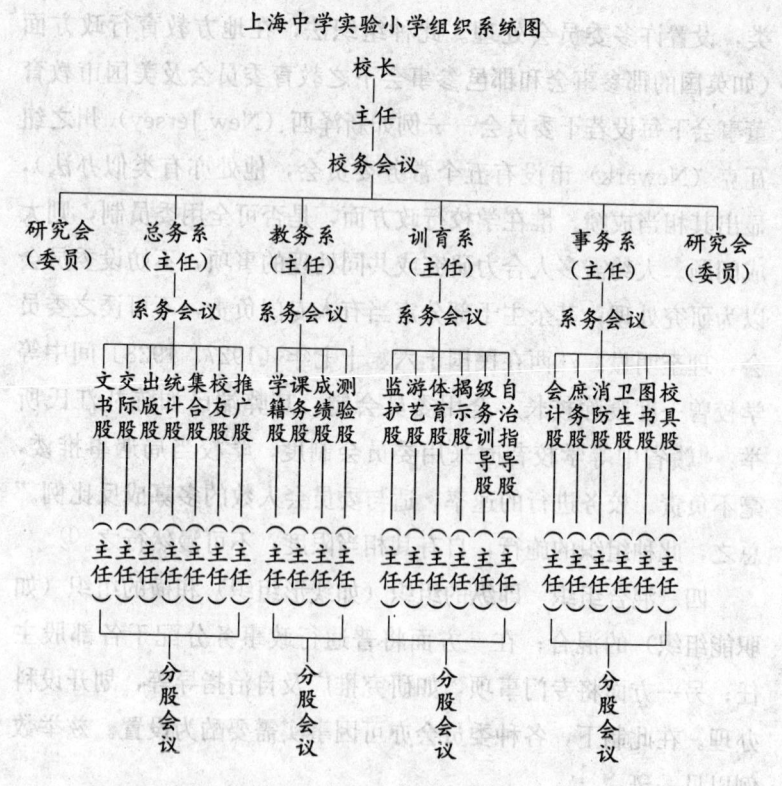

```
                           校长
                            │
                           主任
                            │
                          校务会议
   ┌────────┬────────┬────────┼────────┬────────┬────────┐
  研究会    总务系    教务系    训育系    事务系    研究会
 （委员）  （主任）  （主任）  （主任）  （主任）  （委员）
            │        │        │        │
          系务会议  系务会议  系务会议  系务会议
            │        │        │        │
         文交出统集校推  学课成测  监游体揭级自  会庶消卫图校
         书际版计合友广  籍务绩验  护艺育示务治  计务防生书具
         股股股股股股股  股股股股  股股股股指训  股股股股股股
                                     导导
                                     股股
            │        │        │        │
        主主主主主主主  主主主主  主主主主主主  主主主主主主
        任任任任任任任  任任任任  任任任任任任  任任任任任任
            │        │        │        │
         分股会议  分股会议  分股会议  分股会议
```

（二）职能组织的例——前东大附中组织系统

第一章　组织系统

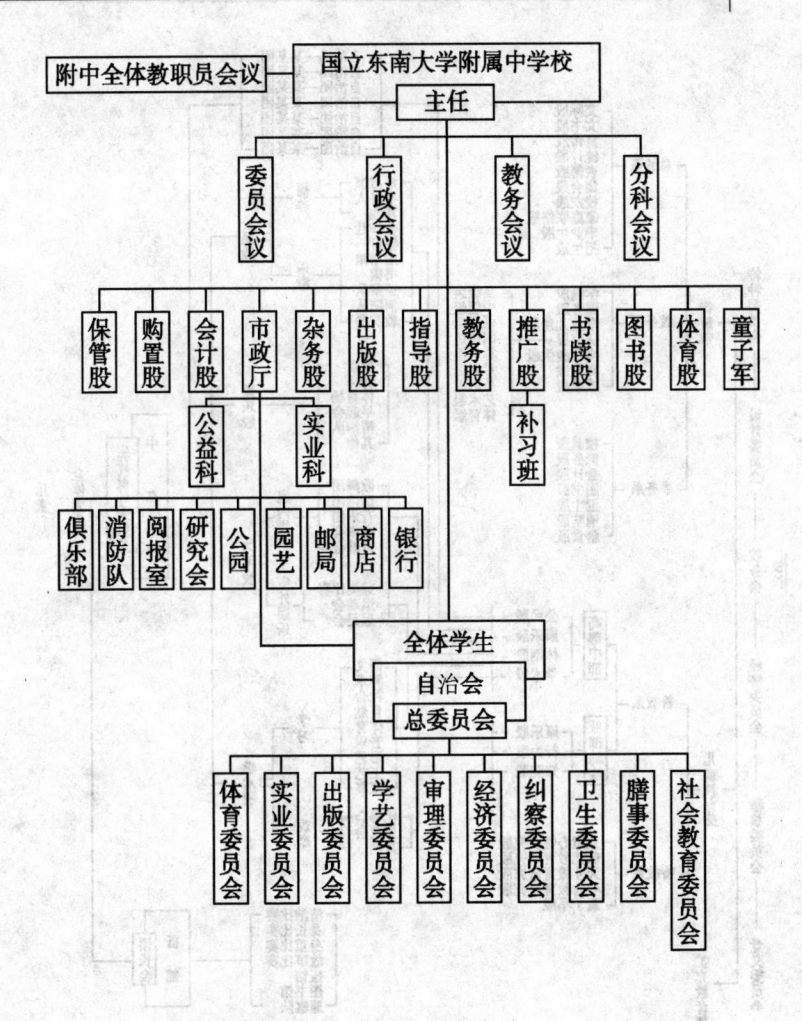

```
附中全体教职员会议 ── 国立东南大学附属中学校
                        主任
        ┌──────┬──────┬──────┬──────┐
      委员    行政    教务    分科
      会议    会议    会议    会议
  ┌──┬──┬──┬──┬──┐  ┌──┬──┬──┬──┬──┐
 保 购 会 市 杂 出  指 教 推 书 图 体 童
 管 置 计 政 务 版  导 务 广 籍 书 育 子
 股 股 股 厅 股 股  股 股 股 股 股 股 军
         │  │                │
        公 实               补
        益 业               习
        科 科               班
  ┌──┬──┬──┬──┬──┐
 俱 消 阅 研 公 园 邮 商 银
 乐 防 报 究 园 艺 局 店 行
 部 队 室 会
```

```
          全体学生
          自治会
          总委员会
  ┌──┬──┬──┬──┬──┬──┬──┬──┐
 体 实 出 学 审 经 纠 卫 膳 社
 育 业 版 艺 理 济 察 生 事 会
 委 委 委 委 委 委 委 委 委 教
 员 员 员 员 员 员 员 员 员 育
 会 会 会 会 会 会 会 会 会 委
                              员
                              会
```

（三）混合组织的例——南京女中实小

11

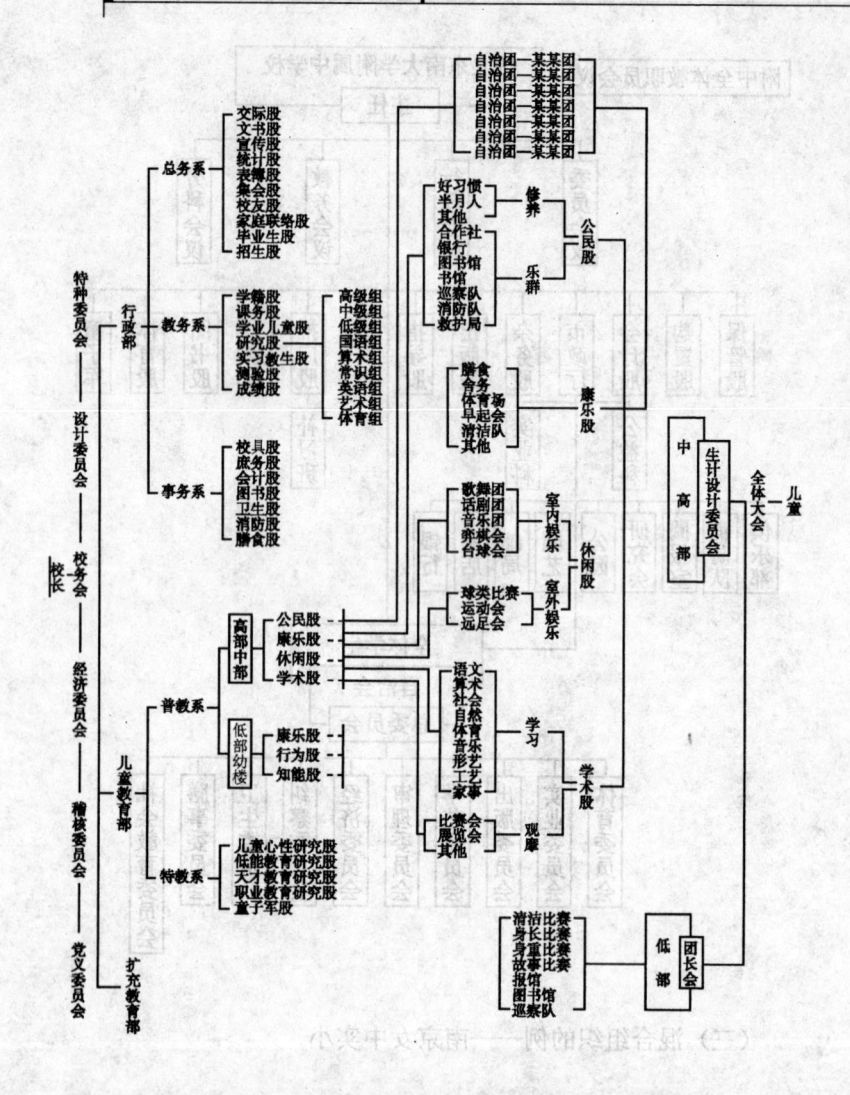

教育部最近曾规定《中等学校行政组织补充办法》若干条（本办法自二十八年度〔1939〕起实施，三十年〔1941〕二月二十日修正），兹录其要点如下：

（1）八学级以下之中等学校，设教导处，其下分教务、训导、体育卫生等组，并得酌设事务处。

（2）八学级以上之中等学校，得分设教务、训导、体育、事务四处，教务处分设教学、注册、设备三组；训导处分设训育、管理二组，体育处分设体育、卫生二组，如体育卫生合组，得附设于训导处；事务处分设文书、庶务、出纳三组。职业学校得增设营业组。

（3）处各设主任一人，组各设组长一人，主任及组长均由专任教员任之；但文书、庶务、出纳及营业等组长得不由教员兼任。教务组长由教导处主任兼任，教学组长由教务处主任兼任，训育组长由训导处主任兼任，体育组长由体育处主任兼任。

（4）训导处主任（或训育组长）或训导组长，由主任导师兼任；体育处主任或体育卫生组长由体育教员兼任；管理组长由军事训练教官或童子军教练员兼任；卫生组长由校医或生理卫生教员兼任。

（5）处设组员或干事若干人，秉承处主任及组长分掌各组事务；书记若干人，办理缮写事务。

（6）八学级以下之中等学校，设会计一人；九学级以上之中等学校设会计室，置会计员一人，会计助理及书记若干人，秉承校长及法令别有规定之主管长官，办理会计事宜。

（7）九学级以上之师范学校，因辅导地方教育，得于教务处下增设辅导组，其组长由教育学科教员兼任。不设辅导组者，此项辅导地方教育事项，由教务处教学组或指导组办理。

（8）两科以上之职业学校得于教导或教务处下设置科主任，由各科职业学校教员兼任。

兹据现行中小学章则拟一中等规模之学校行政组织简图如下：

——— 13

```
                    校长
                  校务会议
┌──────┬──────┬──────┬──────┬──────┐
他项   推广   训育   教务   事务   研究   各种
重要   部     部     部     部     部     委员会
部门
（会   （     （训   （教   （事   （会
议）   ）     育会   务会   务会   议）
              议）   议）   议）
                                          
分     分     分     分
股     股     股     股
```

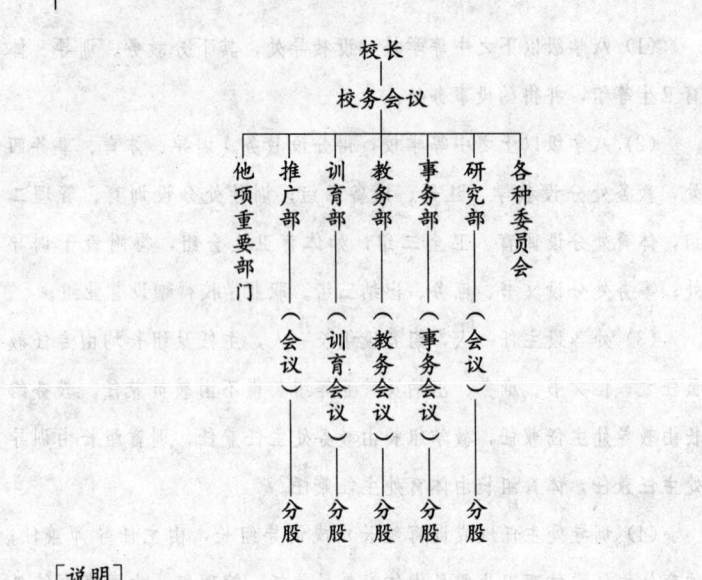

[说明]

(1) 大规模学校可于事务部外，设置总务一部，或校长之下另设秘书一职亦可。

(2) 小规模学校，得将教务、训育二部合为教导部。

(3) 依《中学规程》，中学应设校务会议、教务会议、训育会议及事务会议四种；此处增设有研究、推广二部，其需置会议与否，视实际情形决定。

(4) 在小学，研究部得名为研究辅导部。

(5) 在政府正提倡学校兼办社会事业的今日，推广一部实属十分重要。新县制下的中心学校此部工作尤多。

(6) 各种委员会包括常设的和暂设的两种，各因事实需要而设立。

(7) 所谓他项重要部门，指在上述数种以外者，例如中等以上学校行导师制，便可酌设相当部门以资统辖。

第二节 组织原则

不论采何方式，用何方法，学校组织自有其应遵守的原则在，此种原则之重要者，可举如下：

一、组织力求翔实　一般学校往往专讲外表，不究内容，组织系统表纵然画得好看，实际却全不是那么一回事。此种通弊亟应革除。组织以简单为妙，力求翔实，表里一致，不是为了装点门面而有的。

二、组织应有弹性　组织要与范围恰当，那是一定的；不过学校范围时时变更，整个的组织却不可因而朝三暮四；如果这样，那不独是不经济，且易引起纷乱的现象。所以组织应有弹性，不可陷于僵化。所谓有弹性者，涵义有二：（一）大小合度，即一校的组织大小，应与现实的范围相当。（二）便于发展，以后学校范围扩张，一部分组织尽可随着改变，却不至影响全局。

三、系统要完整　完整实为组织的要义，学校整套机构，须使其各方巧为配合，成为脉脉相通，息息相关，不可分离的整体。各部纵各有其特殊的功用，但决不可视为渺不相涉之孤立的组织。须切实明了其自身仅为整个系统的一部，彼此理应调协合作，齐谋共同目的的达到。

四、责任要专一　各部职掌确定，权限明晰，不可有重复和冲突之处。不独如此，上级人员对于属下所授权柄，亦应合度，过轻过重均不宜。独裁的校长，遇事好大权独揽，不叫人负责，固属不妥；庸懦者流，无能统率全校，致失重心，亦非学校之福。合理的办法是校长把全校组织系统确定以后，即让各部尽力肩负应有的责任，不妄事干涉，亦不至大权旁落。

五、劳逸要均等　分工合作，原是团体事业的一个重要条件。不过所分之工，应轻重相当，劳逸均等，不可有的部分太忙，有的部分太闲。倘或劳逸不均，那便是组织欠健全的明证。这个理由很浅显，用不着多加说明。

六、联络要敏捷　一方面各部责任专一，同时彼此又要互相联络；此种联络并要迅速敏捷，方可增进行政效率。不独横的方面如此，纵的方面上下衔接亦应灵便，如"身之使臂，臂之使指"，一脉相承，才可把整个学校变成一个有机体。

七、行动要灵活　一学校的组织良否，于其各部行动是否灵活可以看出。专骛外表，组织松懈，系统繁杂的学校，其办事往往迟钝，行动异常拙笨；反是则否。欲求行动灵活，第一要有中心，精神统一，毫不涣散；其次要裁去骈枝机关或无用的组织；再要使各部按常规进行，养成各项熟练的习惯。

八、合于经济的原理　所谓合于经济的原理云云，系以最少量的时间、金钱和劳力，而获得最大效果的意思。外国应用工商业科学的管理法于学校行政和组织上，其效率遂大增加。我国学校往往不及他们，例如一校的职员数，每比人家多至数倍，而所做的工作并不见多，这是一个最不经济的地方，今后应加纠正。前东大附中组织上分了若干股别（组织系统见前），以各教员分担一部分职务，职员人数，可大为减少，便是一个组织合于经济原理（固然同时也合于教育原理）的例。

九、合于学生的需要　学校一切设施，都应力求合于学生的需要；在组织方面亦应如是。小学组织要合于小学儿童的需要；中等学校的组织，要合于中等学生（正在青年时期）的需要。不独编级、升级和留级应十分顾到他们的能力与兴趣及其他，即一级级会和全校学生自治会的组织亦当时时注意学生方面的需要情形。至于小学校的童子军，中等学校的少年团、青年团，其组织管理之应切合于学生的需要更不必说。

十、合于民主的精神　现今各国学校组织，因受政治的影响，独裁国家不免偏于独裁制方面，民主国家不免偏于民主制方面。我国政制似倾向于民主集权，今后学校组织，虽不必全取法于民主国家，但当饱含民主的精神（折衷于领袖制和会议制之间），理由却是很显明的。

研究问题

（1）依据数校（愈多愈好）组织系统研究其一般趋势，找出其共同优点与缺点。

（2）考核一个学校（中学或小学）的组织实况，并就组织原则提议改良意见。

（3）访问一个富有经验的学校行政当局，询其对于本校（或一般学校）组织的意见，记录下来，加以考虑。

（4）试拟一个学生 200 人，教职员 10 人的小学组织系统，并略加说明。

（5）试拟一个完全中学（初中学生至少六级，每级约 50 人，高中至少三级，每级约 40 人，教职员比平常比例减少）的组织系统，并略加说明。

（6）试依组织原则拟一个学生六级（教职员人数比平常减少）的乡村师范组织系统（尽量显示个人特见）。

（7）述学校组织所依据的重要条件。

（8）试论领袖制与会议制的利弊。

（9）新县制下乡（镇）中心学校的组织研究。

第二章

校务分掌

前章已将学校组织系统综合的陈述一番，此处接着讨论一校内部职务的分掌。

一校事务，头绪繁多——规模大者尤甚，——决非校长一人所能单独处置；必须采"分工"制，使同事兼任一部分的校务，这便所谓校务分掌。校务分掌的作用，自表面看去，虽为分工，究其实际，仍含有"合作"的性质。盖适当之分工，即最圆满的合作，有条不紊，首尾一贯；分工合作，原是一物的两面，不可分离的。

第一节 校务分掌的实际

兹据现行学校法规述各级学校设员的实情：

甲、小学校　小学设校长一人综理全校事务，除担任教学外，并指导教职员分掌校务及训教事项。每学级设级任教员一人，并得酌量情形添设专科教员。小学应单独或联合设立校医或看护，其有六学级以上者，得酌设事务员（《修正小学规程》第十一章）。

乙、中学校　中学设校长一人综理校务，并须担任教学。各学科均应聘请专任教员。其数在六学级以下之中学，平均每学级不得超过二人；七学级以上之中学，平均每学级不得超过三人。中学兼任教员人数不得超过全体教员人数四分之一。专任及兼任教员，均应轮值指导学生自习。

中学设教导主任一人，协助校长处理教务、训育事项。六学级以上之中学，得设教务、训育主任各一人，协助校长分别处理教务、训育事项。此种中学又得设事务主任一人，掌理教务、训育以外之事务。中学设校医一人，会计一人，图书馆、仪器、药品、标本及图表管理员二人至三人。六级以下之中学，设事务员及书记二人至四人；七学级以上之中学，每增两级，平均得设事务员或书记一人。各主任由教员兼任；校医由校长聘任；其余职员由校长任用（《修正中学规程》第十二章）。

师范学校设员情形，大致与中学同。（《修正师范学校规程》第十三章）（另参考部颁《中等学校行政组织补充办法》）

近因推行导师制，教育部在颁布之《中等以上学校导师制纲要》上规定："各校应将全校每一学级学生分为若干组，每组人数以五至十五人为度，每组设导师一人，由校长指定专任教师充任之。校长并指定主任导师或训育主任一人，综理全校学生训导事宜。"（第二条）

以上纯就法律规定者而言，实际，中等规模的学校，已多设有教务、训育（或合而为一）及事务数部，时加研究（或推广）一部，各有主任主持其事。规模大的，分部更细，人员更多。职员多了，办事反而不敏捷，这点以后应力求改革。

各部职掌事项，法律虽无明文规定，但就实际观察，各校教务、训育、事务、研究、推广等部所掌者，不外下列各端：

甲、教务

(1) 关于学级编制事项。

(2) 关于课程支配事项。

(3) 关于课表编排事项。

(4) 关于教科用书事项。

(5) 关于学籍调制事项。

(6) 关于成绩考查事项。

(7) 关于教具准备事项。

(8) 关于教员授课事项。

(9) 关于招生事项。

(10) 关于学生入学注册事项。

(11) 关于学生请假与旷课事项。

(12) 关于教员请假补课事项。

(13) 关于体育事项。

(14) 关于童子军事项。

(15) 关于毕业事项。

(16) 关于统计报告事项。

(17) 其他事项。①

乙、训育

(1) 关于训育方针事项。

---

① 依张文昌氏调查80个中学的章程，对于教务主任规定的重要职务如下：(1) 课程的编配，(2) 上课时间的排列，(3) 教本教材的审核规定，(4) 教员服务状况的查核，(5) 考试及测验的主持，(6) 各科联络与教法改进的商讨，(7) 学生成绩保管与登记，(8) 入学及注册的办理，(9) 学生请假与旷课的管理，(10) 教员缺席与补课的登记，(11) 教具仪器、图书的保管与整理，(12) 统计及呈报，(13) 学生成绩计算报告，(14) 学生之毕业、升级、留级事项，(15) 学生之退学、转学、休学事项，(16) 教室、实验室的支配，(17) 教务会议的召集，(18) 教务规程的修订。(张文昌：《中学教务研究》第一章第二节)

(2) 关于训导制度事项。

(3) 关于导生制施行事项。

(4) 关于学生风纪事项。

(5) 关于奖惩事项。

(6) 关于学生自治事项。

(7) 关于个性考察事项。

(8) 关于生活指导事项。

(9) 关于操行成绩事项。

(10) 关于裁判纠纷事项。

(11) 关于舍务事项。

(12) 其他事项。

丙、事务

(1) 关于文书事项。

(2) 关于会计事项。

(3) 关于购置事项。

(4) 关于保管事项。

(5) 关于修缮建筑事项。

(6) 关于装饰布置事项。

(7) 关于集会招待事项。

(8) 关于校工管理事项。

(9) 关于卫生事项。

(10) 关于图书事项。

(11) 其他杂务处理事项。

丁、研究

(1) 关于研究事项。

(2) 关于实验事项。

(3) 关于编审事项。

21

(4) 关于参观调查事项。

(5) 关于出版事项。

(6) 其他研究有关事项。

戊、推广

(1) 关于联络家庭事项。

(2) 关于学校兼办社会教育事项。

(3) 关于校工教育事项。

(4) 其他推广事项。

上述各端多偏于例行事务；至于教务、训育、事务各部主任应有职责，必不以此为限。浙江省曾于十九年〔1930〕颁行《中等教育注意事项》①，关于教务、训育、事务各项人员应注意者，颇可参考。兹录其要点如下：

甲、教务方面：

(1) 至少每日参观教课一班，与教师在退课后会晤商讨。

(2) 每周至少有三小时与教员研究教学改进事宜，一次科目研究会。

(3) 随时留意有用之新书籍，购读后并介绍给师生阅读。

(4) 随时调查学生各项作品与课外读物，谋教训之联络。

(5) 留心介绍新测验方案。

(6) 辅助组织同人读书会。

(7) 随时邀请校内外人作学术演讲。

(8) 厉行考试规则并监考。

(9) 留意介绍各种新教材，商同各教员采集，并自编教材。

(10) 改良上课讲解制，而得学生自动的反应，以增教学效率。

---

① 《三年来〈中教概况〉专号》，载《浙江教育行政周刊》第 4 卷第 1 期，以及黄式金、张文昌：《中学行政概论》，世界，第 31～35 页。

乙、训育方面：

(1) 明了训育的意义——不是消极的管理，而是训练青年在生活上有永久的良好的意念。

(2) 目标之明晰——有详细分析的训育目标与纲目，列出各种应养成的习惯，使易于实行与检查，代替许多规则。

(3) 应用学习原则——德行之学习与知识之学得相同，如预备练习，效果率之充分应用，不要单作说教式的灌输。

(4) 引起兴味——得到学生的自动与合作。

(5) 自身之修养——以身作则，潜移默化。

(6) 研究教育方法——参观试行各种有价值的训育方法。

(7) 阅览书籍——对于训育原理、方法，青年心理、青年问题之专书，应特别留意。

(8) 指导学生活动——指导有教育意义的活动，使全体学生作普遍地参与，以发泄剩余精力，并练习公民自治习惯。

(9) 积极的人格培养——充分的勇气与毅力，坚强的意志，奋发的精神。

(10) 练习民权初步——有好的会议习惯，以发展团体意义。

丙、事务方面：

(1) 增加效率——定出严密的系统和合用的条理。

(2) 提纲挈领——工作分类，按期拟订行事历，随时记下应办的事。

(3) 通盘筹划——于一定时间对全部事务作一通盘筹划，以便办理而增效率。

(4) 整理清洁——随时注意。

(5) 注意庖厨——预防蝇鼠，常除污垢，注意食物之清洁与营养。

(6) 安全问题——火患，房屋倒圮，走电，蚁蛀等的预防。

(7) 训练校工——使有卫生、防火及其他工作知识，并具良好的习惯。

(8) 事务教育化——博得学生的了解与合作，使彼等参加意见，帮忙协作，因得到工作上的经验与教训。

实际教务、训育、事务三者互有关联，不可截然分开。大概言之，教务、训育两部，为直接青年教育的机关，其中关于经费设备、校舍管理等类工作，则划归事务部；所以事务部的工作，不啻教训工作的一部分。但事务既设部专管，其职掌当应有显明之区分。事务部的工作，重在执行，能以最少的金钱与劳力，获得最良的效果。一校事务办理得法，大可增进教训方面的效能，反是则否。这是就事务与教务、训育的关系说的。

教务与训育关系尤为密切，二者均以教导学生为工作的对象。故两部职权的划分，颇不易易。有人说：教务工作以智育为中心，训育工作以德育为中心。"然所谓培养道德，与启发理智，其工作亦难作明显之划分。例如史地、公民等科，智育之范围也，而关于公民道德之培养，民族意识之激发，又莫不赖于此类课程。又如数理各科，纯粹自然科学也，而关于求真理，重分析之训练，则又入德育之范围矣。故教务与训育常有连带关系：离开教务而言训育，训育易落于空虚；离开训育而言教务，易流为舍本逐末。故教之与训，实有不可分者在。"[1]

那么应该怎么办呢？依王凤喈氏的意见，划分最良方法厥为

---

[1] 王凤喈：《改进学校行政问题之商讨》，载《教育通讯》第 2 卷第 44、45 期合刊。

分析教育目标，规定教、训两部各个所负的职责。按照三民主义教育实施原则及各项规程，中等教育之目标，得列举如下：

(1) 人格训练——道德指导
(2) 政治训练——思想指导
(3) 生活训练——治事指导
(4) 体格训练——健康指导
(5) 智能训练——学业指导
(6) 技能训练——职业指导

教务、训育对于实施上述各项训练，虽应共同负责，而注重之点则各不同。训育工作以实施前三种（人格、政治、生活）训练为主，而以其他为辅；教务工作以实施后三种（体格、智能、技能）训练为主，而以其他为辅。而就整个学校生活来说，教务以指导课内活动为主，训育以指导课外活动为主，二者关系异常密切，行政方面果能分工合作，则其效必大（同上）。这段话说的非常透彻而扼要。

我以为全校行政，可分为设计和执行两部分，执行部分应归教务、训育、事务各部专门管理；设计部分则依其性质，各与有关部门取得联系。例如训导实施，关于训育方针的确定，训育目标的厘订，以及奖惩办法的拟定等，皆属设计方面的事；至于如何执行，如何实施赏与罚，则为训育部应有的职责。又如校舍建筑，其设计绘图，必须切合教育原理和经济原则，如何可使房屋切合教育的需要，是设计方面应加考虑的；至如何使房屋坚实美观，而又省费，那是事务部及工程师的职掌。他亦准是。在设计方面，或置委员会或否，均依实际情况而定。

至如何联络各部分，使行动敏活，效率增进，且能集思广

25

益,发挥民主的精神,则有赖于各项会议的运用。

第二节 各项会议

一、会议的必要和原则

一个学校在相当的范围内,应有各种会议的组织。因教育事业千端万绪,一人的见识有限,若非同事各就所长,贡献意见,必难得到圆满的结果;且亦不易养成通力协作的空气,故在执行上为了办事的效率,或可采取领袖制,但在事前把重要问题提出来给大家讨论,求得一个较妥当的解决,实在是个很聪明的办法。学校需要会议的理由,简单说有下列各种:

(1) 集思广益。
(2) 防止独裁或当局营私舞弊的危险。
(3) 发挥民主精神。
(4) 使各人有参加校务的机会,借以免去种种隔阂。
(5) 增进教员与学校间的感情,并提起教员工作的兴趣。
(6) 使教员共同负责。
(7) 便于应付各项困难问题。

这是说会议不可少的;不过多了,也易产生种种弊端。如何祛其弊而取其利,盖当顾及下列的原则:

(1) 会议须必要时行之。
(2) 会议种类不可过多。
(3) 会议的时间应短,次数应多。
(4) 会议目的要确定,并要"准时开,准时散"。
(5) 非万不得已,不可改期或延长。
(6) 会议结果要尽量付之实行。

(7) 会议应备有议事日程，临时动议应酌量减少。①

二、会议的种类和范围

中小学会议的种类，大别为行政、设计、研究的数种；范围较大的学校，每种之中，又可分为若干类；较小的学校，则可酌量合并。依《修正小学规程》："小学有教员五人以上者，应组织教育研究会，研究改进校务及教学训育等事项。以本科全体教员为会员，每月至少开会一次，以校长为主席。"此外，小学在一学区内，在直隶行政院之市或县市内，在五县市至七县市内，在全省（乃至全国），应联合组织本区小学教育研究会，全市或全县市小学教育研究会，分区小学教育研究会及全省小学教育研究会。这些都属于研究的性质。在行政设计方面，却无规定。

部颁《修正中学规程》、《修正师范学校规程》及《修正职业学校规程》，皆曾规定下面四种会议：

1. 校务会议　以校长、全体教员、校医及会计组织之。校长为主席；讨论全校一切兴革事项。每学期开会一次或二次。

2. 教务会议　以校长及全体教员组织之。校长为主席；校长缺席时，教导主任或教务主任为主席，讨论一切教学（师范加实习）及图书设备、购置事项。每月开会一次。

3. 训育会议　以校长、各主任、各级任及校医组织之。校长为主席；校长缺席时，教导主任或训育主任为主席，讨论一切训育及管理事项。每月开会一次或二次。

4. 事务会议　以校长、各主任及全体教职员组织之。校长为主席；校长缺席时，事务主任为主席，讨论一切事务进行事项。每月开会一次。

---

① 参看李清悚：《小学行政》，中华，第 180～181 页。

此外尚有两种委员会（职业学校增设"职业指导推广委员会"），各校必须设置：

1. 训育指导委员会　由校长、各主任、各教员及校医组织之。以校长为主席，负一切指导学生之责。每月开会一次。（在行导师制下，则"各组导师应每月举行训导会议一次，汇报各组训导实施情形，并研究关于训导之共同问题。训导会议由校长为主席，校长因故不能出席时，得由主任导师或训育主任代表出席。"见《中等以上学校导师制纲要》第六条。）

2. 经济稽核委员会　由专任教员公推三人至五人组织之。委员轮流充当主席，负审核收支账目及单据之责。每月开会一次。

上面是法律规定的几种会议，各校大可依据实况酌为变通。笔者主持国立中央大学实验学校时，曾规定本校各种集会次数及出席人等如下：

纪念周——每周一次。主席：主任；出席者：全体教职员和学生。

全体教职员会议——每四周一次（星期一下午五时）。主席：主任；出席者：全体教职员。

校务会议——每二周一次（星期一下午五时）。主席：主任；出席者：各系主任、研究部主任、秘书、各级指导及教职员代表五人。

教务会议——每月一次。主席：教务系主任；出席者：全体教员。

训育会议——每月一次。主席：训育系主任；出席者：有关教职员。

事务会议——每月一次。主席：事务系主任；出席者：有关各职员。

研究会议——

低级（幼稚园在内）研究会——每周两次。主席：低级指导；出席者：低级教员、教务系主任、研究部主任。

中级研究会——每周两次。主席：中级指导；出席者：中级教员、教务系主任、研究部主任。

高级研究会——每周两次。主席：高级指导；出席者：高级教员、教务系主任、研究部主任。

中学部会议——每两周两次。主席：主任；出席者：中学部全体教职员。

关于会议应行讨论者：

第一，如何谋全校的联系？窃以规模较小的学校，不必有全体教职员会议和校务会议两种，有校务会议即已足够（不妨令全体教职员参加）；规模较大的，虽另设有全体教职员会议，但其功用只谋普泛的联络，不能频频集会，也不能有何等重要的决议。实际能负联系全校各方面的责任的，只有校务会议。校务会议的职权，必须明确规定。依《中等学校规程》仅规定为"讨论全校一切兴革事项"，似嫌过于简括。为欲使此会议发生实际的效用，应列举其职权，本会应讨论的事项，有下列各端：

（一）本校预算、决算事项——各公立学校预算，虽多由政府制定颁发，但当其未制定之前，各校大可向所辖机关陈述意见，俾将来此种预算，更切实际。又政府公布的预算系以校为单位，列出预算总额，于分配方面，并未详细规定，因之各校应讨论分配问题。又一校每年决算如有积存或亏空，应如何处理，亦应由全校各部分人员公共讨论。凡此皆校务会议职权所及者。

（二）各部计划审核——各部重要计划，有关全校者，须经校务会议审核，校长颁行；这样不独可使各方得充分了解，且可增加实行的力量。

(三)各种规则的厘定——局部的规则,由有关部分拟定,送本会修正通过,全校的规则,由校方拟定,亦由本会讨论通过。

(四)有关全校的重要问题——每逢全校有一中心活动(如举行各种纪念日,或发动某种社教运动)时,事前必提交校务会议讨论,经决议后,再行举办。又或训育上有何困难问题,必经本会讨论者,本会亦可作重要有力的决定。

(五)其他有关全校事项(校长认为须交本会讨论者)。

第二,如何谋各部分的联系?校务会议为全校最高的审议机关,其开会次数不宜过多(依法规所载,每学期只开会一次或两次),专恃此会为教务、训育、事务、研究会议等方面的联系,必感不足。因此上述各部应不时举行联席会议,以便商讨,而免隔阂。这样,一校重大事项,有校务会议来审议一切;而各部经常事项则有联席会议来共商联系,整套机构健全多了。

至于如何增进会议的效能?可参照前面所举会议的原则办理。

附录

南京市立中区实验小学校各种会议一览表(据李清悚:《小学行政》)

名称	出席人	主席	主席产生法	任务	普通会期
校务会议	全体教职员	校长	当然	校务进行计划的决定,规程的制定、修改及废止,各部、各科、各股及儿童自治会等会议所起草的规程议决案的通过、修正、否决。	每周一次
总务会议	校长或主任及本部各股股员	校长或主任	聘任时订定	本部职权范围内事项的计划、决议,处理属于本部以内规程细则的起草。	二周一次或一月一次。

教务会议	同上	同上	同上	同上		同上
训育会议	同上及儿童活动指导员	同上	同上	同上		同上
研究会议	全体教师	同上	同上	同上		同上
委员会议	在教务会议中推定或选定	主席委员	以最先推定或选定者中得票最多者	产生时所指定范围以内事务的计划、决议、处理。		无定期
某某部会议	该阶段的担任教师	该阶段指导或最高级教师	聘任时订定	关于本阶段以内单行的教导方法及事务的处理，计划的决议与单行规程细则的起草。		一周或二周一次
某某科会议	该科的担任教员	该科主任	同上	关于本科教材、教法、设备管理等的计划、决议、起草编辑。		同上

研究问题

(1) 试拟一个完全小学（学生十二级，教职员约二十人）的校务分掌系统及说明。

(2) 试于参考法规后，论一个初级中学（学生六级，教职员约十二人）应有的会议种类、任务、次数及其他。

(3) 试据一校的实际情形，讨论其校务分掌及会议情形。

(4) 详论会议制的优劣及学校举行时应行注意之点。

(5) 述自己关于本章实际的经验和感想。

(6) 调查若干小学（或中等学校）的组织系统及教职员职务分配，分析其要点，并综述其一般趋势。

第三章

办事效率

任何机关，任何团体，任何事业，必须讲求效率；所谓"效率"（efficiency）云云，盖指用最小量的时间、精力和金钱而得到最大、最良的效果而言。新式的工商业管理，最讲效率，一个人有一个人的安排，一分钟有一分钟的用处，毫无浪费于其间。学校以培养人才为职志，无论用公款或私人捐款办理，概有力求效率的必要。学校组织最大的功用，也就在增进行政效率。其组织之健全与否，可以其所产生之效率大小为权衡。往昔学校行政，每不讲求效率，致浪费甚大，今后非特别注意改良不可。本章讨论办事效率，包括行政计划、办事方法及办公室的布置和设备等等。

第一节 行政计划

行政须有计划，计划尤贵能实现，非空中楼阁可比。可实现的计划，必以事实为根据，凭在过去、现在和未来各方面都能顾到。贤明的校长，一学年，一学期，一学月乃至每周每日，都该事前有切实的计划，庶不至临事仓皇。他身边揣着一本怀中记事册（或日记簿），遇有重要事项，随时记下，以免遗忘。或利用案头日历，逐日预志，也可帮助计划。然而更重要的，是将一学年或一学期全校重要事项，编成"行政历"，以为下学年或下学期实行的准则。姑举国立中央大学实验学校二十一年度〔1932〕上学期行政历（原名学历）为例，以供参考：

周	月	日	应进行事项
一	八	一、二	张贴小学部招生广告。
二		三至九	通知教职员开学日期。
三		十至十六	整理校舍。
四		十七至二十三	布置教室。
五		二十六	小学部开始报名。
		二十七	孔子圣诞纪念。
		二十九	中英江宁订约纪念。
六	九	一	开学，旧生缴费。
		三	小学部招考新生。
		四	开学典礼，开始上课，收集假期作业。
		五	万县惨案纪念。
七		七	本周各系、各部会议开始举行。正式上课。第一次教职员会议。确定周会轮值次序。选定各委员会代表。《辛丑条约》纪念。
		十	各阶段研究会议开始（下同）。
		十二	《芝罘条约》纪念。
八		十四	本周公仆会委员初选。筹备出版校刊。秩序训练开始。第一次校务会议。

九		二十一	本周公仆会委员复选。小学举行第一次测验。初中不及格学程补考。第一次全体教职员研究会议。先烈朱执信先生纪念日。
		二十四	第一次研究会议。
十		二十八	本周举行第一次交谊会。公仆会委员就职。第二次校务会议。
十一	十	五	调制新生学籍，更制旧生学籍。公仆会出版部开始出版。各级举行远足会。特班开始。第二次教职员会议。第一次演讲会。
		十	国庆纪念日放假。
		十一	孙中山先生伦敦蒙难纪念。
十二		十二	本周整洁训练开始。第三次校务会议。
		十六	法租广州湾纪念。
十三		十九	本周小学举行第二次测验，中学举行学期中测验。第二次全体教员研究会议。
		二十四	《中英北京条约》纪念。
		二十五	《中法北京条约》纪念。
十四		二十六	本周第四次校务会议。
十五	十一	二	本周第一次恳亲会。远足成绩展览会。第二次演讲会。第三次教职员会议。
		九	本周第二次交谊会。第五次校务会议。
十六		十一	世界和平纪念。
		十二	孙中山先生诞辰纪念，放假，举行纪念仪式。
		十四	俄割海参威。
十七		十六	本周第三次全体教员研究会议。
十八		二十三	本周第六次校务会议。
十九		三十	本周第二次恳亲会，第四次教职员会议。
	十二	五	肇和兵舰举义纪念。

二十	七	本周规定假期作业题目。第七次校务会议。第三次演讲会。
	十	第四次研究会。
二十一	十四	计划下学期一切进行事项。第三次交谊会,第四次全体教员研究会。
二十二	二十一	第八次校务会议。
		云南起义纪念。
二十三	一	中华民国成立纪念放假。年假开始。
	二	年假。
	三	年假。
二十四		本周预备下期招生事宜。调查得奖学生,预备奖品、奖状,审查学生用品等费。定下学期收费数量。商定下学期所用教科书及各项用品。财团收捐。特班结束。人格选举,批评校工,准备成绩报告单。
	四	上课。第五次教职员会议。第四次演讲会。
二十五	十一	本周举行学期总测验。各系、各部、各级作学期总报告。第九次校务会议。
	十六	调级会。
二十六	二十八	寒假开始。

(外有训练历,从略)

  行政历怎样编订起来的?约当学期结束前两个月,由校务会议推举专人(或组织委员会)负责起草,应以下面各种材料为根据:(1)上级教育行政颁布的学历;(2)下学年(或下学期)的行政计划;(3)上届的行政历;(4)各种会议录;(5)学校大事记及各种日志;(6)其他重要参考材料。编订草案交校务会议补充,修正后即行公布。

  它的内容应该包含些什么?李清悚氏曾据南京市三十几个市

35

立小学、南京中学实验小学及中央大学实验学校等十八年度〔1929〕的行政历，统计出来，分析内容如下①：

（一）上级教育行政机关颁布的学历。

（二）校务会议、教务会议等各种集会会期——有常会期的集会，如果只定开始日期，其余会期不定在历中亦可。

（三）印发教职员服务规程、服务细则及宣读修正日期。

（四）经济委员会组织日期，本学期内行政费、杂用品费等预算用途日期，各月编造预决算及稽核日期。

（五）朝会、早操开始日期，朝会教师训话轮值表排定日期。

（六）儿童活动开始组织日期、完成日期，职员到校日期、开始办公日期。

（七）学校新闻、商店、银行、图书馆、小医院……整理日期及开始出版、开放日期。

（八）教学录、学校日志、学级日志等簿籍开始记载日期。

（九）个人清洁开始检查记载日期。

（十）公共场所的清洁开始检查记载日期。

（十一）招收新生截止期，旧生开除学籍日期。

（十二）编排授课时间表日期。

（十三）儿童读物选择日期，购备日期。

（十四）新生试读终了确定班次日期。

（十五）编定学生坐次日期，编印学生名单日期。

（十六）排定监护表日期。

（十七）重选各种委员会委员日期。

（十八）分发教职员用品日期。

（十九）支配校工职务日期。

（二十）公共场所布置装饰日期。

---

① 李清悚：《小学行政》，中华，第193～197页。

(二十一) 教室装饰开始设计日期，着手布置日期。

(二十二) 课外运动开始设计日期，确定办法日期，开始指导日期。

(二十三) 学校园开始整理日期，规定日常工作办法日期。

(二十四) 学月测验筹备日期，测验日期，结束日期。

(二十五) 各级、各部学月报告单收集日期。

(二十六) 学生履历、教职员履历开始调查日期，结束日期。

(二十七) 学籍片购备日期，各项目填写日期，退学学生、毕业学生的学籍收集日期，升降学生学籍转送日期。

(二十八) 实验问题征集时期，设计时期，开始实验日期，各段落的结束日期。

(二十九) 训练周历编定时期，开始实行时期。

(三十) 续订各种书报杂志日期。

(三十一) 品行考查、个性考查修改方法日期，开始记载日期，统计日期。

(三十二) 避灾练习开始日期。

(三十三) 招商承做制服日期。

(三十四) 课外研究科目规定日期，开始日期。

(三十五) 体格检查筹备日期，结束日期，统计日期。

(三十六) 检查行政标准上各学月应该完成的工作日期。

(三十七) 检查行政标准上随时应该实行的工作日期。

(三十八) 检查行政标准上第五学月应该的工作日期。

(三十九) 远足旅行筹备时期，举行日期，结束日期。

(四十) 大扫除筹备时期，实行时期，结束时期。

(四十一) 灭除蚊蝇运动筹备时期，举行时期，结束时期。

(四十二) 种痘的筹备时期，施种时期。

(四十三) 本学期概况表上各种资料的收集时期，统计时期，绘图时期，张挂日期。

(四十四) 本学期各种统计图表的收集资料时期，统计时期，绘

---- 37

图时期，张挂时期。

（四十五）各种学艺比赛会的筹备时期，比赛时期，结束时期。

（四十六）本学期中预拟举行的恳亲会，运动会，学艺会等筹备时期，举行时期，结束时期。

（四十七）教职员出外参观时期。

（四十八）出版物着手编辑日期，付印日期。

（四十九）调查校产日期，编造清册日期。

（五十）修订不适用规程开始时期，结束时期。

（五十一）童子军各项事业的筹备日期，施行日期。

（五十二）学期考查筹备时期，举行日期，结束日期。

（五十三）人格选举日期。

（五十四）成绩报告单修改付印日期。

（五十五）批评全校学生本学期操行及服务成绩日期。

（五十六）奖惩学生确定办法日期。

（五十七）假期作业筹备时期，讨论日期，收集成绩时期，订正时期，开展览会日期，结束日期。

（五十八）下学期行政计划设计时期，起草时期，修正时期，付印时期。

（五十九）下学期行政历编订时期，修正付印日期。

（六十）下学期教职员任务支配日期。

（六十一）下学期招生日期及筹备时期。

（六十二）下学期学生作业簿籍等的式样修改日期，筹备日期。

（六十三）假期内的修理办法讨论日期，动工日期。

（六十四）下学期应用表册簿籍修订日期，购备日期。

（六十五）毕业生职业升学指导日期。

（六十六）确定下学期收费日期。

（六十七）招生简章，招生广告的修改日期，付印日期。

（六十八）贴招生广告日期。

（六十九）发请教职员到校通知日期。

第二节 办事方法

这里包括两部分：(一)办事要则，(二)办事程序。

一、办事要则。不论什么学校，办事须注意下列四条原则：

甲、确实　须脚踏实地，不骛外表，不敷衍塞责；依了计划确切实行出来，看结果怎样，时时加以修正。

乙、迅速　办事迅速不独可增加效率，并可消除种种纠纷。许多学校校务废弛，都由于起先办理不迅速，未早谋处置，积渐而成不可收拾之局。

丙、周到　迅速以外，办事还应周到；要从各方面想想，不可仓猝从事。考虑愈周到，结果必愈圆满，愈不至滋生弊端。

丁、有恒　有恒更是办事成功的重要条件。不论事情何等困难，问题何等繁复，必本着沉着的态度，持之以恒，努力去干，困难自可克服。"一暴十寒"到头来一无所就。

依据上面几条原则，办事应注意的：(1)遇事务求实际，不尚空谈，"一分实行可胜过十分理论"是英国人做事成功的秘诀。(2)所有应行做的事，立即做去，并要迅速敏捷地做，今日的事今日了；"勿谓今日不做，尚有来日"。(3)每处理一件事，头脑要冷静，态度要安详，思虑要周密，不要鲁莽从事，更不要做过以后，常常修改自己的意见。(4)把所要做的事，按轻重缓急，预先安排，依着逐步做法，天天如是，养成做事有恒的习惯。(5)办公的时候，赶紧办公，休息的的时候，完全休息，每天最好有一部分时间拿来专作运动和自修之用。(6)全校组织系统颁布，校务分掌以后，就该分头做去，各司其职；并使全校师生知何部所掌何事，发生事件即向有关部分接洽，不必事事找到校长。(7)校长支配他人做的工作，要有方法稽核，不要支配以后

39

即全忘记。(8) 办公用的各项记载文字、函件或记录等，应妥为保存，不可毁去，致需用时无从查考。

二、办事程序　假定一个中学（或小学）校长受官厅委任以后，他应该如何着手去办？这当然要看实际的情况怎样？不易说出一个固定的方式来，可是普通的程序，不外乎下列各端①：

甲、受委以后，开学以前：

(1) 奉委任后即向教育厅接洽，谒见厅长及其他主管人员。

(2) 调查该校过去和现在种种情形。

(3) 留心该校最近所发生的问题。

(4) 偕同官方（或校方）所派人员到校接收。

(5) 检点印信文件及校具校产，分别委人负责保管。

(6) 会同前校长办理交代，手续完竣，即汇呈教育厅。

(7) 到校办公，视察校舍，细阅本校各项记载文字，粗拟一整理发展计划。

(8) 依据实际需要，拟订本校建筑、修理计划，请领临时费，并先向官方请示。

(9) 整理经济文件，参阅各项有关法规，编制概算书呈厅。

(10) 依照预算，决定本年度应聘教职员人数。

(11) 用合理方法物色需聘之教职员；并分别接洽，致送聘书。

(12) 整理学籍，通知旧生开学日期及入学手续。

(13) 招考新生。

(14) 分配全校校舍用途。

(15) 新旧生报到，办理入学手续，处理全校师生食宿等事项。

---

① 李清悚：《小学行政》，中华，第50～52页。

(16) 添置各项应用校具。

(17) 筹备开学。颁布上课时间表。

(18) 其他临时重要事项。

乙、开学以后：

(1) 举行全体教职员会议。

(2) 举行第一次校务会议，通过"行政历"，并立即颁布。

(3) 会同教务部（或举行教务会议）商定各科教材选择及教科书使用等项。

(4) 会同训育部（或举行训育会议）商定学生训练标准，学生自治组织及训导方法等项。

(5) 校长每日至少巡视全校一周，注意校景、清洁及风纪等状况。

(6) 经常视导教师工作。

(7) 按照行政历召集各种会议，办理各种事项。

(8) 纪念周报告本校进行计划，并提出全体师生所应注意事项。

(9) 办理例行公事。

(10) 各部记录学校重要事项（周志或日志）。

(11) 督促各部进行预定事项。

(12) 监督学生期考及毕业考试。

(13) 举行各项于结束有关会议，并处理此等临时事项。

(14) 其他行政上应办事件。

丙、放假期内：

(1) 登记学生成绩，决定其班次，并报告家长。

(2) 清查校具。

(3) 规定学生假期内留校办法。

(4) 改聘教职员。

41

(5) 呈报决算。
(6) 其他下学年进行事项。

第三节 办公室的布置和设备

办公室的布置和设备，关系办事效率至巨且深，外国早经用科学方法研究，我国学校近始注意及之。兹分办公室档案处理及办公用具数项述之如次：

一、校长办公室 关于教育行政长官（例如教育局长）办公室的建筑和设备，美国专家曾有详细的讨论[1]，斯特雷耶（Strayer）等人并曾创制客观的《行政建筑考核表》(*Standard for the Administration Building of a School System*, by Strayer-Engelhardt-Elsbree, Teachers College, Columbia University, N. Y. C., 1927) 算是一重要的科学研究。

在学校方面，校长办公室的重要，可从克洛普（Klopp）及汉普顿（Hampton）等人的研究中显出：克氏曾分析40个校长的日记（共279种），发现他们每日在校时间（从上午8时至下午3时）的比例：组织和行政占24.2%，例行工作占30.1%，改进教学占24.4%；临时处理占19.3%，其余社交等事项占2%。[2] 汉氏做过同样的研究，发现校长们的职务在办公室做的，

---

[1] 详见 Bolton and Others, *The Beginning Superintendent*, Chap. Ⅳ, and Engelhardt, N. L. and Engelhardt, F., *Public School Business Administration*.

[2] Klopp, W. G., The Elementary School Principal and His Job, in *American School Board Journal*, LXXIX, Nov. 1929.

几乎占全数70%①；别人还有同类的结果。根据这些，我们可以说一般校长在办公室工作，其时量当在总数60%至70%间，办公室的重要，可想而知了。

近来因建筑学的发达，工程师与教育学者的合作，校长办公室的构造，已有极革新的设计，兹举美国芝加哥市所定标准的小学校长办公室绘图，以见一斑：

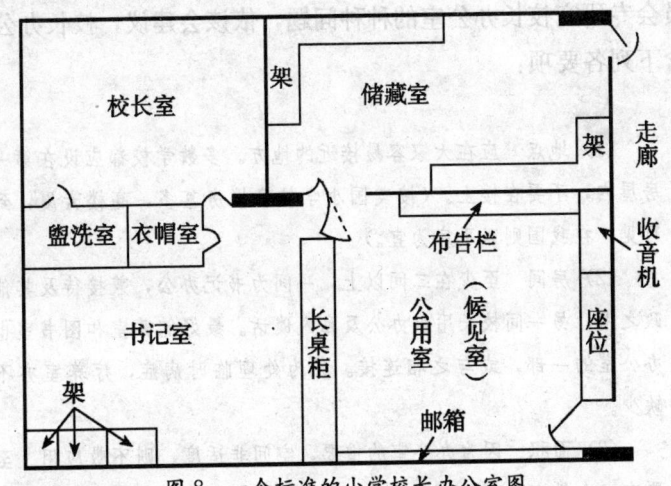

图8 一个标准的小学校长办公室图

[说明]

这是一个简图，实际各校可酌为出入。办公室共分五部分：一、公用室（即候见室），其中靠走廊一面设有长凳，充候见者之座位；旁有收音机一具，由私人管理，随时可关闭。另一面设有邮箱，公私邮件均可由此投入。二、书记室，以一长桌柜与公用室隔开，供一书记或数书记之用。长桌下为钢制之文件柜，各项重要文件，均分类藏于其中。另一壁设有数架，上置图书及他项办公应用物件。对面有一衣帽室，为校长及书记存放衣帽之所。三、校长室，充校长办公及自修之用。四、盥洗室，与校长室相连。

---

① National Education Association, *Seventh Yearbook*, Dept. of Elementary School Principals, 1928.

五、储藏室，各重要物品可存储于此。全办公室长 30 尺，宽 24 尺，面积共计 720 尺（平方尺）。此种构造据说颇为便利，时间亦甚经济。

丹佛（Denver）及弗雷斯诺（Fresno）等市皆定有他项校长办公室的标样①，此处从略。

校长办公室的要项——美国全国教育协会小学校长部曾组一委员会专研究校长办公室的种种问题，依该会建议，校长办公室应含下列各要项：

(1) 地点　应在大家容易接近的地方。多数学校都应设在第一层房屋内，不要在楼上。（按美国小学校舍楼房甚多，高楼大厦，到处可见。在我国则以平房为宜。）

(2) 房间　至少在二间以上，一间为书记办公，兼接待及其他行政之用；另一间校长用以办公及私人谈话。最好储藏室和图书室也占办公室的一部，或与之相连接。又为处理临时病症，疗养室亦不可缺少。

(3) 面积　因为办公室的重要，空间非适度，则不敷应用。至少要有一个教室的面积（23 尺×33 尺），才能供学生 500 至 1000 的学校办公之用。学校规模增大，面积应按着扩充；反是，则酌量缩小。

(4) 内部布置　书记室须位于校长室与接待室（或候见室）之间；校长室须较僻静，便于会客谈话；会议室须另设有"太平门"。办公室的门窗均应用玻璃蒙上；储藏室应与书记室相通而与校长室隔开。储藏室应另开一门便运送物品之用。

(5) 温度光线　全办公室取温设备应独立装置，便自由启闭，不受其他部分的影响。即在课后及假日，亦仍可应用。窗户宜宽大，以

---

① National Education Association, *Seventh Yearbook*, Dept. of Elementary School Principals, 1928, pp. 280-282. 及 Otto, H. G., *Elementary School Organization and Administration*, pp. 545-548.

第三章 办事效率

便吸收充足阳光；又宜僻静，避免嘈杂声音。

(6) 设备　分下列二部：

(a) 建筑方面：应有衣帽室一间，为校长及书记存放衣帽之用，故地点应在校长室与书记室之间。书记室应有长桌一具，便与外隔开。招待室设有布告栏，提示各项重要通告。又招待室应有邮箱一具，由外通入。各项档案由书记分类掌管，柜橱应设在储藏室或书记室内。

(b) 用具方面：应有平面办公桌一，档案橱一，书架一，打字机桌一，小桌一及全套档案用具。又椅数把，分置在校长室、书记室及会议室处。再应有打字机、破纸篓、英文油印机、本城电话时钟及游尺（Slide rule）、计算机（Calculating machine）等件。除计算机外，余为必不可少之物。

二、档案处理　学校所用文件，种类很多，若不好好管理，检查颇为不便。档案处理就是把公用信件、文卷、报告、记录、剪贴品及统计等，按性质分类存于硬纸夹内，夹的上端冠以性质的标题，置之安全地方，需要时一检而得。旧法把各项案卷装订成册，堆积在箱橱内，似很便当，实则检查时要找到一定的文件，就如海里捞针一般，何等的不经济！有人说，老管卷人对于各项文卷都记得很清楚，俯手即得；但若此人一旦更动，则困难更大了。总之，关于这方面，非大大改革不可。档案处理，约分下面各项：

(1) 设备——档案存放，不可用平放的方法，要直放，取出插入均很便利。存放档案的柜橱，小的像图书馆的卡片柜一般，大的每具约含四个大小相同的抽屉，每只约八吋高，一呎宽，一呎二、三吋长。各抽屉外面有拉手，钢插，边缘有横木，以切于柜中的二夹木条。抽屉之内，分成活动格子数格，以便藏大小相同、厚薄不同的档案。

45

（2）分类——档案分类也是十分重要的。分类得法，检查极方便；反是则否。档案分类法，大别有两种：一按事件性质分类，另一按档案名称第一字笔画（或部首）分类。两种方法，实可调和应用：先按档案性质分，再在同类档案中按笔画多少去定次序。尚公小学曾有一种分类法，可引来做参考：

尚公小学档案分类法

000	行政	100	总务
010	校务预算	110	毕业调查
020	校董会	120	纪录
030	新规程	130	统计
040	经费预算	140	出版
050	设备预算	150	图书
060	学级编制	160	招生
070	学科时间支配	170	舍务
080	学历	180	娱乐
090	杂项	190	杂项
200	事务	300	教务
210	校具教具	310	学生升调
220	卫生行政	320	特别班
230	消费	330	夜校
240	校景计划	340	幼稚园
250	校工管理	350	训导
260	庶务	360	惩奖
270	会计	370	学籍
280	修理	380	学生成绩

290	杂项	390	杂项
400	研究	500	调查
410	各科研究	510	办公
420	训育	520	课业
430	课外活动	530	用品
440	儿童自治	540	成绩
450	簿表改良	550	训育
460	教育设备	560	健康
470	试验	570	儿童事业
480	办公效率	580	测验
490	杂项	590	杂项
600	交际	700	集会
610	通告	710	校务会
620	出外演讲	720	研究会
630	出外集会	730	周会
640	出外参观	740	自治指导会
650	联合出版物	750	娱乐会
660	各部联络	760	恳亲会
670	招待来宾	770	游艺会
680	推广	780	远足
690	杂项	790	杂项
800	保管	900	杂件
810	议决案	910	特殊问题
820	聘约	920	待决问题
830	公函	930	假期办公

840	信件	940	照相
850	表格	950	
860	成绩	960	
870	教学录	970	
880	印件	980	请假单
890	杂项	990	杂项

（3）管理——档案管理分两种：其一，分部管理，其二，集中管理。前者指将各项案卷按性质分交各部管理，例如教务部管理教务部案卷，事务部管理事务部案卷是。后者系将所有文件集中在校长办公室，由校长或书记保管。二者互有利弊，宜参合行之。

三、用具——学校规模大小不同，所用工具自有繁简的差异。下面是极普通的几种①：

办公桌椅　电话　书架　文件夹　档案柜　打字机　算盘　切纸器　打孔机　订书器　捲铅笔器　记事板　字纸篓　电铃　红蓝墨水缸　砚与墨　毛笔　钢笔　铅笔　颜色笔　尺　游尺　橡皮　吸水纸　图章　印缸　剪刀　刀　橡皮圈　图书钉　夹纸针　桌上玻璃板　笔筒　笔架　墨盒　便用笺　布告纸　各项表簿　浆糊胶水等等。

此等用具宜放在一定地方，不可时时移动。

图书为知识的来源，增加办事效率的原动力。所以除图书馆的书籍以外，办公室的书架上或书橱中应备些必要的用书，如政府公报、教育法令、他校章程一览、教育辞书、辞源、百科丛

---

① 参看张文冒译：《学校行政原理与实际》，第415页。

书、名人言行录、书坊最近书目及各种重要教育期刊等外，壁上应悬本国、本市县地图和政府及教育机关地点及电话号码，以便查考。总之，办公应用工具，选择宜周到，布置宜妥善，庶易增进办事效率。

研究问题

(1) 行政计划，你以为应该包括哪些？试举要项以对。

(2) 分述行政历、训练历之功用及其编制要点。

(3) 参观一个办理完善的学校（中学或小学），注意其行政计划方面的可供参考之处。

(4) 访问一个有经验的校长，看他的办事方法如何，他的意见怎样。

(5) 倘使你做过校长的，请把你的办事程序扼要地写出来。

(6) 设想一个小学校长奉委以后应采的步骤和应注意的事项。

(7) 试依本国（或本地）情形，拟一个中学校长办公室的建筑计划。

(8) 你以为单级小学（乡村）里应否有办公室？倘使应有，它的布置该怎么样？

(9) 胪举一个中等规模的中学（或师范）校长办公室的要项。

(10) 试于调查以后拟一个公立小学至低限度办公用具表。

第二篇 教 务

第四章
学级①编制

第一节 班级制之由来及其利弊

一、班级制之由来

古时教育只是生活的直接参与,纯属个别的,无所谓班级教学。到后来,人事渐繁,教育成了专业,为教学便利起见,于是有分组教学的拟议,但无任何固定的形式。我国现行班级制度,纯由西洋输入,非我国所固有。溯自汉代以至明、清,皆无如西洋现代所行之整齐班级制者。两汉私人讲学之风极盛,大师如申公、宋登、丁恭、楼望、蔡玄、马融等门下各数千人。门徒众多,难行个别教授,常使高业弟子,以次相传。如《后汉书·马融传》所载:"融才高博洽,为世通儒,教养诸生,常以千数。

---

① 〔特编注〕学级(class),以全校儿童编制为一个学级,为单级学校;以全校儿童编制为两学级以上,为多级学校。在多级学校中,学级编制的方式又有三种:以同学年儿童为一级,为单式学级制;以两学年以上程度差异的儿童为一学级,为复式学级制;以全校儿童划分为前后两部而施行教学者,为二部教学制。

弟子以次相传，鲜有入其室者。"可见其一斑。

宋、元、明、清盛行书院制，由官师讲学，各展所长，毋相牵掣。明儒于书院以外，更有寺观庙宇的集会，月有定期，互相砥砺，大师所至，街巷为空。"樵夫、陶匠、农贾、无人不可听讲"，乃至无人不可讲学，从无所谓分班施教者。

西洋在 16 世纪以前，亦不知班级制为何物。1538 年，约翰·斯图谟（Jonh Sturm）始思求一固定时间与教本，以变换教师与学生教学之形式，渐启后人班级教学之念。惟后 3 世纪中，一般学校，实际仍行个别教授。夸美纽斯（Comenius）虽曾于其大著 *Didactica Magna* 中，力阐分级教学之利，然其时知之者甚鲜。至 1695 年，法人拉萨尔（Jean B. La Salle）始宣传分级教学之法，实可称班级制之创始者。18 世纪之末，兰卡斯特（J. Lancaster）和贝尔（Andrew Bell）在英国创导"领班制"①（Monitorial System），同时间能教授许多学生，教授效率大为增进。自是各地均有试行班级教学者。惟至 1843 年间，法国采用个别教学的小学，尚有 5844 所。故知西洋班级制度亦至近代方始风行。（美国在 1835 年前，一般学校虽有时有分级教学之事，但小学之按能力而编级，则自 1835 至 1870 年始。）

二、班级制之利弊

到了近代，班级制度日趋严密，举凡年级界限、课程时间、教学方法及形式等，皆刻划拘泥，流于机械化。人数不多的乡村小学，尤难模仿，学者深引为病。留级、降级等问题随着而生，引起了近来打破（至少改良）班级制的呼声。平心说来，班级制

---

① 〔特编注〕领班制即是导生制，由教师把所教的内容先教给年龄大、学习比较好的学生，然后由这些学生再教给其他学生，这些学生称为导生。

度自有它的优点，举其显著者言之①：

（1）分班教学比较经济。教师在同一时间内可以教导许多学生。所以在西洋19世纪它成了解决普及教育问题的最良工具。

（2）课程编制、时间支配及教科用书等，皆易定划一标准；考查成绩，尤较便利。

（3）程度相近的学生在同一团体内作业，易于促起竞争心，并收互助合作之效。

（4）学生间接触的机会多，可以互为感应，增进所谓"社会的"价值。

（5）教师授课得尽所长，集中在少数科目或问题上，不必为普泛涉猎的准备。

（6）易于培养学生高尚的团体精神——如爱群、服务及自治等。

可是班级制也有它的弊端：

（1）个体屈服于团体内，不得充分发展，不能适应个性。

（2）课程、教材及教法等皆划一，易生留级、降级及过浅、过深之弊。

（3）工作的时间和性质相同，学生必缺乏兴味；又不良之竞争结果，每易由妒忌心产生不道德的行为。

（4）团体中程度高者，不被牵制，则流为骄傲，程度低者，却易于失望。

（5）普通的班级制度，容易引起教务上的问题——如学生只有少数功课不及格，即当留级，复习其余多数功课；又对于因事或因病请假的学生亦无法补救皆是。

个别教学之利弊，恰与此相反，不必赘述。

---

① 罗廷光：《教育概论》，世界，第六章。

总之，班级教学虽不无弊端，但在现学校制度下，我们仍不能不用它。今后我们对于这个制度，是应如何改良的问题，不是要不要的问题。而今先讨论分级应该用什么标准。

第二节 分级的标准

许多学生招收进来了，怎样把他们分级？该按照什么标准来分级？是第一个待考虑的问题。寻常分级，大约有下面几种标准。

一、在校时期 如进校一年的为一年级生，二年的为二年级生，余类推。这种分法最为普通，最不妥当，因为同时进校的，不见得程度也是一式一样；还有能力尽有高下，这个标准当然不是很好的。

二、性别 以男女性别为分级的标准，男性一班，女性另一班。男女的需要固然各有不同；但两性间的差异，据现代心理学家研究，远不及同性间个别差异的大。① 倘无其他理由（有的学科，如劳作、体育及农业、工艺、家事等，男女分班上课，乃因需要不同之故），要想把全校学生皆按男女分级，当然是不妥当的。

三、实足年龄（Chronological Age） 即依平常年龄（或寿龄）分班，6岁儿童同在一班，7岁儿童也同在一班。这也不是个很好的标准。心理学明明告诉我们年龄同的，学力未必相同。

---

① 桑代克（Thorndike）、斯塔奇（Starch）、明尼克（Minnick）等人虽曾指出男女间两性之差异，确于学业成绩上有少许之效果；韦伯（Web）更以同等智力程度之男女生，使为化学上的学习，结果亦显出若干之差异。但依最近很多人研究，皆谓性别之于学习的影响，微乎其微，远不若同性间个别差异之大。

固然也有人重视实足年龄，如弗里曼（Freeman）认为应与智力年龄等视齐观，因为它和身体发育、普通常识及社会经验等都有关系；可是它也只能当作一种分级用的参考，决不配充作分级的唯一根据。

四、生理年龄（Physiological Age）　这比实足年龄较为进步，因为他是根据学生身体发育的程度来决定的（依 Woodrow 可从牙齿和手腕骨察出）。不过生理年龄的客观标准，仍难确定；而且它的用途也大有限制——只适用于书法、图画、工艺及体育等少数科目，所以还不能当作分级的唯一标准。

五、智力年龄（Mental Age）　系以学生智力发达的程度做标准，由智力测验（Mental tests）可以知道。这比前面几种标准更为可靠。智力之影响于学习的成绩，已为人们所公认。海尔曼（Hailman）说："由吾等研究之结果，皆显出：在寻常家境及学校制度之下，其影响于学生学业成绩最巨者，厥惟智力的禀赋（Intellectual Endowment 由 Stanford-Binet Tests 得知）。"别人研究亦同认智力为学习的一个要素。但若单以智力年龄为分级标准，亦不免发生困难[①]：（一）假如有赵、钱二生，其智力年龄皆 12 岁，而实足年龄赵生为 10 岁，钱生为 15 岁，倘同编一级，必生两种困难：其一，赵生年只 10 岁而智力年龄已至 12，近于上智；反之，钱生年已 15 而智力年龄亦只 12，近于下愚。以此智愚悬殊之二生，同编一级学习，其成绩断难一致。其二，以 15 岁的学生与 10 岁的学生同在一级，照生理上说亦不适宜。（二）智力只能表示固有能力，至学习所得的经验尚未计及，以此为唯一分级标准，显然不当。所以有借助他项标准的必要。

六、教育年龄（Educational Age）　以学力的高下为标准，

[①] 罗廷光：《教育概论》，世界，第六章。

从教育测验（Educational Tests）可以知道。这可与智力测验合用，可补智力年龄的不足。怎样合用呢？由智力测验我们可知道智力年龄，并可求出智力商数（I.Q.）；由教育测验，我们可知道教育年龄，并可求出教育商数（E.Q.）；而由智力商数和教育商数，我们更可求得成就商数（Accomplishment Quotient 简称A.Q.），这成就商数就是较为妥善的分级标准了。计算公式如下：

I.Q. = M.A. / C.A. × 100

E.Q. = E.A. / C.A. × 100

A.Q. = E.Q. / I.Q. × 100

罗素（Russell）氏另创一求"升级商数"（Promotion Quotient）的公式，认"升级商数"是学级编制的较良标准，原式如下[①]：

Pr.Q. = EA + MA / 2CA × 100

学生升级商数超过 100 的，指点他的学习速率高于同年龄的普通学生，不及 100 的，便低于同年龄的普通学生。这不独顾到了智力、学力两项，兼顾到了实足年龄；不独可为分级的标准，兼可为学生升级的根据了。

七、社会年龄（Social Age） 指学生所具社会经验的程度而言。同年龄的学生，社会经验深浅（Social Maturity）大不相同，就如智力、学力一般。近人颇重此种经验，认此为决定对教师、对同学及学校活动态度的主要因素。奥尔马克（Almack）把社会年龄当作一个分级的重要标准。依据研究结果，他找出社

---

① Russell, Charles, *Standard Tests*, Ginn and Co., Boston, p. 358.

会年龄与智力有密切的关系。① 只因为此种年龄不易用客观尺度测量,所以未曾被人普遍地用作分级的根据。②

总而言之,人类本是复杂万分的动物,学生更是变动不居的个体,要想用单纯的手续,把他们所有的特征一一测量到,一一控制住,那是不可能的。就是说,绝对相等的班级,很难得到。(况且完全相等了,是否好的,尚成问题,关于这个,专家讨论很多。)不过根据近人研究,分级时倘能将智力、学力两者作根据,再参以实足年龄、生理年龄及社会经验,则虽不中,亦必不远。③

第三节 经济的编制

许多学校或因校舍的不敷用,或因环境的特殊,或因经济的限制,或因其他特殊理由,需要一种经济的编制来适应。经济的编制,种类不一,最普通的有下列多种:

一、复式编制 学校的编制,就外部区分,不外单式和复式两种:以一学年为一学级的,叫做单式编制;以两学年或两学年以上合为一学级的,叫做复式编制。复式编制是什么?就是将许多年龄、学力不同的学生编在一教室中教授。在乡村或经济能力薄弱的小市镇中行的最多。复式编制亦分若干种,表列如下:

---

① Almack, J. C., The Influence of Intelligence on the Selection of Associates, in *School and Society*, Vol. 16, Nov. 4 1922.

② 关于分级应用的标准,详见 Dougherty, J. H. and Others, *Elementary School Organization and Management*, Chap. Ⅶ 及 Reavis, W. C. and Others, *The Elementary School*, Chap. Ⅶ.

③ 参看罗廷光、王秀南:《实验教育》,钟山书局,第十章。

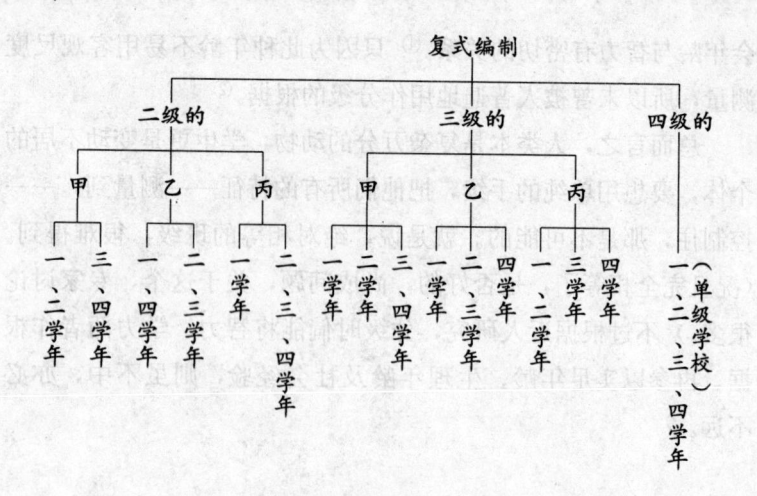

```
                               复式编制
              ┌────────────────────┼────────────────────┐
            二级的                三级的              四级的
         ┌────┼────┐         ┌──────┼──────┐
         甲    乙   丙        甲      乙     丙
       ┌─┴─┐ ┌┴─┐  │       ┌─┴─┐  ┌─┴─┐  ┌─┴─┐
       一 三 一 二  一      一 二  一 四  一 三  四    （
       、 、 、 、  、      学 、  学 学  学 、  学    单
       二 四 四 三  二      年 三  年 年  年 四  年    级
       学 学 学 学  、              学          学          学
       年 年 年 年  三              年          年          年    校
                    、                                              ）
                    四                                              一
                    学                                              、
                    年                                              二
                                                                     、
                                                                     三
                                                                     、
                                                                     四
                                                                     学
                                                                     年
```

上表二级的复式编制，甲类为最普通，乙类因学生多寡及教室容量之便酌加变通；丙类一学年人数过多自成一学级，二、三、四各学年人数少合为一学级。三级的复式编制，也因学生数和教室容量的关系，有的合并，有的分开。四级的编制，把一、二、三、四四个学年的学生合编一学级，普通称为单级——这种学校就叫做单级学校。各级编制分合无常，可以翻成许多样式，上面只示其大概而已。

复式编制的主要目的，在求适应地方的经济能力，谋教育的普及，同时却也要增进教育的效能。此种编制我国行之甚久（美国乡村有所谓"One-room school"者类于我国的单级学校），近因新方法、新工具发达，教学和管理方面，倘能加以革新，其效用必大见增进。①

二、二部编制　大别为半日制和全日制两种：

---

① 详罗廷光：《普通教学法》，商务，第26课及李晓农、辛曾灿：《革新单级教育》。

（一）半日制　乃半日学校的变则。以每日午餐为界，将学生分为前后两部，上下半日更迭上课，由此演出四种不同的方式：

(1) 以午餐为界，前部学生上半日到校，后部学生下半日到校。

(2) 前部最末一小时与后部最初一小时交错，施以共同的教学。

(3) 上下半日更迭教学，当前部授课，后部则各自修。

(4) 上下半日更迭教学；两部学生到校时刻，隔日、隔周、隔月或隔半年互调。

（二）全日制　全日制的二部教学，可说是单级教学的变则，学生分为甲乙两部：甲部上课时，乙部自修；乙部上课时，甲部自修。

教育部曾于二十四年〔1935〕五月，公布实施《义务教育暂行办法大纲》，七月又公布《一年制短期小学暂行规程》，规定短期小学以同时招收学生二班为原则，编制采用半日二部制，分上下午教学；教室敷者，采用全日二部制，间时教学。

前国联教育考察团诸公曾极力替我们鼓吹二部制，以为是一种十分新奇的制度，庶不知此制在我国已有很长久的历史呢。

三、葛蕾制（Gary Plan）　葛蕾制首行于美国葛蕾地方，创始者为该市教育局长沃特（W. A. Wirt）。该市位于密歇根湖（Michigan Lake）南岸，为美国产铁的名区，工人甚多；但地小民贫，办理教育，颇感困难。沃氏乃发明此制，期以一倍校舍，容纳数倍的学生。葛蕾制有两个特点：

（一）工作—游戏—学习　即令学生在适当条件下，进行工作、游戏与学习，每日无所间断；故又名"工作—游戏—学习制"（Work-play-study-plan）。

61

（二）充分利用校舍与设备　　沃氏以为一校校舍和设备，不可为某一级或某一团所占有，应当充分利用：(1) 全区各教育机关和设备，须充分利用，不得有空闲时间。(2) 使学校原有建筑和设备的效能至少加倍。(3) 全区人民皆能直接、间接受到学校的利益。

葛蕾制亦得称为一种"重复制"（Duplicate plan）。所谓重复制，意将学生分为两部分：一部分学生游戏或工作时，他部分学生则在教室受课，两部轮流对调。如此相间的支配，可充分利用校舍设备，较之普通学校至少可经济一倍。例如普通学校 40 个教室，容纳 40 班学生，每班 40 人，共容 1600 人。大会堂、工厂、实验室、图书馆、操场及特殊教室等必须另备。而在葛蕾制下，则只有 20 个教室用于普通教学，同时可容纳 20 班，每班亦 40 人，共容 800 人。上下午各 20 班，总计能容学生 1600 人。因甲部在普通教室时，乙部在特殊场所，互相更迭应用；故可以一倍校舍设备，供两倍学生之用。图示如后。①

葛蕾学校每年分四季，每季分 12 周。每日学校上课 8 小时，此外常设夜校，所以校舍确能充分利用。

四、底特律制（Detriot Plan）　　底特律制与葛蕾制相仿，亦以经济使用校舍著名。本制为贝里（C. S. Berry）氏所始创，时在 1919 年。它的用意在 (1) 使学生在校一时即得一时的利益，不虚耗时间；(2) 充分利用校舍与设备；(3) 一切课程的价值，均视为相等。

本制组织，分全校学生为两队（故又名为"双队制" Platoon Plan）。全校校舍亦分为两部分。每日上课 6 小时，上下午

---

①　详 Richards, C. R., *The Gary Public Schools-Industrial Work*, General Education Board, New York.

各半。功课亦分两类：第一类为国文、算术、史地等基本科目，各有一定的教室和一定的教员，学生认定教员至一定教室上课。这种教室叫做"普通室"（Home room）。第二类为音乐、美术、游戏等科，在"特殊室"（Special room）（如大会堂、体育馆、音乐室等）上课。甲队学生在普通教室上课时，乙队学生则在特殊教室作业，轮流对调，使全校校舍与设备得以充分利用。假设全校学生共16班，每班40人，共计640人。两队学生可轮流使用普通室与特殊室。其校舍支配情形，如下图。学校人数较多或较少时，亦可依法分队，酌量增减每班人数及教室数。

葛蕾学校校舍支配图

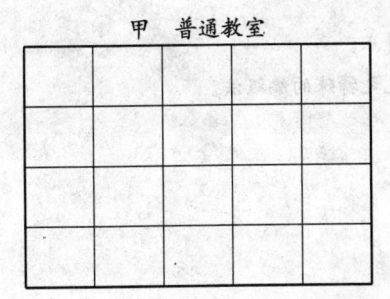

甲　普通教室	乙　特殊场所
	大会堂
	工厂
	实验室
	游戏场　　学校园
	运动场　　图书馆

底特律制校舍支配图

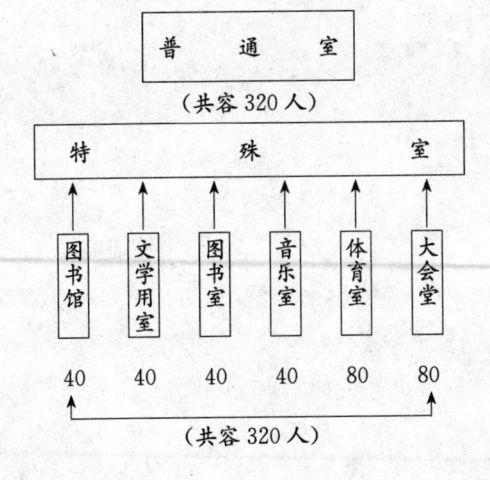

普通室
（共容320人）

特殊室

图书馆	文学用室	图书室	音乐室	体育室	大会堂
40	40	40	40	80	80

（共容320人）

研究问题

(1) 详述班级制的利弊。
(2) 比较我国书院中教法与近代学校班级教学的利弊。
(3) 西洋班级制考。
(4) 评各项分级标准的优劣。
(5) 参观一个单级学校，研究其编制及教法特点。
(6) 什么叫"双队制"？在此制下学级编制的详情如何？（参考 Spain, C. L., *The Platoon School*, The Macmillan Co., New York 及 Case, R. D., *The Platoon School in America*, Stanford University Press, California.）
(7) 述葛蕾制施行概况及其特点。
(8) 就本人所知，举国内所见之特殊的编级法。

第五章

学级编制（续）

第四节 改良的编制

补救班级制缺点的另一方面，在用特殊的升级法，以适应个别的能力和需要。近来关于这方面的新实验已不少，兹择其最可供吾人参考者举在下面[①]：

(1) 学期升级制　本制可稍补救学年制一年一升的弊害。法分每级学生为两组，每组相距半年，每半年升一次，留一次。这样升级的学生，固然很方便，即留级的学生，亦可免去很多浪费，不受复习一年的痛苦。春秋两期均招生的学校，可酌量应用本制。

(2) 学季升级制　规模较大的学校可行。实施时，分一级学生为四组，每组相去仅一季；学生升级或留级都很方便——留级的，不过稽延一年时间的 1/4。不独较学年制好，便是学期制也不及它。

---

① 参看罗廷光：《教育概论》，世界，第六章。

(3) 巴达维亚制（Batavia Plan） 任何短期的升级制，都不能让全体学生一律升级，美国纽约州巴达维亚地方曾试行一种制度，解决学生留级的问题。法在教师授课时，抽出一部分时间，专以辅导学生自习。班中人数过多，则增设一助教，分负指导学习的责任。本制重在辅导愚钝学生，使之从自习中得到相当的进步；在学期终了，可与全班一律升级。利在免除留级和缓进的困难，弊则只顾及愚钝学生，忽略了优秀学生，未免厚于彼而薄于此。

(4) 北丹佛制（North Denver Plan） 与巴达维亚制相仿而办法相反的，有北丹佛制，也是一学期一升；不过它不很注意愚钝学生的辅导，而特置重优秀学生的奖进，是它和巴达维亚制不同的地方。

(5) 普韦布洛制（Pueblo Plan） 此制创始于美国科罗拉多州（Colorado）之普韦布洛市，时当 1888 年。以各个人的进步而升级，亦称"个人升级制"，类于巴达维亚制。课室中注重自习，废除复习，由教员个别指导，能力高的趁可速进，不受他人的牵掣。行此制殊少共同作业的精神，且欲收良好的效果，须有熟练的教师，较小的班次，还须有良好的辅导才行。

(6) 剑桥制（Cambridge Plan） 剑桥制又名双轨制，始行于美国麻州剑桥地方，故名。其要点在设置两种并行科：一基本科（Basal course），为通常学生而设，八年毕业；一平行科（Parallel course），为优秀学生而设，六年毕业。两种学生的毕业程度相等，不过进行各有迟速的不同。除最末一年为升学便利分两期以外，每年功课皆分为三期。平行科课业进行，每速于基本科 1/3。下图加圈处，表示两者会合之点，这时学生可相互迁调。设有某生在平行科修习一年，觉着成绩不佳，便可转入基本科肄业。上下衔接便利，兼可适应个别需要，都是它的长处。

基本科（八年）	1		2		3		4		5		6		7		8	
	1	2	3	4	5	6	7	8	9	10	11	12	13	14	15	16	17	18	19	20	21	22	23
并行科（六年）	1	2	3	4	5	6	7	8	9	10	11	12	13	14	15	16	17
	1		2		3		4		5		6	

图 9　新剑桥制

（7）波特兰制（Portland Plan）　本制之得名，因首行于美国俄勒冈州（Oregan）之波特兰市。它的用意，可说与剑桥制全同，所异者，乃剑桥制基本科与平行科会合之处，在一年又1/3，而本制则在一年半的所在。图中实线，示普通学生进行的速率；虚线示优秀学生进行的速率；会合点，指明普通学生二年的学程，优秀学生只须一年半可以修毕。因之，它同样具有剑桥制的特点。

图 10　波特兰制

（8）诺尔福克制（Norvolk Plan）　它是一种并行制，和剑桥制、波特兰制同一用意，不过办法稍有出入。因其创行于美国弗吉尼亚州（Virginia）的诺尔福克地（时 1923 年），故名。下图（图 11）表示三组互相衔接的方法，并显出如何六年的课程

— 67 —

可于五年、六年及七年内修毕。①

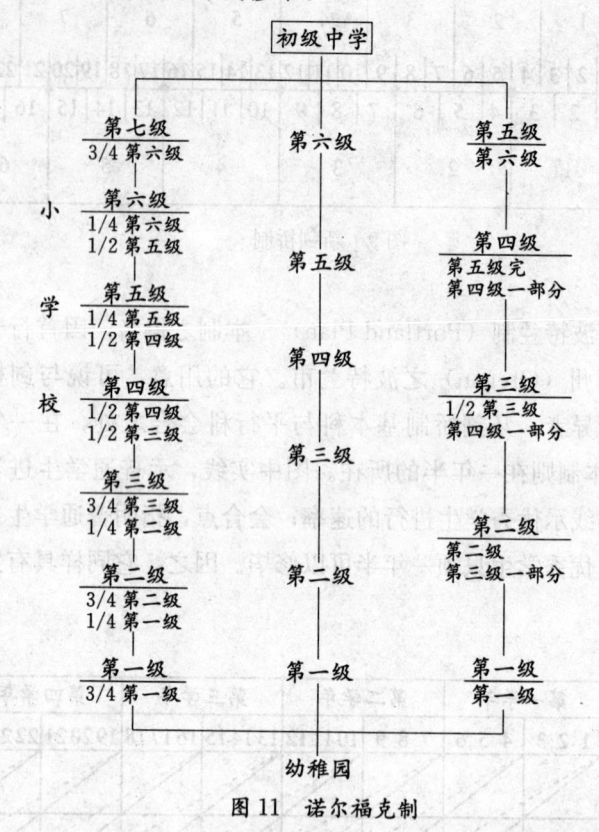

```
                    ┌─初级中学─┐
                    │         │
         第七级     第六级    第五级
         3/4第六级            第六级
     小
         第六级              第四级
         1/4第六级            第五级完
         1/2第五级   第五级   第四级一部分
     学
         第五级
         1/4第五级
         1/2第四级   第四级
     校
         第四级              第三级
         1/2第四级            1/2第三级
         1/2第三级   第三级   第四级一部分

         第三级
         3/4第三级
         1/4第二级   第二级

         第二级              第二级
         3/4第二级            第二级
         1/4第一级            第三级一部分

         第一级     第一级    第一级
         3/4第一级            第一级

                    幼稚园
```

图 11 诺尔福克制

（9）圣巴巴拉制（Sants Barbara Plan）　上述各种，多借功课进行不同速率以适应学生不同的能力；圣巴巴拉制则变课程分量以求适应。初行于美国加利福尼亚的圣巴巴拉地方。本制分设三种平行的课程：第一组为愚钝学生而设，分量最少；第二组

---

① 详 Saunders, L., *A Study of Retardation in the Elementary Schools of Norvolk*, Virginia, Unpublished Master's Thesis, Department of Education University of Chicago, 1924, p. 17.

为适于中材学生，分量适中；第三组，分量最多，专为优等学生而设。本制已由小学推行到中学，高初中全以学科为升级单位，一科不及格，不至影响他科。它的长处，是对优、中、劣各种学生都能顾到，但须以各组课程支配妥善为条件。巴尔的摩（Baltimore）市也曾试行过，据说成绩颇不错。

规定学童	一	二	三	四	五	六	七	八	九	十	十一	十二
愚钝儿童								初中			高中	
中材儿童								学科制			学科制（选科范围较宽）	
优等儿童												
	分级制						分科制			分科制		

■ 面积之大小表示课程分量之多少

图 12 圣巴巴拉制

和圣巴巴拉制相类似的，尚有曼海姆制（Mannhein Plan），创行于德国巴登（Barden）省曼海姆市。德国人想加速学习，使儿童未满义务教育年限时，就可毕业，因而施行此制。法设数种单位较小的特殊班：一叫补助班，一叫低能班。外有为优等儿童特设的三班：一是外国文班，二是外国文预备班，三是中学预备班。各班之间并无崭然的界限，只就能力的高下迭为升降。学生每年改编一次。在此制下，各生个性也可分别适应。

（10）弹性制（Flexible or Shifting Group Plan） 弹性制为哈里斯博士（Dr. W. T. Harris）所发明，时在 1862 年。他首在

69

美国圣路易斯（St. Louis）市试验，报告约在 1870 年发表。后来西雅图（Seattle）、丹佛（Denver）及伊丽莎白（Elizabeth）等地，都曾试行过，成为今日人人皆知的弹性制。此制重在按学生不同的需要而升级，能力高者，可进行迅速，低者反是。其法：学生入学之初，暂入相当的学级，试学两星期。在此期内施行各种测验，至两星期终，再参酌上课情形，上下其班次。组织初将每学年分为上、下两级，每学期开学后两星期内，根据学生学力，各级分成 AB 两组（A 组大约包括全级学生之前半或 1/3）。一月后复将 B 组分为 BC 两组，自此三组各以不同的速率进行，不相牵制。B 组乃中等，一学期可修毕一学期的功课；A 组多习一学期的 1/4，C 组则少习一学期的 1/4。一学期终，上级 C 组与下级 A 组之程度相当，即可并合。次学期开始，再依前法重新编制。每半年并一次，分一次，最快的四年半可修毕六年的功课，最慢的却须八年。其余或五年、五年半、六年、六年半……不等。缺课太多的学生，可随时编入相当之学级或学组。学生循序渐进，拾级而上，人人皆向上走，不过快慢各不相同。

（11）学龄分团制　一种极活动的编制法，为美国约翰逊（Johnson）所首创。曾在某乡村学校试行过，成绩颇佳。在此制下，不严分年级，只集合年岁相近的学生组织"生活团"（Life classes）。比如六年的小学，即可分 6、7、8 岁的学生为一大团，9、10、11 各年岁的学生又为一大团。再按大团中人数分为若干小团，每一小团约有三十人左右。或就小学全体学生各按年龄及身心发育状况粗分为三大团，各大团再分为数小团。小团中不必再有年级界限，尽可相距一、二年级者在一处作业。教学全用设计法，不严分科目，也不必有固定上课时间表。各团学生或共同作业，或个别自习，皆得自由。以数人合作，或合组分工，均无不可。互助和独立的精神，同时可以培养，又不必有升级、留级的变动,所以有人称做"理想的弹性制"。

(12) 道尔顿制 (Dalton Plan)　鼎鼎大名的道尔顿制,是美国帕克赫斯特 (H. Parkhurst) 女士创导起来的,初行于该国道尔顿市立中学,又名道尔顿研究室制 (The Dalton Laboratory Plan)。行此制将原有各级教室改为各科研究室,每室有一教师指导学生学习。不用寻常固定日课表,也不拘寻常上课形式。教学取包工制,按课程纲要,指定范围,以"学月"为单位;每四个星期,订一次"工约";每次工约上各门功课完毕及格,才准另换新约。除级会及少数科目集会讲演外,学生欲作何业,完全听其自由。各人进行速率,尽可不同,快慢程度都从作业室里悬挂的图表上显出。教师对于学生作业随时加以指导。各室皆有特殊的设备。道尔顿制虽创自中学,但小学高年级亦可酌量采用。近来英美此制,颇见盛行,我国中小学亦早有试行之者。本制优点,大约有四:(一)教师对于学生,改"教授"的态度为"指导学习"的态度;(二)教师对于教材,改"自用"的态度为"学生所用"的态度;(三)学生对于作业,改"对教师负责"的态度为"对自己负责"的态度;(四)活动自如,能充分适应个性。平常留级降级的弊害,全可免除。它的缺点也有,例如缺乏团体作业的精神及所得知识不切实都是。仿行时倘能酌量变通,不拘于形式,当可收到更大的效果。①

(13) 文纳特卡制 (Winnetka Plan)　文纳特卡制的创始者为美国该城的教育局长华虚朋 (C. Washburne) 氏,他为适应该市的特殊需要,乃创此制。其法:分学生之生活为个别教学和团体活动两部分——午前为个别教学,午后为团体活动。个别教学中大约包括三种工作:(一)决定科目和内容——用了科学方法

---

① 详 Parkhurst, H., *Education on Dalton Plan*.

去分析教育的目标，再依据这个来决定科目和内容，这是代表人人必习的知识技能。（二）预备诊断测验——科目的内容既定以后，便当有诊断测验，借以诊出学生的一般弱点。（三）决定个别工作和校正的材料——自编教本，自编练习材料，叫学生自己校正。下午时间，全为参加团体活动和创造活动之用。这样可以补救个别教学的缺憾。学生在本制下可以自由前进，不受年级的限制。不过他必须把第一步工作做得十分准确之后，才可进行第二步工作。每一科目分成若干"单元"（Achievement Units）。每单元有一特殊目标和作业指习、作业说明。在学习时，学生可得到教师个别的指导。本制特点：（一）打破旧式年级的限制；（二）用科学方法决定各种科目和内容；（三）借团体活动调协个别教学，使二者各得其所。①

本着文纳特卡制的原意，稍稍改变形式，麦克达德（Jame McDade）创了另一制度，但在芝加哥市的温特沃斯学校（Wentworth School）试行。他把教材组成若干个单元，皆印一种便于学习的形式，按难易分类，学生在教师指导下可以自由应用。每一单元完毕，把成绩记在另一卡片上。仍有团体作业。教师一人同时可指导学生48人。此制既可适合个别需要，又可具有社会化的利益，至于升级活动更不必说。正因为这样，所以它博得人们的赞赏。②

（14）合作组织制（Cooperative Group Plan） 这种制度是美国霍西克博士（Dr. J. H. Hosic）及其同事最近所发明的。他

---

① 详 Washburne, C. W., *Adjusting the School to the Child*, World Book Co., New York.

② 详 McDade, J. E., *Teachers' Manual of Individual Technic*, Plymouth Press, 1928.

们依据着新的教育原理，认为小学教员们有彼此合作的必要，把一般学校所谓"正规科目"（regular subjects）和"特殊科目"（special subjects）的界限打破，并要沟通上课与课外活动，以求增进教学的效能。法将小学六年区为二段落：第一段落共有四类功课，各在一特种教室作业，并各由一教员指导；第一类在图书室，包括文学、作文、读法、讲故事、拼字等；第二类在陈列馆，科目为科学入门、算术、卫生及社会研究；第三类包括美术、工艺、习字，在美工室；第四类在娱乐室，举行者，有音乐、戏剧、体育、游戏等科。各种教室都有特殊的设备，专供此等低年级生用的。第二段落共有作业室五种：即社会研究室，科学实验室，英语研习室，美工室及娱乐室。教员共分若干组，每组有三至六人，各设一主席，负主持辅导之责。教员们不时联络，互相讨论应用的教材和教法，务使成功整体，不致渺不相涉。课程并未改组，通常课程仍然适用，只须使其组织加善耳。学生每日在校时间，约分为四、五部分，每次在一种室内作业，由一教员指导。他们把学生在校的一切活动、一切经验，等视齐观，一律求其合理化，务使学生在此三年之内，得到舒适和健全的发展。① 就理论方面说，本制具有极大的价值，惟事属始创，成效如何，尚待科学事实加以证明。

上述各种改良的编级制度，可归六类：一、二两种（学期升级制、学季升级制）属第一类，注重缩短升级、留级的期限；三、四、五种（巴达维亚制、北丹佛制、普韦布洛制）属第二

---

① 详 Hosic, J. F., Hopkins, L. T. and Student Committes, *The Co-operative Group Plan for the Organization of Elementary Schools*, Bureau of Publications, Teachers College, Columbia University, 1931. 及 Hosic, *The Cooperative Group Plan-Working Principles for the Organization of Elememtary Schools.* 同上。

类，重在个别升级；六、七、八、九种（剑桥制、波特兰制、诺尔福克制及圣巴巴拉制）属第三类，其特点为设平行科以为适应；十、十一两种（哈里斯弹性制及学龄分团制）属第四类，即所谓弹性制；十二、十三（道尔顿制、文纳特卡制）属第五类，重在个别教学，时以团体作业调协之；最末一种（合作组织制）属第六类，借教员们的切实合作，以增进学生学习的效能；各有其特长，各于学级编制有相当的改革，酌量行之，可收实效。兹将数种重要制度的创始人及时间，列表比较如下：

名称	创制人	创立时间
弹性制（St. Louis）	哈里斯（W. T. Harris）	1862年
普韦布洛制（Pueblo）	瑟奇（P. W. Search）	1888年
剑桥制（Cambridge）	科格斯威尔（F. Cogswell）	1893年
波特兰制（Portland）	里格勒（F. Riger）	1897年
巴达维亚制（Batavia）	肯尼迪（F. Kennedy）	1898年
北丹佛制（North Denver）	范西克（J. H. Vansickle）	1898年
圣巴巴拉制（Santa Babara）	伯克（F. Burk）	1898年
葛蕾制（或Platoon）	沃特（W. A. Wirt）	1900年
道尔顿制（Dalton）	帕克赫斯特（H. Parkhurst）	1919年
文纳特卡制（Winnetka）	华虚朋（C. W. Washburne）	1919年
底特律制（Detriot）	贝里（C. S. Berry）	1919年
合作组织制	霍西克（J. F. Hosic）	1930年

升级的标准——学生升级应拿什么来做标准呢？也是一个很重要的问题。平常学校只以教员批分为根据，60分以上为及格，以下则不及格。若干门功课不及格就当留级；反之，都及格的就

循例升级。但是教员的分数不一定可靠，若只以此为学生升级、留级的标准，很不妥当。最好参用旁的方法。依奥托（Otto）所举，美国307个学校系统定夺学生升级方法，虽以所据教员的批分和估量者占最多数，可是别种方法还是不少；多数学校主张混用数种方法，决不以一种为限。原表列下[1]：

表9　美国小学所用定夺学生升级、留级各项标准次数比较表

项目	六年制小学	八年制小学	共计
教员批分和估量	119	87	206
标准教育测验	79	61	140
智力商数	39	40	79
各法混用*	41	31	72
全靠教员批分	35	36	71
智力年龄	41	23	64
两次不及格	35	25	60
实足年龄	34	21	55
社会经验	25	15	40
教员智慧估量	19	18	37
健康	9	13	22
缺课太多	4	8	12
总计	480	378	858

（*包括学校分数，到校时间，成绩年龄，教员估量及测验等。）

---

[1] 详 Otto, H. J., Current Practice in the Organization of Elementary Schools, North-western University Contributions to Education, *School of Education Series*, No. 5, 1932, p. 67.

学生升级究应依据什么，美国全国教育协会督察部第九次年鉴会厘定下面六条原则①：

(1) 升级必以各个学生的实际情形为根据。

(2) 升级须基于多种因素，某生之果能升与否，不独应参照其学业成绩，并应视其全部之发展如何。

(3) 在每一学校系统中，所用以定夺学生升级的手续多少应该是统一的；所依据的某群因素，也应该是不冲突的。教员于是再加考虑，判定某某学生之果应升级与否。

(4) 凡所用为升级的标准，对于上一级的课程、组织、学科及教法等，概当顾及，否则必至偾事。

(5) 学生业经升入上一级以后，即当设法使本级课业适合于升来学生的需要。

(6) 学生升级的手续须时时分析，时时研究，依据各个学生的过去情节，来修正所用的手续，力求其客观化，减少主观臆测的成分。

第五节 学级编制的评价

评衡学级编制的价值，并鉴别其良否，近来专家创制两种工具可以应用：一是年龄学级量表（Age grade table）；二是学级进度量表（Grade-progress table）。从年龄学级量表所示，可知一级学生之正常年龄（Normal age）者若干，超越年龄（Over age）者若干，不及年龄（Under age）者若干；从学级进度量表所示，可知学生修学之速率，正常者若干，特速者若干，特慢者若干，皆用百分数代表（合理的班级，其各种学生人数，当有一

---

① 详 National Education Association, Department of Superintendence, *Ninth Yearbook*, pp. 18-22.

定的百分比）。——比较，当易判别两级或两校情形的良窳。

（A）年龄学级量表　编制本表所用的名词、手续等，应是统一的，如年龄的定义，正常年龄的限度及其计算等，都应标准化，否则必失其效用。因此，第一步手续是如何解释学生的年龄？所谓年龄，系从学生"近于生日"时算起，至编级或调查时止，看有多少年岁，就算多少年岁。下表给我们一个明确的解释：

学生年龄的定义

限度	年龄
0岁3个月	0
3个月至9个月	半岁
9个月至1岁3个月	1岁
1岁3个月至1岁9个月	1岁半
1岁9个月至2岁3个月	2岁
2岁3个月至2岁9个月	2岁半
2岁9个月至3岁3个月	3岁
3岁3个月至3岁9个月	3岁半
3岁9个月至4岁3个月	4岁
4岁3个月至4岁9个月	4岁半
4岁9个月至5岁3个月	5岁
5岁3个月至5岁9个月	5岁半
5岁9个月至6岁3个月	6岁
6岁3个月至6岁9个月	6岁半
6岁9个月至7岁3个月	7岁
7岁3个月至7岁9个月	7岁半
7岁9个月至8岁3个月	8岁

8 岁 3 个月至 8 岁 9 个月	8 岁半
8 岁 9 个月至 9 岁 3 个月	9 岁
9 岁 3 个月至 9 岁 9 个月	9 岁半
9 岁 9 个月至十岁 3 个月	10 岁
10 岁 3 个月至 10 岁 9 个月	10 岁半
10 岁 9 个月至 11 岁 3 个月	11 岁
11 岁 3 个月至 11 岁 9 个月	11 岁半
11 岁 9 个月至 12 岁 3 个月	12 岁
12 岁 3 个月至 12 岁 9 个月	12 岁半
12 岁 9 个月至 13 岁 3 个月	13 岁
13 岁 3 个月至 13 岁 9 个月	13 岁半
13 岁 9 个月至 14 岁 3 个月	14 岁
14 岁 3 个月至 14 岁 9 个月	14 岁半
14 岁 9 个月至 15 岁 3 个月	15 岁
15 岁 3 个月至 15 岁 9 个月	15 岁半
15 岁 9 个月至 16 岁 3 个月	16 岁
16 岁 3 个月至 16 岁 9 个月	16 岁半
16 岁 9 个月至 17 岁 3 个月	17 岁
17 岁 3 个月至 17 岁 9 个月	17 岁半
17 岁 9 个月至 18 岁 3 个月	18 岁

　　第二步要问什么叫正常年龄？什么叫超越年龄和不及年龄？正常年龄是指学生年龄正在规定的年岁范围内，例如赵生在小学一年级，他的年岁在 5 岁 9 个月至 7 岁 3 个月之间，可说是正常。超越年龄是比规定年龄更大的意思，例如钱生也在一年级，他的年岁已达 7 岁 6 个月，反之较规定年龄更幼者，则为不及年

龄，例如孙生在同年级，可是他的年岁尚不及5岁9个月。下二表可以核对：

表甲　学生年龄限度核对表（为半年升级学校用）

学级	本级正常年龄之限度	正常年龄
一B	5岁9个月至6岁9个月	6岁至6岁半
一A	6岁3个月至7岁3个月	6岁半至7岁
二B	6岁9个月至7岁9个月	7岁至7岁半
二A	7岁3个月至8岁3个月	7岁半至8岁
三B	7岁9个月至8岁9个月	8岁至8岁半
三A	8岁3个月至9岁3个月	8岁半至9岁
四B	8岁9个月至9岁9个月	9岁至9岁半
四A	9岁3个月至10岁3个月	9岁半至10岁
五B	9岁9个月至10岁9个月	10岁至10岁半
五A	10岁3个月至11岁3个月	10岁半至11岁
六B	10岁9个月至11岁9个月	11岁至11岁半
六A	11岁3个月至12岁3个月	11岁半至12岁
七B	11岁9个月至12岁9个月	12岁至12岁半
七A	12岁3个月至13岁3个月	12岁半至13岁
八B	12岁9个月至13岁9个月	13岁至13岁半
八A	13岁3个月至14岁3个月	13岁半至14岁

表乙　学生年龄限度核对表（为一年升级学校用）

学级	本级正常年龄之限度	正常年龄
一	5岁9个月至7岁3个月	6岁　6岁半　7岁

二	6岁9个月至8岁3个月	7岁 7岁半 8岁
三	7岁9个月至9岁3个月	8岁 8岁半 9岁
四	8岁9个月至10岁3个月	9岁 9岁半 10岁
五	9岁9个月至11岁3个月	10岁 10岁半 11岁
六	10岁9个月至12岁3个月	11岁 11岁半 12岁
七	11岁9个月至13岁3个月	12岁 12岁半 13岁
八	12岁9个月至14岁3个月	13岁 13岁半 14岁

此刻我们可以了解到年龄学级量表的本身了。下面两个实例，分别表出（一为一年一升制，一为半年一升制），从此知各例学生之正常年龄、超越年龄和不及年龄的数量及其百分比①：

表甲 学生年龄学级表（一年一升的例）

……学校　　　　　　　　　　　　　　1935年9月1日

年龄	一	二	三	四	五	六	合计
5岁半							
6岁	*85	2					87
6岁半	*71	2	1				74
7岁	*23	*79	1				103
7岁半	10	*69	6				85
8岁	0	*36	*71	4			111

---

① 据 Dougherty, J. H., Gorman, F. H. and Phillips, C. A., *Elementary School Organization and Management*, The Macmillan Co., New York, 1936, pp. 268-279.

8岁半	3	15	*64	10	1		93
9岁	1	7	*25	*65	3		101
9岁半	1	2	23	*53	11	1	91
10岁	0	4	9	*20	*81	9	123
10岁半	0	3	5	25	*58	17	108
11岁	0	0	2	12	*30	*74	118
11岁半	1	1	2	11	19	*50	84
12岁		0	2	8	11	*28	49
12岁半		1		2	11	17	31
13岁				0	4	17	21
13岁半				2	3	8	13
14岁					3	5	8
14岁半					1	7	8
15岁以上					1	3	4
合计	195	221	211	212	237	236	1312
不及年龄数	0	4	8	14	15	27	68
上项百分比	0	1.8	3.8	6.6	6.3	11.4	5.3
正常年龄数	179	184	160	138	169	152	981
上项百分比	91.8	83.3	75.8	65.1	71.3	64.4	74.7
超越年龄数	16	33	43	60	53	57	263
上项百分比	8.2	14.9	20.4	28.3	22.4	24.2	20

表中有*部分为正常年龄学生数，以下为不及年龄学生数，另一边则为超越年龄学生数。下表同。

表乙 学生年龄学级表（半年一升的例）

……学校 1935年9月1日

年龄	一A	一B	二A	二B	三A	三B	四A	四B	五A	五B	六A	六B	合计
5岁半													
6岁	*22												22
6岁半	*14	*17	4										35
7岁	3	*9	*14	2									28
7岁半	1	3	*7	*10	6								27
8岁	3	1	4	*16	*11	3	1						39
8岁半	1		3	2	*7	*16	2						31
9岁	1		1	1	4	*12	*10	1					30
9岁半					1	0	*10	*21	2		1		35
10岁					0	1	4	*14	*15	4	0		38
10岁半					0		1	3	*4	*7	6	1	22
11岁					2			0	3	*16	*17	2	41
11岁半					0			1	1	*3	*12	18	35
12岁					0		0	0	0	4	1	*14	19
12岁半	1				1		1	2	0	0	3	1	8
13岁					0			1	1	0	0		2
13岁半							1			0	1	2
14岁											0		0
14岁半												1	1
15岁以上													
合计	45	30	33	31	32	32	31	42	26	35	41	37	415
不及年龄数	0	0	4	2	6	3	3	1	2	4	7	3	35

正常年龄数	36	26	21	26	18	28	20	35	19	23	29	32	313
超越年龄数	9	4	8	3	8	1	8	6	5	8	5	2	67
不及年龄百分比	0	0	12.1	6.4	18.7	9.4	9.7	24	7.7	11.4	17.1	81	8.4
正常年龄百分比	75	86.7	63.7	83.9	56.3	87.5	64.5	83.3	73.1	65.7	70.7	86.5	75.4
超越年龄百分比	25	133	24.2	9.7	2.5	3.1	25.8	14.3	19.2	22.9	12.2	5.4	16.2

上述年龄皆指实足年龄而言，实则智力年龄和教育年龄，均可依同法列出比较，意义也许还重要些。

（B）学级进度量表　年龄学级的研究，仅可指出一级学生之年龄和年级颇相当否，其相当或不相当的情形大概如何，学级进度量表进一步可显出各生的进度如何，实可补年龄学级量表的不足。例如甲生年 8 岁，初入一年级肄业，可说是超越年龄的学生了；但他可拾级而上，其进度便是正常的。另有乙生同年龄，他 6 岁时即已入一年级，只因降级两次，现和甲生同级上课，乙生则不独是超越年龄，并是缓进的学生了。如此一比较，学生的情况不更了然了吗？为帮助了解起见，我再举一实例如下：

学级进度表

……学校　　　　　　　　　　　　　　　　　年　月　日

在校年数	一	二	三	四	五	六	合计
0	*28						28
半年	4						4
1年		*25					25
1年半		3	5				8
2年		2	*35	2			39

2年半			4	3			7
3年			1	*40	1		42
3年半			3	3		1	7
4年				1	*24	2	27
4年半				1	2	3	6
5年					2	*21	23
5年半						5	5
6年						2	2
6年半						2	2
7年							
7年半							
8年							
8年半							
9年							
合计	32	30	45	50	32	36	225
速进人数	0	0	5	5	4	6	20
常进人数	28	25	35	40	24	21	173
缓进人数	4	5	5	5	4	9	32
速进者百分比	0	0	11.1	10	12.5	16.7	8.9
常进者百分比	87.5	83.3	77.8	80	75	66.6	76.9
缓进者百分比	12.5	16.7	11.1	10	12.5	16.7	14.2

学生缓进的原因，或考试太难，或能力太差，或课程不宜，或教法欠善，或家境太坏，或因病请假，或转学次数太多，或其他，不一而足。

研究问题

（1）试列表比较各种改良编级法的特点。

（2）在本章所举各种改良的编级法中，你以为在何种情形下试行何种方法为最宜，试略言之。

（3）道尔顿制的理论和实施举要。

（4）指出文纳特卡制的特点及其与道尔顿制不同之处。

（5）什么叫做弹性制？种类有几？最重要者为何？试举所知者以对。

（6）述合作组织制的理论及其实施概况。

（7）论年龄学级量表的价值及其用途。

（8）论学级进度量表的价值及其用途。

（9）二者合用，其效如何？

第六章

课程

第一节 课程的本质

　　课程是什么　课程（Curriculum），拉丁文原为 Racecource，可译为"跑马道"，取其继续进行的意思（或译"民族经验"亦通）。人类的经验和活动，凡足以引渡学生享受高尚圆满的生活的，都可叫做课程。这样，课程的范围是极广泛的。不过在学校方面说，所谓课程，有广义、狭义之别：广义的课程包括学生在校全部的生活，课内作业、课外活动都在内；狭义的课程，则专指教室内的课程而言。下表可显出二者的关系①：

---

　　① 依 A. J. Jones 教授所举，见 Foster, *High School Administration*, Chap. IX.

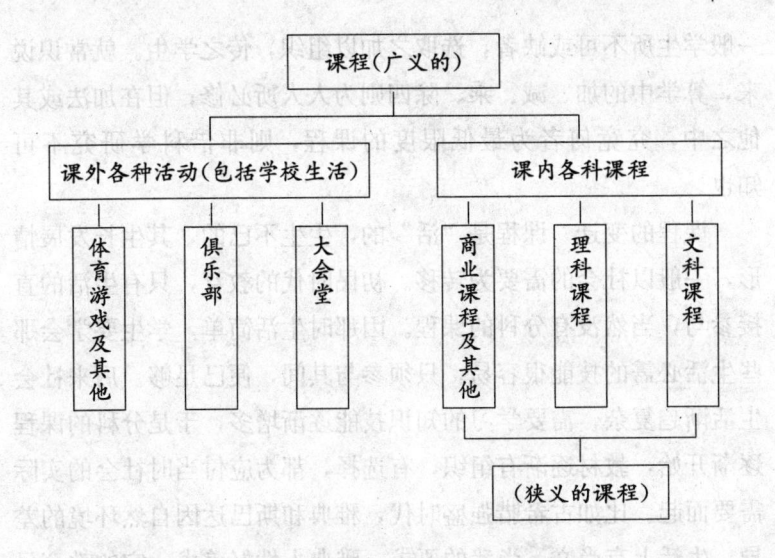

```
                        课程(广义的)
                 ┌──────────┴──────────┐
         课外各种活动(包括学校生活)      课内各科课程
         ┌───────┼───────┐     ┌───────┼───────┐
        体育    俱     大    商业    理    文
        游戏    乐     会    课程    科    科
        及其    部     堂    及其    课    课
        他                   他     程    程
                             └──────┼──────┘
                               (狭义的课程)
```

课程与学科及教材不同：所谓学科（Subject），乃依生活目的而类别的各门科目；教材（subject-matter）则为各学科的内容。公民、数学、历史、地理、物理、化学、工艺、音乐等皆为学科；各科所用的材料则为教材；课程则统举此一切而言也。①

最低限度 所谓最低限度（Minimum essentials 或译至少精粹）者，指课程中的一部分，为人人所必修，其义有二：（一）全国学生对最低限度的课程，务须完全修习，除此以外，可按各地情形增加需要的课程；（二）最低限度课程为各种学生所必修，其能力较优者，得酌量超越其限度。至如何规定此种最低限度的课程，近来趋向使用科学方法，就其最有价值，最合需要，最为

---

① 最近 Caswell 和 Campell 对于"课程"的涵义剖释颇详，彼等除依平常把学科教材等都包括在课程以内外，更谓课程乃学者的经验（The experience of the learner）。这样课程的内容就十分丰富了。详见 Caswell, H. L. and Campell, D. S., *Curriculum Development*, American Book Co., N. Y., 1935.

一般学生所不可或缺者,选取之加以组织,传之学生。就常识说来,算学中的加、减、乘、除四则为人人所必修;但在加法或其他之中,究竟何者为最低限度的课程,则非借科学研究不可知也。

　　课程的变迁　课程是"活"的,生生不已的,其生长发展情形,一般以社会的需要为转移。初民时代的教育,只有生活的直接参与,当然没有分科的课程。因那时生活简单,学生要学会那些生活必需的技能很容易,只须参与其间,便已足够。后来社会生活渐趋复杂,需要学习的知识技能逐渐增多,于是分科的课程逐渐开始,教材逐渐有组织,有选择,都为应付当时社会的实际需要而起。比如古希腊强盛时代,雅典和斯巴达因自然环境的差异,生活上有尚文、尚武的要求。雅典人性好美术,它的教育目的,在"人格之表现,而尤重理智的发育,与美感之陶冶";故于体育则重视姿态的优美,于音乐则重视音节的和谐,以视斯巴达之致力于强健体格的锻炼者,固大有别。罗马人民本一实际的民族,社会所尚,在使人人能履行义务,而享受权利;故实用人材的养成,为其教育的着眼点,而模仿为其方法,传记、法律、文典为其教材。降及中世纪初期,欧西各国承希腊、罗马的遗风,与当时社会的需要,因有所谓"七艺"(文法、辞令、论理、算术、几何、天文及音乐)的课程,而所特重者,为文法、音乐等科。近世科学发达,生活繁复,课程内容极其丰富,学校种类极其繁杂,而国语、数学、公民、历史、地理、科学、美术、工艺、音乐、体育等科,几为各国小学所必修。即以我国而论,古代盛行"六艺"的课程,秦汉而后,课程时有变迁,或尚训诂,或重经义,或崇诗赋,不一而足。明清以八股取士,学子有志于"致君"、"择民"、"扬名声"、"显父母"者,莫不精心四书五经的讲求,制艺括帖的学艺,而一般志在略识之无以便服贾营商者，则其所专，在《百家姓》、《千字文》及《四言杂字》等书。清末改制，学校课程仿东西洋设有种种新学科，但传统观念依然根深蒂固，一般学校仍以读经为必修科，而圣谕广训仍属不可忽视。人民国后，旧科目废除，新科目增设，课程曾经一番大革新。即以公民一科而论，初为"修身"，民国初年改为公民，国民政府奠都南京后改设"党义"一科，不久又废除党义而以"公民"为代。为实现三民主义的教育宗旨，学校各门课程都须主义化，决不限于某某一科。抗战军兴，中小学课程又当注重唤起民族意识，激发抗战情绪，而使其充分国防化，以完成抗战建国的使命。总之，课程是变动不居的，时时生长不已，一时代有一时代的需要，一时代便有一时代的课程。①

兹录美国 1826 至 1926 年小学各科时间分配百分比之升降，以见课程变迁的一斑②：

年份	时间百分比		
	甲类	乙类	丙类
1826	91.7		8.3
1856	70.1	15.7	14.2
1866	62.0	12.5	25.5
1904	61.8	12.3	25.9
1914	55.3	12.9	31.8
1926(444 市)	51.7	11.8	36.5
1926(15 州)	48.9	13.8	37.3

① 参看罗廷光：《教育概论》，世界，第七章。
② 据 Mann, C. H., How Schools Use Their Time, *Contributions to Education*, No. 333, Teachers College, Columbia University, 1928, p. 42. 及 Otto, *Elementary School Organization and Administration*, p. 70.

甲类属工具科，如读写算是（所谓 3R's）；乙类属内容科，如史地自然是；丙类属特殊科，如美术、工艺及体育等。

第二节　课程编造的理论和方法

一、课程编造的理论　关于课程编造，美国教育界有种种不同的主张，粗别之，可得哲学的和科学的两大派：前者侧重儿童活动，可以杜威（John Dewey）、梅里安（J. L. Meriam）为代表；后者侧重社会需要，可以博比特（Bobbitt）和查特斯（Charters）为代表。杜威说："教育即是生活，不是生活的准备"；梅里安也说："小学教育的主要目的，不是准备着未来生活，而是辅助儿童营现时之圆满生活。"他们主张编造课程，应以儿童生活及其成长为中心，并非为准备成人的生活。后派人主张却很不同。博比特直截了当地说："教育原是准备成人的生活，不是为儿童的生活。"查特斯也有同样的说法。他们认为课程编造该偏重社会的需要，用了科学方法，来分析成人所有的活动、能力和品格等，综合这些具体目标再定夺各种需要的目的和教材。邦瑟（Bonser）的主张较为折衷，较近调和派。他说："适合儿童需要，乃是适合成人需要最好的准备；儿童生活与成人生活是丝毫不相抵触的，生活是整个连续的，不可划分的。"儿童生活和成人生活之间，并没有严密的界限，准备儿童现时生活，即为准备日后成人生活的张本；二者原是一物的两面。故课程编造须顾及两个要素：一是儿童，二是社会；一方要满足儿童的需要，他方也要满足社会的需要。

二、课程编造的方法　课程编造，最好采用科学方法，本着无偏无倚的态度而为客观事实的研求，不盲从，不武断，一切以客观事实为主。编造课程的科学方法很多，最重要者，有下列四种①：

（一）活动分析法　人们假定学生的发展，系从其种种活动中显出，故课程编造，首当从分析他们的活动入手。依据着分析的结果，归纳为若干具体目标，这些目标便是课程编造的重要张本。用这方法，稍感困难的，是因为人类活动异常复杂，从幼儿到成人，日日在生长中，且彼此间个性差异很大，怎能一一分析，一一控制呢？可是它注重客观的研究，学生的活动和经验，所得成绩，自非寻常主观的方法所可比拟。

（二）业务分析法　即分析某某业务所需要的特殊品格、知识、能力、习惯、精神等。譬如研究商业课程，可向商店征求关于某种店员所需要的种种材料，从中摘取多数人的见解，以为编造课程的根据。

（三）困难分析法　倘欲编制农业课程，可先向农夫访问他们感遇的困难；又可派有经验的调查员到各农田去观察农夫耕作的困难。汇集种种，课程编造便有所着手了。

（四）需要调查法　调查儿童身心各方的发展，常识的增进，字汇的扩张，乃至对于外界事物的兴趣等，都须应用科学的方法，才可得到圆满解决。社会方面亦然。所谓地方教材，概非从实地调查无可得知。社会需要不只一种，愈调查愈教我们了解深切，愈给我们编造课程很多的实际材料。

用科学方法以编造课程，其重要步骤，大略如下（附录）：

一、将各种活动（或业务困难需要）详细分析，并归为若干门类。例如查特斯和韦普尔斯（Waples）氏运用种种科学方法，分析教

---

① 参看罗廷光：《教育概论》，世界，第七章。

师应有的活动，结果行到一万多个条目，更以之归为七大类如下：

(1) 关于教室管理的活动。

(2) 关于课室教学的活动。

(3) 关于指导学生课外作业的活动。

(4) 关于本校同事间关系的活动。

(5) 关于学生家长及其他有关人员的活动。

(6) 关于本人职业上求进步的活动。

(7) 关于校舍设备及其他的活动。

二、各种活动既已分析归类，进一步即依据社会情况，参酌人类通性，再审察本国教育上应有的主张和已颁布的教育宗旨、教育方针等，综合一切，定为具体目标若干条。此种具体目标，便是决定科目、支配时间、选择教材和运用教法的标准。

三、按照各项具体目标，依客观法权衡轻重，并顺着次序排列。

四、目标既定，且已按比较的价值排列，于是进而求达目标的科目。

五、求达目标之科目既定，再求科目间的轻重比例，规定孰为必修，孰为选修，更据此而得各科目的先后顺序及时数、学分等。

六、最后征集各科中可用的教材。

第三节 我国中小学现行课程

课程标准的产生，在集权国家如法、德、意等，全由中央规定，颁行以后，不得任意更动；而在分权国家如英、美等国，则由政府组织专家委员会（或教育界自动组织），征集大家意见，并会同有经验的教师合力编成。大约先前那种行政长官杜撰课程的方式已成过去，此刻趋向采用集议的方法。美国更是这样。

我国中小学课程标准，自民十一〔1922〕新学制①公布以后算已初具规模；那次的课程标准，也还不过是一种"纲要"，成之匆匆，致缺乏严密的组织和统一的理想。到了十八年〔1929〕，教育部另组"中小学课程标准起草委员会"，订定《中小学课程暂行标准》，通令全国中小学实地试行，并将结果随时呈报教部，以为日后修正参考。二十年〔1931〕教育部改聘专家组织"中小学课程及设备标准编订委员会"。二十一年〔1932〕十月起，先后颁布《幼稚园小学课程标准》、《中学课程标准》及《各种师范学校课程标准》。二十五年〔1936〕六月教育部修正颁行《初高级中学课程标准》，二十九年〔1940〕二月，再将《初高级中学教学科目及每周教学时数》修正公布。大体来说，现时的课程标准，虽较有宗旨，有组织，显见进步，但所用编订方法仍未尽合——依然出于少数人的私见，毫无客观可靠的事实做基础——斯为美中之不足耳。

现行中小学课程　一、小学课程——教育部在二十一年〔1932〕十月颁布了《幼稚园小学课程标准》，实施有年。惟依各省市实施情形及初等教育研究会研究结果，其中待修正之处极多，该部乃于二十四年〔1935〕十月邀集小学教育专家若干人，举行小学课程标准讨论会，而将修正结果于明年〔1936〕二月再度公布。兹录《现行小学教学科目及每周教学时间表》于下：

---

① 〔特编注〕1922年学制，亦称"新学制"，因颁布时为农历壬戌年，又称"壬戌学制"。

表10 小学科目及每周教学时间总表

(二十五年〔1936〕二月十八日修正公布)

科目 \ 年级 分钟	低年级		中年级		高年级	
	一年级	二年级	三年级	四年级	五年级	六年级
公民训练	60		60		60	
国语	420		420		420	
社会	（常识）150		180		180	
自然					150	
算术	60	150	180	210	180	
劳作	（工作）150		90		90	
美术					60	
体育	（唱游）180		120	150	180	
音乐			90		60	
总计	1020	1110	1140	1200	1380	

[说明]

（一）公民训练与别种科目不同，重在平时的训练，表内所列的是团体训练，时间每日以10分钟为准（并入朝会、集会等中）。

（二）低中年级社会、自然合并为常识科，包括卫生的知识部分（卫生习惯的部分纳入公民训练）。

（三）四年级起算术加教珠算。

（四）高年级社会科得分为公民（公民知识）、历史、地理三科。时间支配：公民30分钟，历史90分钟，地理60分钟。

（五）高年级自然科，包括卫生的知识部分（习惯部分纳入公民训练）。

（六）低年级美术和劳作，合并为工作科，音乐加体育合并为唱游科。

（七）总时间各校得依地方情形，每周减少30分钟或60分钟。

（八）时间支配以30分钟一节为原则，视科目之性质，得分别延长到45或60分钟。

二十五年〔1936〕七月，教育部公布《修正小学课程标准》以后，经过五年的试验研究，各方认为有重行修正之必要，该部乃于三十年〔1941〕四月召集小学教育各科专家商讨修改办法。当推定各科起草人员，并聘派部内外人员为修正小学课程标准委员会。各科修订草案完毕，再经国民教育司先后约集部内人员加以审查，经若干次的修正，始成为现行之《修正小学课程标准》。

二、中学课程　录最近教部公布的初、高中课程总表于下：

甲、初级中学课程总表

表11　初级中学教学科目及各学期每周教学时数表

（二十九年〔1940〕二月十四日修正公布）

科目	学期时数	第一学年		第二学年		第三学年	
		第一学期	第二学期	第一学期	第二学期	第一学期	第二学期
公民		一	一			一	一
体育		二	二	二	二	二	二
童子军		二	二	二	二	二	二
国文		六	六	五	五	五	五
算术		三	三	四	四	四	四
自然科学	博物	四	四				
	生理卫生			一	一	一	
	化学			三	三		
	物理					三	三
历史		二	二	二	二	二	二
地理		二	二	二	二	二	二
劳作							
图画		二	二	二	二	二	二

音乐	二	二	二	二	二	二
选修时数	三	三	三	三	三	三
每周教学总时数	三一	三一	三一	三一	三一	三一

［说明］

（一）选习时数各学年均分甲、乙二组，每周均各三小时。每一年甲组国文二小时，历史一小时，乙组英语三小时。第二、三年甲组公民一小时，职业二小时，乙组英语三小时。

（二）自然科学得采用混合教学，如采用教学时，博物科内容除动植物外，须略及地质与矿物学大要。

（三）史地二科教学之总时数内约以本国史地各占2/3，外国史地各占1/3。

（四）体格训练，除体育、童子军及早操或课间操外，每周须有课外运动及童子军演习共三小时。

（五）生产劳动训练除劳作及职业科目外，每周须有课外实习三小时。

（六）女生之劳作以家事与农工艺训练各占一半为原则。

（七）各年级每周平均须有二小时为战时后方服务之训练。

（八）各科教学时间之排列，须力求其合理化，即国文、算术、科学、公民、史地等科，须排列于教学最有效之时间（如上午八时至十一时，下午二至三时）。又体育、童子军、劳作等科目有课外活动演习及实习者，其时间得混合编配。每一教学活动时间，得分别酌量延长至一小时或二小时。

乙、高级中学课程总表

表12　高级中学教学科目及各学期每周教学时数表

（二十九年〔1940〕二月十九日修正公布）

科目＼学期时数	第一学年		第二学年		第三学年	
	第一学期	第二学期	第三学期	第四学期	第五学期	第六学期
公民	一	一	一	一	一	一
体育	二	二	二	二	二	二
军事训练（或家事看护）	三	三	三	三	三	三
国文	五	五	四（二）	四（二）	四（二）	四（二）
外国语	五	五	五（一）	五（一）	六（一）	六（一）
算学	四	四	三（二）	三（二）	三（二）	三（二）
生物	三	三				
矿物					一	一
化学			四（一）	四（一）		
物理					四（一）	四（一）
历史	二	二	二	二	二	二
地理	二	二	二	二	二	二
劳作	二	二				
图画						
音乐	一	一				
每周教学总时数	三一	三一	三一	三一	三一	三一

〔说明〕

（一）自第二年起分甲、乙两组，甲组第二、第三学年每周算学为五小时（其程度与旧标准之算学课程内容相等），化学、物理各为五小时，国文四小时，外国语第二年五小时，第三年六小时；乙组第二、第三学年算学为三小时，化学、物理各为四小时，国文六小时，外国语第二年六小时，第三年七小时。

（二）各校得视地方情形，自第三年起酌设简易职业科目（如商业、簿记、会计、统计、应用文书、打字、农艺、合作社等），前项选习甲、乙组科目之学生，得免习第三年各该组增习时数，而就所设职业科目中选习一种或二种。

（三）女生劳作应注重家事科目，自第二年起各校应酌设家事科目，备二年级或三年级女生于甲、乙组增习时数内改习家事科目。

（四）体格训练除体育、军事训练及早操或课间操外，每周须有课外运动三小时，军事训练及家事看护中并应注重救护工作。

（五）各年级每周须有二小时，为战时后方服务训练。

（六）各科教学之时间排列，须力求合理化，即国文、算学、科学、外国语、公民、史地等科须排列于教学最有效之时间（如上午八至十一时，下午二至三时）。

外有《六年制中学课程草案》，正征集各方意见备修正，尚未公布。

第四节　课程行政的原则

学校行政人员应熟悉课程行政的原则，此项原则之重要者如下：

一、校长应力使课程"活化"，勿令其僵化　校长实负有此项责任。他应能领导同事共同致力于课程效率的增进；所用方法或为重要材料的补充，或为科学技术的使用，或为课程形式的改良，或为教材价值的重新估定，或其他。苟能合力研究，定可达到成功的一步；否则失败之咎，不应教员（或校长）一方负责，实乃双方之过。

二、校长应充分利用教员的努力和社会的襄助，以改进课程和教学。课程是活的，生生不已的，前面已经说过；课程的改进，直接是助成学生的生长，间接则促使教员职业的进步。教员对于所任本科的内容或许较为熟悉，但若校长能加以辅导，使课程组织、教材排次益臻合理化，则所造于课程和教学之改进必非浅显。在另一方面，校长又应利用时机多多获到社会的襄助，以期课程效率的增进。

三、校长应时时研究课程，分析其内容，或审核其形式，务就实际试行结果重行估定其价值 课程有全国的，亦有地方的，有一般的，亦有特殊的，部颁课程并不是全部适用的，尽有可以斟酌损益之处。身任校长的人，应时时对于课程加以研究，依据学生情况和地方需要酌为伸缩，力求近于完美的地步。近来有好些学校设有研究一部，课程研究当占极重要的部分。

四、为增进课程的效能，校长对于课程本身固应有深切了解，而于学生、家长及当地社会经济状况，尤不可忽视。校长对于这些了解愈深，则其于课程改良的贡献愈大。

五、地方重要教材应多方搜集，以求充实课程的内容，并为改进教材教法张本。①

附录

课程编造的步骤和规律，专家发表意见不少，举例于后：

一、艾尔（Ayer）氏拟订的步骤：

(1) 决定目标。

(2) 厘定实施原则。

(3) 选取学生经验。

---

① 参考 Reavis, W. C., Pierce, P. R. and Stullken, E. H., *The Elementary School*, Chap. Ⅷ, The University of Chicago Press, Chicago, 1938.

(4) 选择需要的教材。

(5) 依成熟深浅程度序列学生经验。

(6) 根据实验定夺各种经验的地位。

(7) 按适当年级和学期，把各种经验组成若干有关之教学单元。

(8) 经常加以修正。（见 Ayer, F. C., *Studies in Administration Research*, Department of Research, Seattle Public Schools, Bulletin No. 1, June 1, 1924, p. 32.）

二、查特斯（Charters）假定的规律：

(1) 从研究人类在社会中的生活以决定教育的主要目标。

(2) 分析此种目标为各项理想、活动乃至作业单元而止。

(3) 依其重要而序列其先后。

(4) 理想活动之于儿童价值愈大者，其在表上所占的位置愈高。

(5) 决定各项重要条目，并分配所需要的时间。

(6) 征集民族最良实际经验，以为实现此种理想和活动的参考。

(7) 依照儿童心理顺序排列教材，成为适当的教学形式。（见 Charters, W. W., *Curriculum Construction*, Macmillan Co., New York, p. 102.），外有斯内登（Snedden, D., *Foundations of Curricula: Sociological Analysis*, Teachers College, Columbia University, pp. 175-177.）和麦克默里（McMurry, F. W., Priciples Underlying the Making of a School Curricula, in *Teachers College Record*, Sep. 1915, Vol. XVI. pp. 3-7.）等人意见不具引。

研究问题

(1) 解释"课程"并述课程、学科和教材三者的区别。怎样说课程是"活"的？

(2) 举例申述课程随社会的需要而变迁。

(3) 用科学方法编造课程，其步骤为何？

(4) 中国小学（或中学）课程变迁考。

(5) 比较最近教育部公布的初、高中课程及前次同类课程，摘举其同异及其强弱得失之处。

(6) 人们每有谓现时中学生上课时间太多,你的意思如何?

(7) 试分别研究现行高、初中课程标准,并加以评判。

(8) 初级中学倘应改质,其课程必与普通中学大不相同,关于这点,新颁初中课程可曾显出?

(9) 比较《国立中学课程纲要》及新颁布高、中、初课程。

(10) 我国中小学课程何以变动如此之速,试摘举其理由。

第七章

教材及用书

第一节 教材的本质

教材是什么？从一方面看，它是代表民族和社会的经验；从另一方面看，它又是行为的方法。课程既是随社会的需要而变迁，教材更是这样。古时社会生活很简单，儿童应学的东西，除去直接有关生活的以外，不过一些入会的仪式，颂扬祖先的诗歌和医药上的秘传等。后来社会状况逐渐繁复，生活方法逐渐分化，儿童要学的东西逐渐增多；单凭非正式的参加和练习必不足够，于是需要有特定场所（学校）和特定人员（教师）以为教导。同时运用经济的手段，从民族经验中淘选精华，就其最切要、最能代表当时社会之需要者，加以组织，传之后辈，夫然后始有今日我们所称道的"教材"。所以教材不是别的，是一民族或一社会经验（包括知识、观念、技能、欣赏、理想等）的结晶体。

在另一方面，教材却又是行为的方法（Ways of behaving）。克伯屈（Kilpatrick）说道："儿童生活本是行为方法的合体，而

民族经验则为保存人类最良的行为方法的,故儿童生活与教材,同为行为的方法。"① 举二例于下:

例一 "以 7×8=56 言之,假如购八分邮票七枚,余可作七次付其值,每次付八分,则为七乘八矣。然其事太不便。幸民族经验不如此,不必付七次,每次付八分,而可一次付五角六分。此民族经验之行为方法较简易而直捷也。" 7×8=56 是算术教材,也就是行为的方法。

例二 "如儿童自装一无线电机,彼见年长者优为之,而能收远站之音,则己亦欲一试,然遇困难而阻焉,则研究书籍及仪器,探求其困难之所在,而设法解免之。然后为再度之试验,又遇困难而阻,则又研究探求以解免之。如是反复试验以底于成。"装置无线电机是自然科学的教材,研究书籍及仪器,便是行为的方法。

可知教材是行为的方法,是一民族或一社会所得最良之行为的方法——与旧式之以教材为供学习或记忆的事项者不同。

第二节 教材的选择

一、教材选择的标准 重要标准有三②:

甲、教材须合社会的需要 这是一项极普通的标准。一切教材皆当以致用于社会为条件。教材愈社会化,愈能帮助学生适合于所处的社会。再分二节言之:

---

① Kilpatrick, W. H., *Foundations of Methods*, Chap. XVII. 或孟、俞〔特编注:即孟宪承、俞庆棠〕合译:《教育方法原论》,商务,第十七章。

② 罗廷光:《教学通论》,中华,第十五章。

（一）所选择的教材，须适合现代社会的需要——社会需要每随时代巨轮而变迁，一时代有一时代的社会需要，一时代便有一时代的教材。今日学校所用的教材，必以适合现代社会需要为依归。

（二）所选择的教材，须适合地方的需要——选择教材一方固应适合现代社会的需要，同时却又应注意本地方的需要。各地情形既不相同，则所需用的教材，自当随而互异：中国南方学校所用的教材，不能全适用于北方学校；乡村社会所用的教材，不能全适用于都市社会；近于海滨的学校，有近于海滨学校的教材；处于山林的学校，有处于山林的教材：都是显而易见的。

乙、教材须合学校的经验　意指教材须使成功学生经验化。所谓学生经验化者，盖含有两种意义：即以学生经验为教材，或以其经验为教材的张本。就前者言之，如乡村学校对于园艺、农事，习知常见，故宜教以园艺、农事的知能；就后者言，如利用学生对于园艺、农事的经验，而导其实行，关于自然研究，如生物、乡土和气象等是。这两种意义在教材的选择上，都很重要。原来学生验和民族经验之间，相去甚远，所赖以使学生经验之整理、扩张得以接近于民族经验者，全恃教材以为媒介，所以说："教材是学生经验和民族经验的摆渡"。

丙、教材须选择其价值最高者　能代表民族经验的材料，可用的必多；即适合于学生经验的，亦必不少。倘不分皂白，一一收罗进来，不惟无益，抑且有害。因此要加上这条原则的限制，指点所选择的教材，必是比较有价值的；其所代表乃民族经验的精华，不是民族经验的糟粕。

二、教材选择的方法　近来趋向用科学方法实地研究，就社会实际生活中取其最切合学生需要者，选为教材，加以组织。例如识字问题，首当知道小学生应该认识哪些字？艾尔斯（Ayres）曾征集若干常用字汇，拿来一一统计，将结果充作小学低级教材之用。他初从个人和职务的信函中，获有 23,629 个字，不同的亦有 2,001 个。再取 2,000 封普通书信，统计其每第一个字，又得到二千多个。汇集起来，共得最常用字凡 548 个。各字发现的次数皆在六次或六次以上。这样他得到了一个可用的"常用字汇"①，就是很好的小学识字教材。又如算术为欲搜集社会需用的教材，威尔逊（Wilson）曾费很多工夫，向在校儿童的家长们（共 1,457 人，各门职业都有）调查其工作时所遇到的计算问题，共得 7,119 问，其中加法 1,742、减法 1,085、乘法 2,779、除法 827、分数 686；这些就是很好的算术教材了。② 他如文法、语言、读法及社会研究等，皆有类似的科学研究。从这里我们可得到真切可用的教材。

第三节 教材的组织和排列

组织教材最好以"单元"为中心，避去记账式的编制。先把一学程教材划分为若干大单元，再在大单元之下，分析为若干小单元，各定目标研究方法及参考材料等。例如美国旧金山教育局所定本市小学五年级卫生体育科教材纲要，全采单元组织法，本学程共含大单元 16 个——滋养、睡眠和休息，空气与日光，皮肤的保护，口齿的卫生，鼻喉的保护，眼的保护，耳的保护，头发和头皮，手指和指甲，足的卫生，衣服，姿势，体高和体重及大筋肉运动等；再在每个单元之下，分习惯、知识、态度应有的

---

① 罗廷光：《教育科学研究大纲》，中华，第五章。
② Wilson, G. M., *What Arithmetic Shall We Teach*? Houghton Mifflin Co., Boston, pp. 7-9, 39-51, 58-63.

活动，应联络的学科及指定参考书等。①

学校行政当局（校长及教务主任）应偕同事切实研究课程组织问题——部颁课程标准，不过是一种大纲，尽有伸缩的余地。依据部颁课程大纲，参合地方材料，按照课程组织原则加以整理：第一步确定若干大单元，再分析若干小单元，草成细目，然后敷陈教材，配合教法等，乃是正当的步骤。教材排列时，可遵守下面的原则：

（一）从心理的顺序到论理的顺序　心理的和论理的两者并非相反而系相承。例如探险，所循的历程，是心理的，事后制成的地图是论理的；又如率领学生郊外远足，是心理的，回来做成一篇游记，是论理的。平常学校用的一些教科书，多是作者研究后的心得（论理的）；要学生了解它们，须得补充学生的经验，否则是格格不相入的。所谓从心理的顺序到论理的顺序，包括下面几个要点：

（1）材料从近处的到远处的——例如地理，以乡土为出发点，再至本县、本省、本国乃至世界。

（2）学习从容易的到繁难的——例如代数，从一次方程到二次方程；理化从日常应用科学常识，到各项较专门的问题（如光学、力学、电学、声学等）都是。不过这里所谓容易的或繁难的，系指真正对于学者而言，非就教材本身说的。

（3）内容从具体的到抽象的——依据儿童具体经验，引申之使渡到抽象方面去，例如国语，儿童识字，应先从"跑"、"跳"、"荡秋千"、"踢毽子"等入手，不可开始就教"仁义道德"或"孝弟忠信"一类的话。具体的重要涵义有二：一是实在的事物，

---

① 见 Health and Physical Education, by Board of Education, San Francisco, California.

指对符号而言；二是切近人生的关系，指对形式而言。

（4）课业从已知的到未知的，五谷六畜是已知的，应该先教；海豹、海狸，是未知的，应该后学（即使要学的话）。

（二）多用归纳的述法，少用演绎的述法　旧式教材偏于演绎的叙说，如几何之先下定义后举例证；文法之先举条文，后引实例，都不合儿童学习的自然程序。今后宜力加改革：几何与其先讲定理、公例，不如及早提出问题，使学生自求解答，解答时必须应用到已学的原理，于是指导他们就诸原理中选择一个最切当的，拿来供解答本问题的根据。迨全部解答，然后用归纳法抽绎新原则而下结论。又卫生科与其空叫儿童明白清洁的原理与其生理上的关系，不如讲述一个仙人故事；比方说："仙人穿白色之衣，戴鲜花，佩青玉，肤体洁净，丰神飘洒，时浴于海滨，歌咏于山林深处……"儿童为羡慕仙人的生活，便不期然地讲求清洁了。总之，先从学生平日经验上举例，暗示原则，经久而后提出概括之词，乃是排列教材时应当遵守的原则。

第四节　用书问题

教材选择与用书　合理的步骤，是先有良好的课程标准，依据这个标准划定单元，草成细目，搜集适用的教材；再把教材加以组织和排次。从这里产生出的教科书，应用时方无流弊。否则胡乱采用了一册教科书，就认为是唯一的教材；甚至教学方法亦因教科书或教授书而流为机械化，那是极要不得的。

教科书的利弊　人们有主张不用教科书的，以为它的弊端至少有六：

（1）编者的心理，未必适合于教者的心理，所以不易满足用书者的需要。

（2）教科书往往因经济的限制和编者传统的观念，力求简要，不甚切合学者使用。

（3）教材一经组成教科书便易流于枯燥乏味。

（4）含有空间性和时间性的教材，不能包含在教科书内。

（5）学生容易发生"读死书"的观念。不独教材不能活用，且认教科书为唯一知识的来源。

（6）教科书的系统未必适合事实上提示的先后，胶柱鼓瑟，危险极大。

可是教科书也自有它的功用，未可一笔抹煞，略举如下：

（1）可以表示教材有条理、有系统的组织。

（2）可以充教师教学的引导。

（3）易于引起学生学习的兴趣。

（4）易于暗示学生思想的整理。

（5）给初学一个极好的门径。

（6）印刷良好，易于引起美观，并合于卫生。

要之，学校教育，无论如何改革，终不能绝对离去书本的研究。经济充裕、人才众多的学校，自编教材，自无不可。如若不然，自编教材，较用教科书危险更大。为一般学校设想，以采用教科书为原则；而自编教材，或另选教材作为补充，是较妥当的办法。

教科书的制定　教科书的制定各国因所采政策不同，致所用的办法亦各异。德意等集权国家，采国定制，教科书编制之权，操自中央，全国学校一律遵用。反之，英美等分权国家，采自由制，学校教科书听各地自由编制，自由采用。其余国家多采用审定制：教科书由人民编制，而必经国家审定。国定制可收统一之效，惟因杜绝竞争，难于进步，是其弱点。自由制利弊，这与国定制相反。审定制于自由竞进之中，兼寓统一之意，似较妥善。

我国虽亦采教育部审定制，但以审定方法欠善，法律规定欠严，所谓"审定"云云，徒具形式而已。

　　教科书选择的标准　坊间每期出版的教科书，盈千累万，曾经教育部审定者，亦属不鲜。教师倘无鉴别的眼光，如何可选得合用的教本？合理的办法，是一方依照本地方的情形，他方根据学生的程度，参考专家所述教科书选择原则，立定几条具体标准，然后汇集各大书局教科书，一一详为比较、考核，以其最合用者为教本，次则为补充教材或辅助读本。兹介绍几个专家所举关于教科书审定的标准如下：

　　甲、约翰逊（Johnson）的中学教本审定标准[1]：

（A）普通方面：

1. 编者学养方面，资格是否足够？
2. 出版书局的声誉和信用均优良否？
3. 本书是否正合时宜？
4. 书中的见解与现行教育宗旨符合否？
5. 本书体例格式颇能引人注意，激人兴味，并合某级学生的程度否？

（B）教材方面：

1. 选择：
(1) 本书的内容是否适合社会的需要？
(2) 本书材料的选择，是否依了比较价值的原则而行的？
(3) 本书材料的选择，是否对于所定"大问题"或"大单元"的

---

[1] Johnson, F. W., A Checking List for the Selection of High School Textbooks, in *Teachers College Record*, Vol. 27, Oct. 1925.

学习，颇有意义和贡献？

(4) 本书材料颇能适合各个学生或各组学生的需要、能力和经验否？

2. 组织：

(1) 本书材料的组织，是否依了心理的顺序，而非只顾材料本身的系统？

(2) 又其组织是否以单元为中心而避去百科式的凑集？

(3) 本书材料的排列，是否纲举目张，便于学习，不是记账式的茫无头绪？

(4) 全书是否可给学生一个统括的印象？

(C) 教学方面：

(1) 序中曾否特别指明编者的见解，并指示教师应用的方法？
(2) 本书能否引起学生阅读的兴趣？
(3) 本书目次曾否把内容大纲完全显示出来？
(4) 书末有无索引（index），其排列是否便于检查？
(5) 书中术语或专门名词，另有注释和特别说明否？
(6) 所有插图和练习材料，均相当适度否？
(7) 所有图例、地图、轮廓表，亦皆简明合用否？
(8) 所举参考书均切合学生程度否？
(9) 每单元之末曾将其内容要项总述一遍否？
(10) 尚有其他助长学习的特点否？
(11) 全书终结曾有总温习的机会便于学生整理思想和加强记忆否？
(12) 除各章材料正确、充足和有趣外，尚有附录具同样性质否？

(D) 技术方面：

(1) 书的装订是否坚固耐久而美观？

(2) 纸的颜色大小，是否合用且不伤眼力？

(3) 式样是否便于使用？

(4) 每页材料排印是否适当，并各有大题目标出？

(5) 全书是否令人喜爱？

二、奥蒂斯（Otis）氏的教科书评分表（Standards for Scoring Textbooks）——奥蒂斯氏曾为审核学校内容科（如史地、科学之类）教本，创制一种评分表①，总纲如下：

名称	分数
（一）地方适应力（Local Adaptability）	110
（A）视导方面（合于所用视导方式；便于自学；便于视导等）	20
（B）教学方面（适于各种教法；对缺乏经验的教师有特别帮助，对革新的或保守的教师，亦各有相当的助益）	25
（C）学生方面（适于学生的需要和能力；有助于学校团体的活动；并于两性学生各得其所）	30
（D）班级方面（班级大小均颇适宜，并适合本级低材生的需要）	10
（E）设备方面（颇适于设备简朴的学校之用）	20
（F）时间方面（精粹材料为短期用；补充题材为长期用）	5
（二）教材（Subject-Matter）	400
（A）儿童经验（对儿童有兴趣；以其原始倾向为根据；重视其游戏本能；并以教材与生活密切联络）	65
（B）目的（切应地方需要；符合教育宗旨；并适于种种教学方法，如实验法、读书法、复述法等）	50

---

① Otis, E. M., A Textbook Score Card, in *Journal of Educational Research*, Vol. VIII, February 1923.

（C）个性差异（适于上智、中材、下愚的学生；够供文、理、语言、历史各项鉴赏之用）	45
（D）选择与支配（选有若干重要题目；每一题目皆备有重要教材；遇必要时加以复习；不重要者略去）	100
（E）德育价值（含有行动的理想；具有公民和道德的动机；摒除成见；教人不妄下断语；发展忠诚和爱国的观念）	65
（F）可靠性（事实正确，并适合时宜；来源可靠）	35
（G）体例（文法、语法适度；词句由浅入深；短句简练，描述生动有力）	40
（三）组织与排列（Arrangement and Organization）	120
（A）区划（章节分明，排印醒目；各部统一而联贯；每课皆有一明确目的）	40
（B）设计（适于设计教学，教材组织单元化；各部联络方便；注重单元的研究；全书随时暗示应用方法）	80
（四）教学辅助（Aids to Instruction and Study）	170
（A）适用性（问题确切，并能激发思考；暗示自修方法；有注解，有参考书；有相当的习题；各方皆有计划，有目的）	90
（B）选择性（种类很多，适于各种能力和兴趣）	50
（C）索引（篇末附有索引；时或有一难拼字汇表）	10
（D）辞汇（重要名辞释义）	10
（E）目次（卷首有目次表，本书内容一目了然）	10
（五）形式方面（Mechanical Features）	150
（A）吸引力（颜色调和且鲜明耐久；大小适度）	25
（B）图例（足数，合用，详明，适于学者之用）	45
（C）印刷［字体大小适度，至少有1.5公厘（mm）① 高，0.25—0.3公厘厚，字母与字母间距离为2.5公厘］	30
（D）装订（牢固耐久，开合亦便）	25
（E）纸张（重量适度，质料良好，且不反光）	25

---

① 〔责编注〕：公制长度单位，毫米的旧称。

（六）特点（Special Features）	50
（A）著作者（有名的教育家兼本科内容专家）	30
（B）发行者（可靠，名誉、信用均佳）	5
（C）序言（实用，并说明本书计划）	5
（D）出版时间（最近五年内出版或修订者）	10
总计	1000

教科书的使用　教师们不独应知道如何选择适用的教科书，更应知道如何使用它们。最要紧的是能利用教科书的长处，而避去它们的缺点。换言之，要能"活用"教科书，不要被教科书束缚住了。活用教科书的要点有五：

（一）选用的教科书，不论哪一种，用时不必呆守书的次序一课一课地教去，可酌量变通，需要研究什么问题，就使用哪种材料。

（二）学生正需要某种材料，教科书里却没有；教师便当另行采择，油印发给他们。

（三）好些学科的教学，目的在使学生获得正确的观念，或养成良好的习惯，教学当从讨论、观察或实验开始，待学生对某问题已有相当的了解，然后提出课文来参证、整理，使益发明了。

（四）开学前教师应把全学年或全学期的教科书，细细考核一遍，遇有性质相近或互有关系的教材，不妨汇合整理，再依时令、国家纪念日及生活环境等，编排教程，配以所用的教科书及他项教材，用作本学年或本学期教学的准则。此种教程，却非固定不变，应因时制宜，酌为变动。

（五）多采用"活页"教材，以应特殊作业之用。①

研究问题

（1）试述选择教材的重要原则。

（2）评各种流行教材的组织法。

（3）比较教课用书与不用书的利弊。

（4）何谓心理的顺序，何谓论理的顺序？二者相承亦相反。

（5）详论"单元作业"及其组织教材的特点（参考 Draper, E. M., *Principles and Techniques of Curriculum Making*, Part Ⅲ）。

（6）各国对于制定（或审定）教科书所采的政策和办法各如何？试评其利弊得失。

（7）照中国情形说，小学应否使用教科书？初中又如何？

（8）述本人使用教科书的经验。

（9）依据本章所引教科书审核标准，批评任何一种（全部）坊间流行的教科书（能将数种一一比较尤佳）。

---

① 罗廷光：《教学通论》，中华，第十五章。

第八章

上课时间支配

第一节 各科上课时间的支配

　　学校各科时间的支配,一向凭着主观的臆断来决定,为什么甲科在总表上占的时间那么多,乙科占的时间却那么少,本没有科学的事实作根据。一般人以为国语重要,上课时间要多;但美术的欣赏,不也是很重要的吗?那么美术的时间应占多少?它和国语的比例究应如何?——平常国语和美术两科时间的大相悬殊,不见得就是合理的。

　　一向对于学校上课的时间怎样规定下来的?第一,人们总认为某某学科(例如国文、算术)"似乎"较有价值,较为重要,所以把那几科上课时间定的特别多;而他科则否。第二,假定某某学科范围较广,内容较丰,且学习亦较难,所以时间要比别科多些。此种规定,倘使基于客观的事实,则亦无可非议;可惜十九出于个人主观的见解——在我国虽曾组有课程标准起草委员会,但各科时数的确定,多由于折衷各科"专家"争论的结果——非由于实际的需要使然。美国四十年前教育界对于学校各科

——— 115

上课的时间支配，已经发生过疑问，已经把它当作了一个很重要的教育问题来研究。① 自此，课程变动极大，各科上课时间有重行支配的必要。近因各地试行新课程及各专家潜心研究的结果，本问题得到了较满意的解决。②

依曼（Mann）研究，美国六年小学各科每周上课时数如下（据1926年444个都市的报告）

科目	报告都市数	一年级至六年级每周上课分数			所占全部时间百分比
		至低限	中数	最高限	
读法	443	240	1,576	2,825	17.1
正音	318	20	202	715	1.6
文学	203	10	291	1,090	1.7
算术	444	405	1,076	1,797	11.6
语言及语法	444	200	825	2,825	9.1
书法	444	75	491	900	5.3
拼法	441	25	490	1,200	5.3
地理	435	200	531	1,070	5.8
历史	418	42	324	960	3.4
公民	233	7	154	750	1.0
自然及科学入门	296	5	160	720	1.3

---

① 见该国 *The Sixtieth Annual Report of Massachusetts Board of Education*，1895，pp. 437-480. Also Payne, B. R., *Public Elementary School Curriculum*.

② 见 Holmes, H. W., Time Distribution in Subjects and Grades in Representative Cities, in *Fourteenth Yearbook of the National Society for the Study of Education*，1915.

美术	428	23	453	1,095	4.7
音乐	429	50	498	900	5.1
家事与工艺	156	25	147	1,035	0.7
手工	198	10	172	830	0.9
体育	403	25	513	1,650	5.3
卫生	394	25	254	1,050	2.7

再举美国某大城市所试行而专家认为较合理的小学每周上课及休息时间以资参考①：

表甲　美国小学前四年每周上课及休息时间总表

科目	级内组别	每周次数	各科每周上课分数			
			一年级	二年级	三年级	四年级
朝会	1	5	50	25	25	25
识字	2	10	300	125	……	……
拼字	1	5	……	……	25	25
语言练习	1	5	50	25	……	……
语言	2	10	50	……	……	……
语言	1	5	……	75	……	……
语言	1	4	……	……	100	100
读法	2	20	240	340	……	……
读法	2	10	……	……	240	240
文学	1	5	75	80	……	……

① 据 Cubberley, E. P., *The Principle and his School*, pp. 168-169.

科目	级内组别	每周次数				
文学	1	3	……	……	100	100
历史	1	1	20	25	25	25
地理	1	4	……	……	100	100
算术	2	10	……	150	250	250
图画	1	3	60	75	75	75
手工	1	2	60	60	60	60
自然研究	1	2	45	20	50	50
习字	1	5	50	75	75	75
音乐	1	5	75	75	75	75
体育	1	10	50	50	50	50
休息(上午)	1	5	75	75	75	75
休息(下午)	1	5	……	75	75	75
每周总分数			1,200	1,350	1,500	1,500
每日总分数			240	270	300	300

表乙　美国小学后四年每周上课及休息时间总表

科目	级内组别	每周次数	各科每周上课分数			
			五年级	六年级	七年级	八年级
朝会	1	5	25	25	25	25
读法与文学	2	10	250	250	250	250
作文及语言	2	10	200	200	200	200
拼字及识字	1	5	90	90	80	80
书法	1	3	60	60	……	……
书法	1	1	……	……	20	20
卫生与公民	1	2	40	40	40	40
地理	2	8	160	160	……	……

历史	1	2	40	40	……	……
历史	2	8	……	……	200	200
数学	2	8	200	200	200	200
图画	1	3	75	75	75	75
科学	1	2	50	50	50	50
音乐	1	3	60	60	60	60
手工(男生)	1	1	50	50	100	100
家事(女生)	1					
体育	1	10	50	50	50	50
休息(上午)	1	5	75	75	75	75
休息(下午)	1	5	75	75	75	75
每周总分数			1,500	1,500	1,500	1,500
每日总分数			300	300	300	300

[说明]

(1) 上表代表美国一般小学的实际需要,并非在何等特殊情况之下施行的。

(2) 各地学校得斟酌情形略为变通,但不得超载2%至25%的范围。

(3) 休息时间不可略去。高年级倘行分科制,则可酌加二小时的教学。

(4) 朝会时间小学低年级为谈话、唱歌、读诗、学生报告及规划本日课业;高年级可作其他之用。

(5) 各级识字、读书、语言及高级历史、地理及数学等科,通常每一教室有二组学生同时上课。其他学科则只一级,不分组。

(6) 在混合级教学时,对高年级学生另指定特种作业。

(7) 高年级男生习工艺时,女生同时上家事课,各行其是。

我国中小学各年级每周上课总时数,已见前章(课程),各地学校可依此标准酌为伸缩。(在小学,每周总时,各校得依地方情形减少 30 或 60 分钟。)

研究问题

第一，我国中小学每周上课时数是否过多？前此部颁《中学课程标准》，规定每周上课时间有三十五六小时之多，于是有人大声疾呼发表文字为中学生请命（如廖世承：《为全国中学生请命》，《申报》）；此刻新定课表，高初中每周上课时数皆为 31（见前），似乎不算多了。以后教学效率高下，须以教师上课、指导、自习及校中设备情形为权衡。所谓每周上课时间多寡的问题，实不是一个单纯上课时数的问题，对于上述各项，大有关系，校中倘无相当设备，教师对学生自习又不负责，上课时间减少了，不但不足以增进教学的效率，倒反大有降低之势。

第二，各级上课及休息时间支配是否合理？就儿童生活和心理方面说，年级愈低的，休息时间当更多，上课时间当更少；年级愈高的，与此相反。又都市学校和乡村学校学校情形亦稍不同。不独每日上课休息时间可以变通，即每年放假上课时间亦毋须一致（《小学规程》规定：“设在乡村之小学，如有特殊情形者，得按学校所在地之农业状况，酌量移动暑假休假日期；并得将假期分为数节，作间隔之休假。"）

第三，教员每人每周应担任上课时间多少？依《修正小学规程》，"小学教职员在校时间每日八小时，任课时间每日至多二百四十分钟。"又依《修正中学规程》，"初级中学专任教员每周教学时数为十八至二十四小时；高级中学专任教员每周教学时数为十六至二十二小时。""兼任主任及训育职务之专任教员，其每周教学时数得酌减，但不得少于规定最低限度三分之二。"各省市对此大抵另有规定，但与部定范围很相近。各国教员每周授课时数亦多有法律规定。集权国家强使全国一律遵行，分权国家则可依地方情形酌为变通。美国任何教员每周任课时间不会超过 1800 分钟，每日不会超过 360 分钟。多数地方教员每周任课在 1500 至 1600 分钟之间。① 又

---

① 据 Dougherty, Gorman and Phillips, *Elementary School Organization and Administration*, p. 50.

该国中北区大中学联合会（The North Central Association of Colleges and Secondary Schools）建议：（1）中学教员数与学生数之比应为 1∶25；（2）中学教员每日上课应以 5 小时为度；（3）每日不得超过 250 分钟。德国小学男教员每周任课 30 小时，女教员每周任课 28 小时。俄国小学，一年级教员每周授课 24 小时，二年级教员每周任课 18 小时，以上更酌量减少。①

第二节　每周上课时间的支配

中小学支配各科目教学时间，通常皆以一周为单位，称每周上课时间表；亦有逐日支配的，称日课表（其用特殊教法者例外）。上课时间表的作用，大约有三：（一）经济；（二）便利；（三）划一。但若呆用了，流弊也很大。所以时间表应含有弹性，使其活化，勿使其僵化。

支配时间表的原则　支配每周上课时间表，不可不注意下列各原则②：

（1）每日上课节数及每节时间长度，应随儿童年龄及身心发达程度而增加。在低年级，短节应比高年级多。

（2）每节上课时间之长度，应以足使学生参加本课各项活动为准，过短则不宜。

（3）每节的长短，各科不必一律；同一学科亦应因作业的性质而异。

（4）精细的作业，时间宜短；单调的作业亦宜短；多变化的作业则宜长。

（5）为教学便利计，短节不宜在 10 分钟以下；为儿童心理

---

① 参看罗廷光：《最近欧美教育综览》，商务，上、下两册。
② 参考饶上达、芮佳瑞、俞子夷、Bennett 及 Dougherty 等人的意见。

计，长节不宜过于 60 分钟；其间 15 分、20 分、30 分、40 分等，均可自由支配。

（6）每节长短应以学生的兴趣为主（不可以教员能教与否为主）；在一节里不妨包含不同性质的作业二三种。

（7）学生心理上感觉困难的功课，应排在一日中最好的时间。

（8）精神紧张的课业，应与运用筋肉者相互调剂；运用粗大筋肉之后，不可立即继以小筋肉的课业（如习字不应在体操之后）。

（9）可以合作或互有关联的功课，宜紧相排列，使成整体。

（10）一种科目不可连续排列，防止儿童心理上发生厌倦。

（11）技能练习的课业，时间宜短，次数宜多；而思想推理的课业反是。

（12）注意卫生，如体操不宜排于饭后。

（13）课外自习、娱乐、运动与上课时间不独应有相当的比例，并应有适度的配合。

（14）学生用膳时间及自习、运动时间，皆应有适当的指导，其重要实不亚于上课——此在小学低年级尤然。

（15）小学应全用分数制，不用时数制；每节分数，应皆含有五的倍数（可以五除尽者）。

以上为一般学校支配时间表的原则，在单级学校应用复式编制，尚有其他特殊事项须加注意。

（1）不必呆分四组或二组，遇可合组教学时则合组教之。

（2）平常分组教学，复习时不妨合并起来。

（3）各组同时不必学同一科目，或能把性质相近的课业排在同时，指导起来，定可方便些。

（4）复式功课表的排列，声音的冲突应注意避免。

(5) 复式功课表的排列,应以自动多与自动少的科目妥为配合。

上课时间表示例 上课时间表的种类很多,其中最活动的,有蒙台梭利式的日课表(Montessori Program)。最经济的,有葛蕾式的日课表(Gary Program),折衷的则为弹性日课表,如纽约霍拉斯·曼小学(Horace Mann School)所用的便是。又单级小学亦有一种特异的日课表。各举一例如下:

甲、蒙台梭利式日课表

9时至10时——入室,行礼,检查清洁,解带换鞋等。拂拭用具。语言学习;谈话,报告昨日所见。宗教仪式。

10时至11时——智的活动:实物教授,中间稍有休息。感官训练。

11时至11时30分——简易体操:柔软运动、步行、排队、游戏及布置室内各件以增美观等。

11时30分至12时——点心,短时祈祷。

12时至1时——自由游戏。

1时至2时——指导游戏(常在户外)。年长学生则参加实际生活,如扫除、整理等。谈话。

2时至3时——手工:黏土、图案等。

3时至4时——团体柔软操,唱歌(常在户外),照料动植物等。

乙、葛蕾式日课表

时间	第一部	第二部	第三部	第四部
8:15—9:15	A	B	—	C、D
9:15—10:15	B	A	C	D

10:15—11:15	C	D	A	B
11:15—12:15	D	C	—	—
12:15—1:30	A	B		
1:30—2:30	B	A	D	C
2:30—3:30	C	D	B	A
3:30—4:30	D	C	—	A、B

[说明]

（一）第一部包括国语、数学、历史、地理；第二部包括理料、手工、图画、音乐；第三部为大会堂之合并教学；第四部为体育、游戏及自由活动。

（二）A、B、C、D乃指各团。

丙、霍拉斯·曼小学日程表

月	火	水	木	金
9:00—10:00 工作与作业	9:15 养性	9:00—9:30 讨论与讲故事	9:15 集会	9:15 集会
10:00—10:15 音乐	10:20—11:15 工艺与读法	9:30—10:15 读法	9:20—10:15 工艺与工作	9:20—10:15 工艺与工作
10:15—10:45 或 11:00 休息中点					
11:00—12:00 读法	10:45—11:00 唱歌 11:15—12:00 美术	11:00—12:00 工作	11:00—12:00 读法	11:00—11:15 音乐 11:15—12:00 读法
12:00—12:20 体育	12:00—12:20 体育	12:00—12:20 体育	12:00—12:20 体育	12:00—12:20 体育
12:20—12:45 家事	12:20—12:45 家事	12:20—12:45 家事	12:20—12:45 家事	12:20—12:45 家事

丁、单级小学时间表①

(1) 各科时间的分配

科目	一二年 分节	一二年 共分数	三四年 分节	三四年 共分节
党义	30分 2次	60	30分 2次	60
国语读作写	40分 6次 30分 4次	360	30分 7次 30分 3次 10分 6次	210 90 60
算术	20分 6次	120	20分 6次	120
常识	30分 10次	300	30分 12次	360
工艺	30分 5次	150	30分 5次	150
音乐	15分 6次	90	15分 6次	90
体育	20分 6次	120	20分 6次	120
共计		1,200		1,260

(2) 单级时间表

月	纪年周六〇	一算二〇 二 三常三〇 四 算二〇	语四〇 字一〇	音一五	党三〇	体二〇	三 党二〇 四
火	一常三〇工美三〇 二 三工美三〇常三〇 四	同	同	一 二 三语读三〇 四	同	一 党二〇 二 三读三〇 四	

① 据俞子夷：《小学行政》，中华，第104～105页。

水	同	同	同	一二三四 语作三〇	同	同	三四 党三〇
木	同	同	同	一二三四 党读三〇	同	同	
金	同	同	同	一二三四 语作三〇	同	同	
土	同	同	同	一二三四 语作三〇	同	同	

西尔斯氏（Sears）更举了一种八级的单级学校的日课表①：

时分	科目及上课班级	自修班级及组别			
		A组（一、二年级）	B组（三、四年级）	C组（五、六年级）	D组（七、八年级）
9:00—9:10	全校晨操				
9:10—9:20	A组读法		算术	算术	算术
9:20—9:30	B组算术	读法		算术	算术
9:30—9:45	C组算术	建设工作	读法		算术
9:45—10:05	B组读法	休息		读法	算术
10:05—10:30	D组算术	计算	语言	读法	
10:30—10:45	休息	娱乐			
10:45—10:55	C组读法	正音或自然	语言		历史、公民

---

① Sears, J. B., *Classroom Organization and Control*, pp. 214-215.

10:55—11:00	A组正音		语言		历史、公民	历史、公民
11:00—11:15	B组语言	读法			历史、公民	历史、公民
11:15—11:30	D组历史、公民	读法	地理		历史、公民	
11:30—11:45	C组历史、公民	休息	地理			英语
11:45—12:00	B组地理	板上练习		拼法		英语
12:00—1:00	中餐	休息				
1:00—1:15	D组英语	自然	读法	英语		
1:15—1:25	B组读法	图画		英语	地理	
1:25—1:35	C组英语	建设工作	图画		地理	
1:35—1:50	D组地理	建设工作	卫生(自然)	地理		
1:50—2:00	A组读法	休息	卫生(自然)	地理	生理学	
2:00—2:15	B组卫生	砂盘		地理	生理学	
2:15—2:30	C组地理	读法	拼法		拼法	
2:30—2:45	休息	娱乐				
2:45—3:00	A、B、C、D拼法	识字				
3:00—3:10	A组读法		读法	图书馆	生理学	
3:10—3:25	习字					
3:25—3:35	D组生理学	读法	读法	图书馆		
3:35—3:45	B组读法	读法		算术	图书馆	
3:45—4:00	指导自习	练习	算术	算术	图书馆	

[说明]

(1) 上表为八级学生由一教员教学的学校之用。学生共分 A、B、C、D 四组，各含二级。上课时间计有 24 节，同时各组各级皆有相当工作，不相侵犯。

(2) 晨操时间可为体操、唱歌、听无线电播音，学生报告及请人讲演之用。

(3) A组读法中包含很多：一年级入手学发音、识字、习句；二年级读简易读物。一级谈话时，他级则默读。

(4) B组算术，四年级学生有时可辅导三年级生学习（他组亦然），如此可给教员普遍视导全体学生的机会。

(5) 地理、历史、卫生等科按年级轮流上课，其效必大。

(6) 图书馆作业得用设计法，由学生按计划自由研究。倘其兴趣在工艺或其他，则令其往工艺室或他处作业亦无不可。

(7) 午后三时习字，全体学生一处同时工作，教员可抽暇巡视；又得酌量以音乐或图画代替习字。

(8) 砂盘工作，建设工作，练习及识字等，为调剂他组上课的极好课业。

研究问题

(1) 研究现行中学（或小学）每周各科时间表，摘举其要点所在，并略加批评。

(2) 比较前届和本届高初中课程表的异同及其利弊。

(3) 小学何以应采用分数制，不应采用钟点制？又中学应如何？

(4) 举一省、市各中学（或小学）现行课程表，并加以批评。

(5) 胪举编排日课表的重要原则（参考：Bennett, *School Efficiency*, Chap. XVI或Cubberley, *Principal and His School*, Chap. IX, 或Foster, *High School Administration*, Chap. XII）。

(6) 述编排日课表的重要方法（参考：Maxwell, *High School Administration*, Chap. VI）。

(7) 良好之单级日课表的要素是什么？请详举出来。

(8) 研究一个著名实验学校（不拘本国或外国）的日课表，并略加评述。

(9) 述校长和教务主任对上课时间支配应有的职责和应了解的事项。

第九章

成绩考查

第一节 概说

成绩考查的功用　成绩考查意在用种种方法考验学生对于课业了解、记忆、思考、整理和应用的程序。它的功用，大约言之，有下面数种：

(1) 做分级、升级和留级的根据。

(2) 做学生毕业的根据。

(3) 供团体比较的标准。

(4) 供个人在班级中地位及前后比较的标准。

(5) 供奖惩的标准。

(6) 借知学生进步的情形。

(7) 借明教学成绩的良否。

(8) 辨别教法的利弊。

(9) 给学生温习旧课，整理已习课业的机会。

(10) 借养成诚实、勤勉、守法和竞争等习惯。

(11) 供职业指导及职业介绍的参考。

（12）诊断缺陷。

（13）为报告家长及官厅之用。

考查虽有这许多功用，但若仍用旧法考试，则流弊必多：（1）只凭一时的考核，不易显出学生的真正成绩；有时优者反劣，劣者反优。（2）学生往往因此过分紧张用功，致损害身心的健康。（3）考题往往偏于一隅及机械的记忆，不能测出学生真正的能力。（4）批阅考卷每因个人主观见解而失去公平处理。（5）易发生舞弊、嫉妒、自骄、自馁、怨恨及侥幸等习惯。（6）教师阅卷时间大不经济。然而这些也只是方法改良的问题，不是考试要不要的问题。

桑代克氏对于考试改良，有几点很好的意见：（1）注重客观的标准测验；（2）测量的成绩，当确实表示学生的学识；（3）学校的成绩，当先后比较，养成个人的竞争心；（4）团体的成绩应互相比较，养成团体的竞争心；（5）记分时，当给各问题以相当的估值，并指出优劣的地方。如是学生可应用效果律，在他能力缺乏的地方，特别用功，以求进步。

成绩的考查方法　成绩考查的方法，重要者有下列各项：

一、旧法考试　即平常所谓"考试"，如月考、期考、年考及毕业考试等。可分为临时考试及定期考试两种：前者随时由教师调查学生的成绩及其进步情形；后者则由校方定期，全校同时举行之。除临时考试可酌用口试外，定期考试学生多用笔答，通常出教师命题三五个，学生笔述后，教师即依此批分。此种考验法的缺点很多，简而言之：（1）出题的范围过于狭小，包括的教材十分有限；（2）题的条目太少，结果的准确度必低；（3）教师阅卷太费时；（4）合算分数无客观标准可凭；（5）教师主观的评判，易于引起学生不平的感觉。不过使用得法，也有相当的长处：（1）学生有发挥意见和陈述心得的机会；（2）便于把实际的知识组织而应用于实际情境；(3) 由此可知学生解答问题的过程，不只及于推理的结果。

二、新式试验 一种改良的考试法，近乎标准测验，称为新法考试或新式试验（New-type examination）。它具有标准测验的精神，不过没有标准测验那么精确；在无适当之标准测验可用时，可施此法以行试验。下面是几种通用的格式：

甲、填字测验（Completion tests），令被试将适当的字句填入空白的地方，举例如下：

(1) 当今意大利的独裁者是……

(2)《资治通鉴》的著者是……

（计分法：只计对的分数，错的不扣分）

乙、认识测验（Recognition tests）分下列三种：

（一）正误式（True-false type）——被试对下列诸题，认为正的就在"正"的底下作一画；误的就在"误"的底下作一画；不知确实的，不画；

(1) 三角形三角之和等于两个直角……正，误

(2) 著《史记》的是汉司马谈……正，误

（二）是非式（Yes-no type）——下题被试认为对的，请在前面括号内作个"＋"号；错的就作个"－"号；不能自信的，不作任何符号：

(1)(   ) 太平洋会议的地点在华盛顿。

(2)(   ) 传热最速的金属是银。

（上二式计分法，皆由对的分数中减去错的）

（三）选择式（Multiple-choice type）——被试在每题各项中选择其最适当者作一底线，以示区别：

(1)《出师表》是一篇：①论辩，②书说，③奏章，④序跋文字。

——— 131

(2) 伪国国都现在：①沈阳，②长春，③锦州，④哈尔滨。

（计分法：正$-\frac{错}{N-1}$=实得分数）

丙、对比测验（Matching tests）——分完全对比与不完全对比两式：

（A）完全对比式（Perfect Matching）——请被试把相当数字填写在右行各虚线上，例如：

(1) C ………………氢
(2) N ………………银
(3) O ………………磷
(4) D ………………氧
(5) Fe ………………氮
(6) H ………………水
(7) Cl ………………铁
(8) Ag ………………炭
(9) S ………………硫
(10) H_2O ………………氯

（B）不完全对比式（Imperfect Maching）——请被试把适当的数字，填在左行各虚线上，例如：

………………孔子　　(1) 哲学家
………………罗斯福　(2) 美国总统
………………牛顿　　(3)《红楼梦》
………………康德　　(4)《进化论》
………………曹雪芹　(5) 宗教家
　　　　　　　　　　　(6) 科学家
　　　　　　　　　　　(7)《春秋》

（计分法与填字法同）

丁、求同测验（Identification tests）——叫被试将下题各名词或事项属于哪类的，在相当类名（E＝元素，C＝化合物，M＝混合物，X＝其他）上加上一圈号（如Ⓔ），每题只作一个。例如：

    1) 无政府主义…………E C M X
    2) 砒霜………………E C M X
    3) 金…………………E C M X
    4) 牛乳………………E C M X
    5) 砂糖………………E C M X

（计分法与选择式同）

尚有其他格式不备举。

依美人康诺（Conneau）氏调查，该国所用新式试验375种，题45,418中，以填字法占最多数，最为普通；次则为正误法，再次为选择法及其同类测验。前三种加上对比法和求同法共占全数90%以上。[①] 可知此五种格式最为一般人所乐用。

新式试验比旧法考试确乎好得多，它的优点：(1) 富于客观性——批分有一定，答案对否十分明显；核算分数较不受主观的影响。(2) 时间经济。(3) 赅含较多材料——条目很多，可将材料的各方面赅含在内，远比旧法为优。不过缺点还是有的：(1) 试验作文、算术习题一类学科时，较难应用此法；(2) 凭学生试卷仅知其所答不正，但不知其错误所在（含诊断性的测验则例外）；(3) 被试缺乏发表思想的机会。

三、多方考察　在不易举行新式试验及无标准测验可用，或用之仍不能查出学生真正能力时，可行多方考察，从各方面留心，随时考察，随时用较客观的方法审核。例如公民科，可依据

[①] 详罗廷光：《教学通论》，中华，第二十章。

《公民训练标准》，考查学生的公民行为、习惯、兴趣、理想等。卫生科，可按照《卫生标准》考查学生的卫生知识、技能、习惯、兴趣等。史地科，可于史地参观或调查以后，令学生编制报告，以考核其观察力。自然科，可令据观察实验的结果，用图表法报告出来。美术科可酌用客观方法试验学生的欣赏力和鉴别力，如把同样美术品给学生赏鉴，并令回答，说明美的所在，或令选本人最爱好的美物而一一品第其能力高下。音乐科则可教学生单唱、单奏再合唱、合奏，于以考核其欣赏和演奏能力。劳作科不独依据学生的作品考查他们的工作技术，并当细细考查各人的工作态度和习惯。体育科可按期施行体格检查，以与专家所制之身体发育标准相比；或据"姿势标准"，考查学生各种动作的姿势；或从各项比赛中考查学生的运动技能。还有一些科目，可用相关的考查法，即某一科目的成绩，可从其他科目上考查出来；例如缀法、书法的成绩，于核对适当量表外，可从各科的书写工作上察知。这样从各方考察以后，所得结果，远比平常考试来得精确。

四、教师估量　知学生者莫如教师。教师日日与学生接触，自然知道他们谁优谁劣，谁努力谁怠惰。因此有人主张学生之升级留级，皆可委之教师自由评判、估量、集会讨论而公决之，不必另行若何之试验。单凭教师的估量当不免有种种弊端，如学生成绩易与教师之爱憎相混，以及不能用数量显出学生成绩的差度等是；但以此补助考试的不足，则未尝不可。

五、标准测验　因平常所有考试方法，多漫无标准，不很可靠，于是专家想出具体客观的测量法来供应用，经过若干时的努力，才有所谓"标准测验"（Standardized tests）的产生。在现在看去，标准测验，算是最进步、最客观的考查法。详述于下。

第二节 测量法（标准测验）

用标准测验考查成绩，特点至少有五：

一、所用题材较为可靠　标准测验的编造，首先从各方面搜集测验的样本，并多征求专家的意见，然后参考课程教材，酌量何者应去，何者应取。故所取材较为可靠，和那些教师临时写下三五题在黑板上教学生任答数个大不相同了。

还有测验的条目很多，各条目都按了难易先后排列，任何低材生可以答对一些，任何高材生不能完全答对。这也是标准测验优于他种考试的地方。

二、施行方法较为精密　平时考试教师有的说明较详；有的竟不开口；有的催学生快快地做；有的叫他们"莫着急，细细地想"。这么一来，学生方面受的影响，当然大不相同。施行测验则不然，一切手续都十分确定，同是说那么几句话；看好表，依照规定时间叫大家同时起，同时停；一切意外不相干的因子，都要设法排除，都要求其合理化。

三、测量含有诊断作用　寻常考试，考过了事，不及格的听他去罢了。测量却不是这样。凡含有诊断作用的（diagnostic）测验或量表，必可借以分析其难易，评判其强弱，找出其困难所在，而谋所以补救之。又从全级做对人数的比例中，可知本测验或量表的良否。这也是他种考试方法所不及的。

四、测量含有指导作用　测量又含有指导作用，意指借测量结果，可供校长或视导员相当指导的根据。固然测量不足以替代积极建设的批评，但测量至少可供人们客观有力的工具，本此以鉴别教法的良否，因而得到极有效的改进，其含有指导作用至为明显。

五、测量较为省时省力　测验中条目虽多，但因布置简单，排列整齐，学生回答十分省事。又不独学生回答省事，教师评阅批分，时间亦很经济。旧法考试远不及他。

测验鉴别的标准——年来测验量表层出不穷，不有标准，泾渭难分。什么测量是好的？什么却是坏的？依专家意见，优良测量当具有下列几项要素①：

一、准备度（Validity）　指一种测验所测量的能力和用他种可靠方法测得该能力相符的度数。换言之，即测验所得的能力与真正能力准合的度数。一种测验果能测得它所真要测量的东西，则此测验的准确度必高；反是则必低。旧法考试，准确度所以不高，便因他不能测出学生真正的能力或成绩。譬如缀法能力强的人，他的历史、地理、社会、公民等科的成绩必随而增高；其实那并不是真正历史等科的成绩，是缀法和那些成绩的混合。测验却不是这样。好的测验能把许多不相干的因子排除而专门测量一种能力——所要测量的能力。因此，它的准确度比平常考试来得高。可见准确度是测量的一个要素。

二、可靠度（Reliability）　可靠度所指点的，是测量屡试验的可靠度；和准确度一样重要，不过性质两样。可靠度（依统计法算出）高的，准确度未必也高。一种测验初次所得的结果二次、三次……愈相近，则该测验的可靠度愈高（机误差 P. E. 便愈低）；反是必愈低。可靠度的高低，每因下列情形而决定：

（一）旁的情形不变，条目越多，测验的可靠度便愈高。

（二）下列情形若存在，测验的可靠度必降低：问题不明显；

---

①　参看罗廷光：《教育概论》，世界，第十章第二节及 Davis, R. A., *Psychology of Learning*, Chap. XVII, McGraw-Hill Book Co., New York, 1935.

文字谬误；造句不良；说明欠详；取样不足；羼入纷扰因子；学生兴奋过甚及其他临时变动情形。

（三）被试做对的百分比失常（过高或过低），可靠度亦必降低。

（四）施行和核算方法愈确定，可靠度必愈增高。

三、客观性（Objectivity） 所谓测验的客观性，乃指两方而言：一计分要客观，不致因人而异；二编造测验也要客观，一个题目不可有几样的解释——例如是非式的题目，不可半是半非，也不可先是后非，他亦准是。客观性与准确度和可靠度有密切的关系；好的测验所得结果，决不因使用人的更换而生很大的影响。换言之，测验自身，如果含有极大的客观性，则使用人主观的影响，可降至最低的限度。

四、鉴别性（Discrimination） 指能鉴别被试能力之高下者而言。好的测验，必使高材生能答对大部分，通过条目很高的百分比；而低材生反是。好的测验又当合于"常态分配"的原理，不使全体学生分数偏于最低一端（题目太难），或偏于最高一端（题目太易）。一种测验如果适用于数级学生或数种年龄学生，则其年级较高、年龄较长者，所得分数必高于其年级较低、年龄较幼者。鉴别性为优良测验的另一要质，其意甚明了。

五、标准化（Standardization） 顾名思义，测验若未标准化，决不足以当"标准测验"之称。在这一点上它和新式考试显然不同。测验愈经标准化的，愈是好的测验（量表亦然）。标准化的手续，却不简单，试以算术测验为例，在未制定本测验以前，必征集许多学生实际成绩，按年龄或年级归类，请专家批评优劣，品列等等；再汇集起来，统计结果，拔取标样（Samples），制定常模，然后拿来试用，再加以修改，这样真正标准的算术测验，才可以得到。

施行测验的步骤　就行政立场来说，测验的施行应遵照下列步骤①：

(1) 就学校实际情形，选定研究和指导的问题，并把该问题的界限划清。

(2) 决定何时进行研究——借测验以求解决是最有价值的。

(3) 依据地方以情形选定最良实施之方法。

(4) 按照测验鉴别标准，选择最适用的测验。

(5) 获得测验材料，并细细审核一番。

(6) 训练同事运用所选测验，务使各项布置和情况——统一化，合理化。

(7) 施行测验。

(8) 核算成绩及表列结果。

(9) 分析结果的良否，并加以解释。

(10) 建议以后改进方法。

至施行测验的实际方法，详见拙著《教学通论》，中华，第二十章。

研究问题

(1) 就本人所知，摘述现时我国一般学校所用考查学生成绩方法的概况。

(2) 评新法考试的利弊。

(3) 重新估定旧时"论文式"考试（essay-type examination）的价值。

(4) 依专家调查新法考试各类题式以何者为最通行，最为妥善？何

---

① 据 Greene, H. A., *A Testing Program for the Elementary School*, the Bureau of Educational Research and Service of the University of Iowa.

以故？

(5) 什么是标准测验？它的特征是什么？

(6) 详论鉴别测验的各项标准。

(7) 参观一次（或数次）测验，注意其施行方法，并略加讨论。

(8) 审核某一科目（例如算术或读法）的标准测验（商务或中华），并应用本章所述标准加以评衡。

(9) 实地施行一种测验，并练习核算成绩，表列结果。

第十章

记分法

第一节 记分法的本质及其使用

本章讨论用何种方法表现学生成绩的意义,并用何种符号显示其成绩的数量或质量,是成绩考查后的必要手续,也是教务上一个极其重要的问题。

记分法的功用,简单说有下列数种[1]:

(1) 可给家长知道学生在校的成绩。
(2) 可比较具体地明了学生的程度。
(3) 可使学生自己知道进步或退步情形,因而增加努力的动机。
(4) 可诊断学生的缺点与困难,并谋补救之方。
(5) 可作学生分班、升级、留级的根据。
(6) 可供教师教学上反省的参考。

---

[1] 参考罗廷光:《教育通论》,中华,第二十一章。

记分法虽不免有人反对，以为它可发生种种弊端；不过实际说来，即使有流弊，也是使用方法欠善的缘故，不是它的本身存在不存在。所以现在所应注意的，不是记分法要不要的问题，乃是如何改良记分的问题。记分法须依据三原则施行：

一、正确　学生分数（或等第）的高下多寡须与其成绩优劣成正比例。能表示真正的优劣等差和达到目标的程度，则此分数（或等第）即为正确，否则为不正确。

二、统一　学生分数（或等第）须能表示各人、各科、各级、各校之比较的优劣等差及进退程度，故各科目、各教师、各学校所定的分数（或等第），要有统一的标准，且所代表的单位和价值，都是一致的。

三、有常性　常性系指同一成绩经任何教师在任何时期去批订，所给分数（或等第）都该一律，不可参差太大。换言之，记分法应尽量使之客观化；愈客观，愈不受私人主观的影响的愈好。

至施行手续方面，宜注意下列各端：

(1) 注重平时考试；平时考试成绩应占一学期或一学年的重要地位。

(2) 有标准测验可用之科目，应多使用标准测验；否则酌用新式考试（或测验式的试验）或其他客观的考查法。考试应力使其科学化，记分法亦应如是。

(3) 分数（或等第）不妨公开宣布，俾学生从比较而知加工努力；正如运动场上练习跳跃之速率与高度而记录其成绩一般。

(4) 教师不可以分数（或等第）为对付学生的工具（示恩或示威）；须知分数（或等第）乃学生自己的，教师不过一个公正的评判人——正如运动场上的评判员一般。成绩优异者，应告以勿自骄自满；其低劣者则应勉以努力，不必灰心。总之，教师宜

———— 141

随时出以同情的态度，切勿徒为夸耀或讥笑。

（5）教师勿徒注目于学生分数（或等第）表示的学科成绩，对于构成良好公民资格的习惯、态度、理想、兴趣等（类多不能以分数代表），尤当特别重视。学生的成绩应是整个的、多方面的，不是片面的，或零碎割裂的。

第二节　记分法的种类及其利弊

一、百分法　早前曾通行"十分法"，从最少的零分，到最多的10分；5分或6分为及格分数。从后来改行"百分法"，以零分为最少。百分为极额，60分为及格。假定零分为无成绩，百分为完善。这个方法现在一般学校还很通行。它的优点在于简单明了。缺点则：（1）漫无标准，试问何种成绩为60分，何种成绩为59分，实在难以分别；（2）各单位的距离不相等，20分与30分之差决不能和80分与90分之差相提并论；（3）严格来说，完善成绩无人知道，怎能给以百分？反之，给零分的未见得就是毫无成绩。此外教师定分有宽严，每次试题有难易；其难统一、正确、有常者更不待言。

二、等第法——不用人数限制的等第法　百分法以外，等第法最为通行。约分两种：（一）性质分等制——如分"优"、"良"、"可"、"常"、"劣"五等；再精细些加"最优"、"最劣"等字样，简括些，则只用"上"、"中"、"下"三等表示。（二）符号分等制——用"甲"、"乙"、"丙"、"丁"或"A"、"B"、"C"、"D"……为品列等第的方法；亦有于符号下再附加上"上"、"中"、"下"或"+"、"-"者。此制虽未明言分数，但实际已隐示所代表之分数在内。例如部章规定80分以上为甲等，70分以上为乙等，60分以上为丙等，不满60分（指50至60

间）为丁等；丙等以上为及格。此法优点在较简便与公正（因等级差别较易看出，59与60之别则极难），而其漫无标准，则与百分法同。

三、常态分配法　此较前二法为善，因其基于统计原理，不似前二法之给分或列等漫无标准故也。用普通等第法，设有教员赵、钱二人对同级学生作下列等第的评列：

等　第　　A　　B　　C　　D　　E　　F
赵教员　75%　25%　0　　0　　0　　0　　┐
钱教员　　　　　　33%　43%　22%　2%　┘——本级学生分配的百分比

本级学生成绩赵先生认为可列"A"等者，有75%；可列"B"等者有25%；"C"以下则无。而自钱先生看去，则无一可列"B"等，"A"则更不必说。今有学生某某，拿着报告单回家，单上有赵先生所给的"A"和钱先生所给的"D"，家长看到"A"，心里很是高兴，看到"D"，却十分不悦；实则二者毫无高下而言（在钱先生可列"D"的，在赵先生即可列"A"）。此种滑稽情形的产生，系由于赵、钱二先生之评列等第对一级人数的分配毫无准绳所致。为欲纠正此种弊端，爰有常态分配法的采用。依了常态分配的原理把一级学生成绩从最优的至最劣的，依次排列，区为五等：A、B、C、D、E，其人数分配最通行者如下两种：

　　　　　A　　B　　C　　D　　E
（一）　7%　24%　38%　24%　7%
（二）　3%　22%　50%　22%　3%

今有某级学生50人，其用新法考试所得成绩按（一）法排列如下①：

等级	分数	百分比
A+	75	
A	71	8
A−	70	
	69	
	68	
B+	67	
	66	
	65	
B	65	
	65	22
	64	
	64	
B−	64	
	63	
	63	

---

① 据 Reeves, *Standards for High School Teaching*, D. Appleton-Century Co., New York, 1932, pp. 458-459.

第十章 记分法

C+	62	
	62	
	62	
	61	
	61	
C	60	38
	60	
	59	
	59	
	58	
	58	
	58	
	58	
	58	
C−	57	
	57	
	57	
	56	
	56	
	55	
	55	
D+	54	
	53	
	52	
	52	24
D	49	
	48	
	47	
	47	
D−	42	
	42	

145

E+	40	
	38	8
E	33	
E−	28	

此法长处：(1) 合乎统计原理；(2) 显出个人成绩在全级中的比较地位；(3) 教师评列等第有所准绳，彼此可资比较；(4) 可免除教师给分过严、过宽的流弊；(5) 使教师明了本级学生程度以支配教材。而其弱点则：(1) 排列费时；(2) 只能表示成绩的比较，不能显出成绩本身的优劣；(3) 不适用于人数很少的班级。①

四、名次排列法　此与前法同一用意，同基于常态分配的原理，惟只计等第，不问旁的。应用时首依学生成绩的优劣，从最优的排至最劣的；再在全体中取最优 1/4 算甲等，最劣 1/4 算丙等，其余 1/2 算乙等。每学期每学科至少考查三次，学期结束，其考查法亦同。计算一学期或一学年等第时，可把各生名次的等第相加，总数最小的算第一，最大的算末一名。若总数有二人相同，则此相同数人，占同名次的地位。又学生倘缺了某次成绩，他的名次就列在末尾。这总名次的等第，可用"甲"、"乙"、"丙"或"上"、"中"、"下"等符号代表，如果再精密些，分成五等亦使得（计算法详罗廷光：《普通教学法》，商务，第 200～202 页）。

如果平时成绩也记名次，再用多方考察法，所记名次，也可照样结算。若要分别轻重亦未尝不可。

名次排列法与常态分配法性质很相近，特点在使学生知道自己在班中所占的地位，并可比较本期与前期进步（或退步）的速

---

① 参考罗廷光：《教育通论》，中华，第二十一章。

率。它是评定各科成绩等第的方法，不是计算各科平均分数的方法。用此法应以本科教师无变动，本级人数不过少且无大增减为条件。

五、等第标准详举法　美国中学校长联合会教师计分标准委员会（Committee on Standardizing Teachers Marks of the National Association of Secondary School Principals）曾定一种等第标准详举法（complete descriptions），将学业成绩按准备（preparation）、应用（application）、学科知识（knowledge of subject）、英文程度（use of English）及进步情形（progress）五项分 A、B、C、D、E 品第之，所订标准如下[1]：

学业成绩

1. 准备

　　等第：(A) 经常读完补充材料，且分量超于教师所希望者。
　　　　　(B) 大致如上，惟所读分量较少。
　　　　　(C) 只满足教师的规定，未自作补充作业。
　　　　　(D) 仅做完至低限度的规定课业。
　　　　　(E) 准备不经心，不完全，不注意，少实效。

2. 应用

　　等第：(A) (1) 注意：十分集中。
　　　　　　　 (2) 创造：研究上显有高度的创造力。
　　　　　(B) (1) 注意：大致如上。

---

[1] 详见 Masters, H. G., Standards for Rating Pupils, in *The Journal of Educationl Method*, Jan. 1922 及 Hillbrand, E. K., A High School Marking System, in *School and Society*, Jan. 1925.

　　　　　　(2) 创造：尚有创造力。
　　(C) (1) 注意：平常。
　　　　　　(2) 创造：不很好，待鼓励和帮助。
　　(D) (1) 注意：薄弱，不定，易摇动。
　　　　　　(2) 创造：无可观，新工作谈不上。
　　(E) (1) 注意：消极的，即不注意是。
　　　　　　(2) 创造：全无，即有亦不多；且不能依指导进行。

3. 学科知识

　　等第：(A) 成绩优异；全部精通；出于教师希望以外。
　　　　　(B) 成绩尚佳；但未全部精通。
　　　　　(C) 成绩平凡，能及格。
　　　　　(D) 只学会至低限度的规定。
　　　　　(E) 芜杂，琐碎，不充足。

4. 英文程度

　　等第：(A) 字汇丰富，默写正确，使用无误，阅读迅速而透彻。
　　　　　(B) 大致如上。
　　　　　(C) 字汇有限，使用时有错误，阅读能力平平。
　　　　　(D) 字汇不多，阅读慢而少效，仅通至少精粹的材料。
　　　　　(E) 字汇不够用，出言无章，阅读亦困难。

5. 进步情形

　　等第：(A) 迅速为教师所不及料。
　　　　　(B) 尚迅速。
　　　　　(C) 按部就班。

(D) 迟缓。

(E) 无进步。

此法优点在将学业（scholarship）成绩为广义的解释，考绩便从各方面着想，较他法为周到，为合理；缺点则稍嫌烦琐，且全无数量的表示，不便计算。

六、S 记分法　此法仅应用统计学上测量差异的标准差（Standard deviation）而来，以常态分配的差异分数为标准。所以它的准确度较他法为高。假如试验算术，题数有 30，被试 51 人，核算方法如下：

（1）先将各人做对的题数算去，再按下表（表 13）排列。（做对三题至四题的一人，做对五题至六题的三人，……各写于"人数"项下。）

（2）求"人数"项中各数之半及加比此项人数更好之人数，所谓"半＋好"，或称超过＋1/2 达到数。（下表在"人数"项下最末一个数目是 2，折半为 1，将 1 置在同横行的"半＋好"项中。又倒数第二个数目是 3，折半为 1.5，加上以下的数目 2，得 3.5，亦置在同横行的"半＋好"内……以上类推。）

（3）从"半＋好"去求百分数。（把总人数 51，去除"半＋好"行内各数，即得百分数，写在"百分数"项内。）

（4）再从百分数求出标准差数，即"S 分"数。（计算很繁，故事先已有表算好。查表 14 知 99％人做对的，其"S 分"为 27；98％人做对的，其"S 分"为 29……余类推。）

表13

做对题数	人数	半+好	百分数	S分
3—4	1	50.5	99%	27
5—6	3	48.5	95%	34
7—8	3	45.5	89%	38
9—10	3	42.5	83%	40.5
11—12	3	39.5	77%	43
13—14	8	34	67%	46
15—16	7	26.5	52%	50
17—18	6	20	39%	53
19—20	7	13.5	26%	56
21—22	5	7.5	14%	61
23—24	3	3.5	7%	65
25—26	2	1	2%	71
27—28	0	0	0	
29—30	0	0	0	
总数	51			

表14

百分	S分	百分	S分	百分	S分
99	27	73	44	22	58
98	29	70	45	18	59
97	31	66	46	16	60
96	32	62	47	14	61
95	34	58	48	12	62

93	35	54	49	10	63
92	36	50	50	8	64
90	37	46	51	7	65
88	38	42	52	5	66
86	39	38	53	4	68
84	40	34	54	3	69
82	41	31	55	2	71
79	42	27	56	1	73
76	43	24	57		

这"S分"以50代表中数，满40分以上为及格。学生成绩可全用"S分"计算，平均时亦可用"S分"。它的好处是公平精确，合于统计原理；短处则：（1）计算手续繁杂，（2）只能表示一级学生成绩的比较地位，不能显出学业成绩的真正优劣，（3）看不出各生的年级地位，（4）看不出学生的勤惰情形。[①]

七、测验单位记分法——麦考尔（McCall）的 TBCF 制用标准测验可依此制记分（我国中华教育改进社所编的那些测验，概用此制）。麦考尔"假定未经选择的大团体中各人能力是照常态曲线分配的。"他因为 12 岁的儿童大都未经选择而入学校，所以用 12 岁儿童做成绩标准。他测验了极多的 12 岁儿童，把他们的百分等级照常态分配折合标准差单位；又为免除负数和小数起见，中数（按指参照点）不作 0 分而作 50 分；1 个标准差不作 1 分而作 10 分。所以在 T 量表中数以下 5 个标准差为 0

[①] 罗廷光：《普通教学法》，商务，第 225-227 页；及罗廷光：《教学通论》，中华，第二十一章。

分；中数以上 5 个标准差为 100 分。若常态分配的假定合乎事实，绝对制的两种困难（即零点不能确定，各单位不能保其为相等），似乎就此可以解决。

"这种记分法，手续比较繁复，而普通似乎公认为最完善的方法。中国各种智力测验与教育测验都根据麦考尔的意思编成 T 量表。"①

用了 T 分数，题目多少，难易及教师记分的宽严，诸般影响都可免除；用了 T 分数，各科分数的价值大致相等；用了 T 分数，一门功课擅长的人不致被埋没，它的好处是很多的。

T、B、C、F 的求法：

（1）用任何一种标准，测验一级（或一校）学生。

（2）将各人的分数核算以后，再求出各人的实足年龄。

（3）求各人的 T 分数（查做对题数与 T 分数对照表）。

（4）求各人的 B 分数（查实足年龄与 B 校正数表）。

（5）求 C 分数（年级地位）。先查班级与 T 分数对照表，再加校正数即得。

（6）求 F 分数——即个人努力分数（Effort）。下列公式可以应用：

$$T 教 - T 智 + 50 = F$$

从教育测验的 T 分数减去智力测验的 T 分数。所以加上 50，为欲免去负数之故。学生 F 分数在 50 以上者，表示努力；如在 50 分以下则为不尽力学习。（求法详罗廷光：《普通教学法》，第六章第三十一课）。

总括本制的优点：（1）各人每次考试可以互相比较；（2）每

---

① 沈有乾：《谈记分法》，载《浙江教育行政周刊》第 4 卷第 32 号。

次考试各级可以互相比较；(3) 可以与他种标准测验（或新法考试成绩）相比较；(4) 可以表出聪明数 B；(5) 可以表出班级地位 C；(6) 可以表出努力程度 F。缺点则在手续稍繁，测验倘不正确，或使用不得法，则影响极大。

上述各项，百分法最为通行，惟最不可靠；次则为等第法，但仍少客观性；其余各法如常态分配法、名次排列法、等第标准详举法、S 记分法及测验单位记分法等，各有特长，不失为改良的方法，教者斟酌实际情况，善为利用可也。

研究问题

(1) 胪举赞成和反对记分制的理由。
(2) 根据现在情形，试拟一个改良小学记分的方法。
(3) 你以为现在一般中学里应采用何种记分制度？
(4) 就本人过去经验，指出旧式记分制的不公处。
(5) 试论"等第标准详举法"的利弊。
(6) 怎样使用 S 记分法？
(7) 什么是 T、B、C、F 制？怎样使用"测验单位记分法"？（参考廖世承、陈鹤琴：《测验概要》；廖世承：《教育心理学》；及杜佐周译：《麦考尔教育测量法撮要》。）

第三篇 训育

第三說　心　言

第十一章

概说

第一节 训育的本质及其重要

教训原是不可分开的；训育与教学管理等息息相通，所谓智育、德育、体育云云，乃为研究方便起见，并不是真有这种区划的。例如教学生阅读，就训练智慧和增加知识方面说，当是智育；但就其养成集中注意和发愤攻读的习惯说，则为德育；若就其不使学生过度疲劳和保护目力而言，却又是体育。故智、德、体乃一物的三面，俨如金字塔然。我们须首先认识教育活动的完整性，才不至发生误解，才可明了训育是怎么一回事。

我国教育一向重在训导方面，教人"修己以敬"、"修己以安人"，知识等等尚属其次。《大学》说："大学之道在明明德，在亲民，在止于至善。"《周礼》称当局以乡物教万民，教的是"六德"（智、仁、圣、义、忠、和），"六行"（孝、友、睦、婣、任、恤），"六艺"（礼、乐、射、御、书、数）。在女子则教以"妇德"、"妇言"、"妇功"、"妇容"。孔子说："入则孝，出则弟，谨而信，泛爱众，而亲仁，行有余力则以学文。"凡此都可以证

——— 157

明。王充也说:"学者所以反情治性尽材成德也"。朱子以教育在使人学圣,而尤笃于五伦之教,其《白鹿洞书院学规》,标举"父子有亲,君臣有义,夫妇有别,长幼有序,朋友有信",为五教之目,并云:"学者学此而已","学者所以学为人也",宋儒这番话,确实很有道理。

若就字义来说,《说文》:"训,说教也";《字汇》说:"训导也"。"训""教"二字之相通,可以想见。惟现时学校所施的训练(discipline)乃从拉丁文(disciple)而来,原指个人思想、行为,须符合主人及首领的意旨而言,军队中的训练便是这样的——绝对服从,否则用权力制裁他。学校训练学生,初时颇与此相仿,夏楚①于是成了训练上不可少的工具,中外皆然。后来经过教育理想的变迁,渐认个人有自主的权利,学校训育的涵义,因之而丕变。英人麦克曼(Macmunn)说,训育二字的应用,可分为三个时期:初期认训练为严格束缚,叫人一味服从;稍后以人格为最高的轨范;迄今始认儿童有自由权利,即现时所谓"自由训育"的便是。此谓学生本身有积极的价值,必须解除一切压迫与禁令,而回复他们固有的自由,为的要废除消极的管理,而注重积极的训练。

但自由训育的说素,亦易启人误解,年幼无知的儿童,如何可漫然听其自由,全不加以管理?自由之给予,亦应积之以渐,非可一蹴而就。换言之,即儿童所享自由之范围,应与其理智发达的程度为比例。于是有人主张训练应分为几个阶段:第一,

---

① 〔特编注〕夏楚,指中国古代学校中体罚之具。《礼记·学记》:"夏楚二物,收其威也。"郑玄注:"夏,榎也;楚,荆也。二者所以朴挞犯礼者。"

"被动的遵从",第二,"自动的遵从",第三,"反省的自范"。①
"人当幼时对于社会的需要及行为的结果,皆茫然无知。顺着本能的要求做去,很容易发生危险。所以这时父母或保姆,不时用命令式制止其有害的活动。儿童自己既无充分的经验,故常处于被动的地位,遵从父母或保姆的命令。及至年龄稍长,经验较多,对于各种活动的结果,有相当的预知,不必事事仰赖长者的命令,而能自己管理自己的动作;不过年龄到底还轻,修养到底还未充分,还未能达到所谓'从心所欲不逾矩'的地步;所以教师和家长仍不能不设一定的规则,使他们的举动有所范围,并不时遵从之,而他们此时的遵从,也不是盲目的遵从,是能了解意义的,所以称为自动的遵从。等到知识的经验都已充足,处己、对人、对事,均能明了各方关系,并已养成种种良好习惯,有规则固然能了解其用意而切实遵守,即无规则,亦不至为非作乱。这时一切行为完全入于自己理智管束之下,所以称为反省的自范。"②

现代训育新观念,以活泼而能守秩序为上乘,而不专以静默为美德。旧式训育拘束过甚,如"非礼勿视,非礼勿听,非礼勿言,非礼勿动"。这种一味奖励"缄默寡言"的训育,不是好的训育。为什么?"人未有不活动而成长,未有教育而禁止活动者",贝内特(Bennett)这话很可玩味的。他并说:"学校的好秩序,并不在能听见针落的声音,倘不妨害别人的欢乐和工作,并不算是破坏秩序。"

又训育非一孑然独存之物,乃随他项设施(教学、管理、课外活动等)而俱存;只是训育的成绩,也就从学生各项活动上表

---

① 舒新城:《教育通论》,中华,第 152-153 页。
② 罗廷光:《教育概论》,世界,第 147-148 页。

示出来。换言之,学生在校的一言一动,皆有训育的价值;良好的训育,实不觉有训育问题在那里——正如人身健全时不觉腹中有胃一般;各方设施合理化,师生雍融和乐,其循天然的顺序进行,有如"四时之行"、"百物之生",何用多言!

训育的本质既明,此刻我们可进而谈训育的重要了!

训育的重要,几于人人皆知;在学者中除我国历来重视道德教育(见前)者外,西洋教育家,如赫尔巴特亦谓"教育全部工作,可用道德一概念以总括之"。韦尔顿(Welton)和班福德(Banford)更直截了当地说:"教育须启发知识,培育才能,……殊不知吾人何贵乎有知能,非知能自身之可贵,乃有知能而用之于正正之途始足为贵也。不然者,有知能而无道德,则如虎傅翼,适所以增其害人之力,吾人曷为不惮烦而兴办如是之教育哉。"[①] 训育的重要,分言之可从以下三方面看出:

一、儿童之天性,非生而为善,如性善论者之所主张;亦非生而为恶,如性恶论者之所悬拟;乃非善非恶,纯出自然。核之社会标准,有利己心,亦有利他心;有社会性,亦有反社会性,全赖教者本其天性,施以适当的训导,然后始可求其行为之合于德性。否则听其自然,不重返于文明初起之境乎?

二、次就社会进化方面说,社会生活愈形复杂,当愈需要教育,教育之智、德、体各方面,须同时并进,否则不免为畸形的发展。亚里士多德早已说过,德育之所以重要,因人类之教化使然。如仅限于智慧方面,则教化愈深,其人将愈见野蛮。桑代克也说:"现今最文明的国家,还不知用专门法官组织的法庭,来处理国际的纠纷,或是用国际警察来制止国家的暴行和违法,杀人放火,盗窃等罪。假如由一个国家大规模的做起来,在今日还

---

① 余家菊译:《训育论》,中华,第12页。

是受人尊敬。所以最好能有如下的舆论：战争之唯一可靠的预防剂，在于教人都觉得战争是一种无益的罪恶。"积极方面说，博爱是今日道德教育的极则。"仁者，己欲立而立人，己欲达而达人"，我国先贤的眼光，气度，胸襟，到底博大深远些。

三、再就我国今日的情势说，目前抗战，为的要救亡图存，欲救亡图存，须先振起民族的精神，欲振起民族的精神，须先恢复民族固有的道德，中山先生说得好："……要维持民族和国家的长久地位，还有道德问题。有了很好的道德，国家才能长治久安。……我们要恢复民族的地位，除了大家联合起来，做成一个国家团体以外，就要把固有的道德恢复起来，然后固有民族的地位，才可以恢复"。今日政府倡导国民教育，除供应国民必需的知能以外，国民道德的培养，实是当前的急务。

美国方面对于学校训育近来很有些专门的研究，显出人们对于它的重视：（一）道格拉斯（Douglass）等研究品第教师技术（teacher－rating device）条目25种中，"训练学生"和"指习课业"两者共19条，占全数76%；"指导自习"、"注意个别需要"及"发问技术"等，则次数较少，确不如其重要。[1]（二）有人调查美国中北部中学生7,000人，问其劣等教师的劣点及优良教师的优点何在，其回答在劣等教师的劣点17种中，"缺乏良好训练"占了第2位，而优良教师的优点12种中，"训练能力之佳"亦占了第6位。[2]（三）在所调查121所师范学校及教育学院关于教师品质182种中，依顺序排列起来，"训练"占第1位，"教

---

[1] Douglass, H. R. and Boardman, C. W., *Supervision in Secondary Schools*, Houghton Mifflin Co., Boston, 1934, p. 163.

[2] Davis, C. O. The High School as Judged by Its Students, in *Proceedings of the Twenty-ninth Annual Meeting of the North Central Association of Colleges and Secondary Schools*, Part Ⅱ, March 1924, pp. 71-85.

学能力"，"学业程度"，"人格"及"品性"等次之。①（四）专门对116学区教员共270人，研究此等教员失败之故，据所发现，以"不善训练"为最通常的原因，占第1位，而"缺乏判断力"次之。② 由此可见一斑。

第二节 训育的目标与原则

一、训育目标 什么是学校训育实施的目标？美国品格教育委员会（Committee on Character Education of the National Education Association）拟订品格教育的目标五项如下：

（一）发展群性的目的，引导青年努力生活目的的达到。

（二）激起实现上述目的的热忱，并使其善用暇晷与精力。

（三）发展道德的判断，使在任何情况下能辨何者为善，何者为恶。

（四）启发道德的想象（moral imagination），即对本己及他人行为皆能事前预料结果的良窳。

（五）发展学生群性价值的禀赋，并养成其履行道德义务的能力。

这些目标显然是为美国学校拟定的。我国学校的训育目标，必须从教育宗旨及其实施方针而来。按国民政府公布的《教育实施方针》，其与训育有关者两项：

---

① Osburn, W. J., The Personal Characteristics of the Teacher, in *Educational Administration and Supervision*, Feb. 1920, vol. 6, pp. 74-85.

② 据 Maxwell, C. R. and Kilzer, L. R., *High School Administration*, p. 321 所引 Doubleday, Doran and Co., New York, 1936.

（一）"各级学校三民主义之教学应与全体课程及课外作业相贯通。以史地教学阐明民族真谛；以集合生活训练民权主义之运用；以各种之生产劳动的实习，培养实行民生主义之基础，务使知识道德融会贯通于三民主义之下，以收笃信力行之效。

（二）"普通教育，须根据孙中山先生遗教，陶融儿童及青年'忠孝仁爱信义和平'之国民道德，并养成国民之生活技能，增进国民生产之能力，为主要目的。"

依此则训育之方针在"根据孙中山先生遗教，陶融儿童及青年'忠孝仁爱信义和平'之国民道德""务使知识道德融会贯通于三民主义之下，以收笃信力行之效"。但是怎样才可以达到呢？第一次全国教育会议，拟定三民主义教育的实施方案，计原则15项，其中7项是关于训育问题的，就是（1）发扬民族的精神；（2）提高国民的道德；（3）阐明自由的界限，养成服从纪律的习惯；（4）灌输政治知识，养成使用政权的能力；（5）培养组织能力，养成团体协作的精神；（6）注重生产消费及其他合作的训练；（7）提高合于人生正轨的生活，培植努力公共生产的精神。

教育部在民国二十一年〔1932〕六月颁布《今后中小学训育上应特别注意事项》，其中规定训育"应发扬民族固有美德，忠孝、仁爱、信义、和平等；同时并应特别注意：

(1) 力戒懦怯苟安，养成勇敢奋发之精神。
(2) 力戒倚赖敷衍，养成自立负责的能力。
(3) 力戒轻躁盲从，养成谨慎周密之思考。
(4) 力戒浪漫奢侈，养成刻苦勤朴之习惯。
(5) 力戒虚伪涣散，养成精神团结之精神。
(6) 力戒自私自利，养成爱国爱群之观念。"

二十八年〔1939〕九月部颁《训育纲领》，规定训育之目的，在培养实践道德之能力，而求下列三方面之发展与完整：

（一）好学——智——求真——知
（二）力行——仁——博爱——情
（三）知耻——勇——自强——意

并云"'生存为进化之中心，民生为人类历史进化之中心'。道德为人类行为轨范之一。道德之产生，实起于民生（集体生存）之要求。生活的目的在增进人类全体之生活；生命的意义，在创造宇宙继起之生命。

团体生活之训练——促进人类全体之生活 ⎫
进取精神之培养——创造宇宙继起之生命 ⎬ 完成理想的人生。"
科学观念之启迪——促进民族文化之彰明 ⎭

分别说，小学训育目标，依部颁《小学公民训练标准》，为"根据建国需要，发扬固有道德及民族精神制定本标准，训练儿童，以养成奉行三民主义的健全农民。其目标如下：

（一）关于公民的身体训练：养成运动卫生的习惯，快乐进取的精神；使能自卫卫国。

（二）关于公民的道德训练：养成礼义廉耻的观念，亲爱精诚的德性；使能自信信道。

（三）关于公民的经济训练：养成节俭劳动的习惯，生产合作的知能；使能自育育人。

（四）关于公民的政治训练：养成奉公守法的观念，爱国爱群的思想；使能自治治人。"

在部颁《初级中学公民课程标准》中，目标有三：（一）使学生由实际生活体验群己之关系，养成立己合群之善良品性；（二）使学生明了三民主义之要旨及地方自治之基本知识，培养其健全之公民资格；（三）使学生了解我国固有的道德之意义及实践新生活运动之规律，确定复兴民族之道德的基础。高级中学亦有类似的规定，姑从略。

苏州中学对于训育实施，曾有较详密的规定：（一）该校训育总纲，系根据"忠孝仁爱信义和平"施以团体训练，人格陶冶，养成忠实健全之公民。（二）训育要目：

(1) 锻炼体格；期能刻苦耐劳，战胜困难。
(2) 训练意志；期能刚健笃实，见义勇为。
(3) 陶冶兴趣；期能和乐向上，发扬踔厉。
(4) 启发思想；期能遇事反省，破除盲从。
(5) 练习自治；期能善用权能，服从纪律。
(6) 鼓励劳动；期能创作生产，由行致知。
(7) 讲求卫生，注意美观，养成爱美整洁之习惯。
(8) 注意社交，娴习辞令，养成活泼爱群之态度。
(9) 爱护公物，善用钱财，养成节俭尚公之德性。
(10) 指导服务，提倡竞赛，养成和平合作之精神。

浙江教育厅曾一方根据中央所定训育方针，他方参酌本省各县小学所拟训育目标，编成一个训育标准，内分目标及细目两部，颇可供我们参考，兹录其所定目标如下[1]：

(1) 健康——包含卫生、清洁、运动等项。

---

[1] 参看罗廷光：《教育概论》，世界，第150-151页。

165

(2) 勤劳——包含勤勉、节俭、自助、廉介、耐劳、尽责等项。

(3) 协助——包含合作、互助、乐群、服务、或社会化、团体化等项。

(4) 忠信——包含爱国、爱校、笃信、忠实、纪律、守法、恭敬等项。

(5) 奋勇——包含奋斗、牺牲、勇敢、正义、或革命化、社会化等项。

(6) 仁爱——包含孝悌、博爱、亲爱、和平、公正、快乐等项。

(7) 礼让——包含礼貌、谦让、自重、秩序等项。

(8) 优美——包含整洁、爱美、或艺术化等项。

每一目标之下，再分析为若干细目，以便划分阶段，而为分明训练的标准。

讲到科学研究，可引童润之氏的《初级中学教育目标》为例。① 童氏假定"教育目标必须根据我国之需要，集中多数有识者之意见而规定之，然后始克臻于至善。"他请了教育专家、中学行政人员、大学教育系学生共计606人，于所列表中选其最重要者10条，以为学生应养成之道德理想。综合各家意见，择其次数最多的德目20条，依轻重序列如下：(1) 勤苦耐劳，(2) 互助合作，(3) 自治，(4) 好学，(5) 爱国，(6) 守法（纪律），(7) 卫生，(8) 注重公益，(9) 服务精神，(10) 忠心（负责），(11) 勇敢，(12) 仁爱，(13) 诚实不欺，(14) 进取，(15) 俭朴，(16) 牺牲精神，(17) 思想清洁，(18) 公正无私，(19) 服从，(20) 敏捷守时。

二、训育原则　训育的实施不可无原则以为引导，原则是实

---

① 童润之：《初级中学教育目标》，南京金陵印刷公司，以及黄式金、张文昌：《中学行政概论》，世界，第329-330页。

施的指南针。关于训育原则,各家说法不一:

史密斯(W. R. Smith)在《教育社会引论》(An Introduction to Educational Sociololgy)中,举有重要原则四条:(一)训育须为积极的建设的,而非消极的禁止的;(二)训育须多用间接的,少用直接的;(三)训育的实施,须合学生所能了解之最高程度;(四)训育须与社会思想相谐和。

贝里(R. Berry)在《实际的儿童训练》(Practical Child Training)一书里也曾举出五条原则来:(一)暗示——即以间接的指示代替直接的命令;(二)代替——以善代恶的意思;(三)和谐——指师生间感情和谐而言;(四)表意——教师欲儿童有所作为,发言时的声音、态度等,均应有坚强意志表示;(五)赞许——给以适当的赞许奖励。

作者前在所著《教育概论》(世界)中曾举训育实施原则五条:(一)间接指示——即用暗示方法多为间接的训育,少为直接的训育;(二)积极指导——以善代替恶的方法,积极指导的工夫益加多,则消极禁止的训育益减少;(三)表示希望——处处本着同情的态度以纠正学生的行为,使长存进步之心而求达至善之境;(四)反复练习——使养成良好的习惯;(五)社会制裁——借群体力量以制裁不良分子,使学生能自律又能群律,能正己兼能正人。我们综合各家所述,参以国家当前需要,今日学校训育的原则,可绎为下列数条:

(一)根据本国教育宗旨及战时教育方针,施行有效的训练。

(二)德、智、体并进,矫正以往偏重智育的弊端。

(三)各科融会贯通,同以训练学生思想感情为依归。

(四)多为积极的指导,少为消极的制止。

(五)侧重群体的训育,培养"同心"及共同生活的德性。

(六)实行师生合作,注重人格感化。

（七）管理上采严格主义，运用军训或童训，养成清洁、整齐、确实、敏捷的美德，劳动服务的习惯与负责任守纪律的精神。

（八）注重美育，利用闲暇，设施各种有益身心的艺术活动。

（九）设置适当的环境，为正确的反应；更经反复的练习，养成良好的习惯。

（十）一切训育实施皆以儿童青年之生长顺序及其所处环境为基础。

研究问题

(1) 训育的重要涵义是什么？教训合一应该当作什么解释？

(2) 现代训育的新观念是什么？就其发展上加以深究。

(3) 试以科学事实说明训育的重要。

(4) 述我国现行中小学训育目标并加以评论。

(5) 训育何以应有具体目标？这具体目标如何可以厘订起来。

(6) 比较我国与欧美各国之训育目标（参考崔载阳：《新时代的训育方针与计划》，《教育研究》第 5 期）

(7) 训育实施的原则通常有几？试申言之（参考罗廷光：《教育概论》，世界，第八章。）

(8) 试调查五个中学（或小学）的训育目标和原则，并加以研究。

第十二章

训育实施

第一节 训育制度

训育既是关涉到学生全部的活动，训育的责任，当然以大家分担为宜；不过为了执行上的便利，不能不有一部分人负专责，不能不有适当的制度。兹就数种流行的制度①，加以叙说。

一、学监舍监制　学监负管理学业方面的责任，舍监司学业以外的行为，尤其关乎学生宿舍方面。我国兴学之初，这种制度颇为盛行；惟自五四运动以后，业已废除——实则英、法两国的

---

① 杨廉氏曾研究我中学的训育制度，举出八种方式：(1) 学监舍监分治制，(2) 训育专员与级任制，(3) 导师制，(4) 顾问制，(5) 指导员制，(6) 人师与经师制，(7) 学生自治制，(8) 学校市制（见所著《中学训育组织论》，载《中华教育界》第 16 卷第 4、5 期）。

又依张念祖氏的调查，现时我国中学训育，多由少数人担任训育事情，即由训育主任及训育员或各级级任组织的。张君又指出每一训育员指导学生的数目至少有七八十人，因了时间精力的有限，势不能兼顾，再以缺乏良好方法，所以结果等于没有训育。见曹刍：《国家主义与中学训育问题》，载《中华教育界》第 15 卷第 2 期。

——169

中学校现在还有类似的设施。

二、训育主任制　五四运动以后，我国中小学组织，大都采三分法（详前），训育方面设有训育主任，主持各项训育事宜。其下时设训育员数人帮同办理。后来因倡教训合一，改训育主任为教导主任，兼管教务和训育双方面的事了。这种制度的好处在于训育有了专人负责；缺点则易把训育的责任集中在一个人或少数人身上，欲求实效，良非易易。

三、委员制　不设主任的学校，往往用委员制，即由一委员会管理一校训育事宜。多数人担负训育上的责任，自然是较好的办法，但遇重大的问题发生，或碰到紧要的关键，彼此不免互相推诿，无人单独负责处理，便是它的坏处。

四、级任制　级任制是一种极流行的制度；即以一学级为训育单位，由每级任教师主持一级的训育事宜。其办法有以下三种：

（1）级任教师担负本级所有教学和训育的责任。

（2）级任教师除负本级训育上的责任外，并担任本级重要科目的教学。

（3）级任教师只负责本级训育上的责任；其他一切教学，概由科任教师负责。

以上三者，以第二法最为普通；第一法多行于乡村小学或普通学校的低年级；第三法在小学高年级及中学不时采用。级任制的优点：（1）责任专一；（2）管理便利；（3）教学易于联络；（4）学生个性易于明了。而其缺点则：（1）级任教师职务太忙；（2）学生歧视科任教师；（3）级际界限分明；（4）师生间易生意见；(5) 科任教师不负训育责任。①

五、训导制　此为救济级任制的一种办法，将全校学生依照教师人数平均分配，派定某某等学生属某一团，由某教师训导。有通学的就把通学生和寄宿生分为二部，寄宿生以每一寝室为一团，由一教师与之共起居；通学生另以适当方法平均分配，或由学生自由选定亦可。此制长处：(1) 全校教师分负训育责任，可以增进效率；(2) 打破年级的界限；(3) 年长学生可以照应年幼学生；(4) 学生对教师不致歧视；(5) 教师劳逸较为平均。但是短处也有：(1) 教学与训育难以联络；(2) 级务无人主持；(3) 责任难期专一。

六、导师制　近来我国中等以上学校推行导师制，教育部在所颁布的《中等以上学校导师制纲要》中规定："各校应将全校每一学级学生分为若干组，每组人数以十五至五十人为度，每组设导师一人，由校长指定专任教师充任之.校长并指定主任导师或训育主任一人综理全校学生训导事宜。""导师对学生之思想、行为、学业及身心摄卫，均应体察个性，施以严密之训导，使得正常之发展，以养成健全之人格。"导师制导源于英国，其牛津、剑桥二大学及若干"公学"实行此制，多历年所，成效尚不错。英国教育本重人格感化，培养自尊心，并讲求礼貌；导师与学生共同生活起居，无形中受到极好的影响，我国往时书院中师儒训导，学子受益亦多，导师制的特点：(1) 矫正旧日教育偏于知识传授而忽于德育指导的弊端。(2) 教师与学生接触的机会多，彼此感情可以增进。(3) 教师易于明了学生个性而加以适当的指

---

①　依笔者早年研究，我国小学大多数级任教员任课在 20 小时以上，以时分计则在 900 分钟以上。级任教师都觉本人职务太忙，照顾不及（详罗廷光：《小学训育问题》，载《中华教育界》第 40 卷第 1 期）。

导。(4)教师兼管训教，可增进其生活上的兴趣，且便于联络教学。(5)训导责任由全校教师负责，效率可以增进。(6)学生易受教师人格感化的影响。(7)学生的思想和求学方法因导师之指导，进步可较速。(8)学生品行的考查，可以较为准确。

可是也有它的困难：(1)教师任课过多，无暇指导学生生活。(现时专任教师每周教学时数，初中为18至24小时，高中为16至22小时，加上准备教材，批改课业及出席种种会议，几无余暇与学生接触。)(2)教师少、学生多的学校，各导师难以分配。(3)女教师人数少，女生组不能都有女导师；而女学校之男教师有占多数者，施行上尤觉不便。(4)良好导师不易罗致。(前行训育主任或教导主任制，直接负训育责任者不过训育主任或教导主任少数人员，现欲每一教师其才德均堪为导师，诚戛戛乎其难。)(5)导师责任不易确定。(教师地位毫无保障，更动过速，前后训导方法不同，功过谁属？)(6)选训和退训难有适当的办法。(7)导师与导师间训导方法难期一致。此等困难若不能设法解决，则导师制的施行仍难获到实效。[①]

关于训育组织，库斯（Koss）教授对美国中学曾有一个很好的研究，可供参考。[②]库氏曾调查336校，发现其训育组织，共为16类，表列如下：

---

① 关于导师制的困难及其解决法，看叶松坡：《实施导师制所发生的困难及解决法》，载《教育杂志》第29卷第7号，以及邱友铮：《导师制实施问题》，载《教育通讯》第24期。

② 据王凤喈：《美国中等学校训导制度之研究》，载《教育通讯》第3卷第3期。

训育组织情形	校数
(1) 校长与级任导师	70
(2) 校长、女生主任、级任导师	49
(3) 校长	41
(4) 校长、女生主任、男女主任、级任导师	21
(5) 校长、女生主任	21
(6) 校长及大部分之教师	12
(7) 校长、女生主任及大部分之教师	9
(8) 校长、级任导师、顾问	9
(9) 校长、女生主任、男生主任、级任导师及家庭访问教师	7
(10) 校长、女生主任、男生主任、级任导师及顾问	7
(11) 校长、级任导师及指导委员会	5
(12) 校长、级任导师及家庭访问教师	5
(13) 校长、女生主任、男生主任及大部分之教师	5
(14) 校长、女生主任、男生主任	4
(15) 校长、男生主任、级任导师	4
(16) 其他组合	67
共计	336

　　从上可知 16 种组织中以第一种最为普遍，即以校长负主持计划之责，由级任导师分负实际指导责任。次则为第二种，于校长、级任导师之外，兼设女生主任负指导女生之责。这两种组织系通行于规模较大的学校；至小规模的学校，则多行第三种制度，即以校长一人负全部训导之责也。可见训育组织与学校规模的大小，人数的多寡，大有关系。

第二节 训育人员

有了健全的制度,还得有良好的训育人员;否则仍难收效。训育人员不是任何人都可胜任的,依张念祖氏的意见:第一,要了解训育原则;第二,要具有教育常识;第三,要有规划应变之才;第四,要能以身作则;第五,要能任劳任怨。①

负训育责任者,为训育人员,其中包含校长、主任、导师及教师等(附录)。各人员因职位的不同,所负训育的责任,便有大小轻重的差异,大约言之,训育人员所负的责任,可分普通与特别两种:

一、普通的责任 所谓普通的责任,即在培养学生之善良习惯,使有道德的行为;此等责任应由全校教职员共同担负。

二、特别的责任 指各人因职务所在,各有应尽责任,轻重不等,分别言之,大致如下:

1. 校长的责任 校长主持全校大计,所负训育的责任自然也大,其最要者:

(1) 物色优良教师,选聘干练的主任(或级任)及导师。

(2) 会同各部人员,厘定全校训育的方针。

(3) 会同全校教师,议定一般训育的方法及与一部分教师商定特殊办法。

(4) 支配教师、主任(或级任)导师的职务,并考核彼等对于训育的成绩。

(5) 施行训育上最高的职权,以达到训育的目的。

---

① 见张念祖:《怎样做中学校的训育主任》,载《中等教育》第 2 卷第 2 期。

(6) 师生间纠纷之最后裁可。

2. 主任（或级任）的责任　训育主任、教导主任（或级任）地位虽亚于校长，但所负训育的责任，仍很重大，分别说来：

(1) 商同校长厘定本校训育的方针。

(2) 商同校长和教师规定训育的标准和信条。

(3) 计划训育的设备和实施的方法。

(4) 召集训育会议，讨论训育进行事宜，并解决种种困难。

(5) 拟定各项训育上应有的规程。

(6) 其他关乎全校及局部事项。

3. 导师的责任　行导师制的学校，导师责任十分重要，简言之：

(1) 计划本组训育上进行事项。

(2) 指导学生思想、行为、学业及身心摄卫各端。

(3) 除个别训练外，充分利用课余及例假时间，集合本组学生谈话，讨论及远足等，作团体生活的指导。

(4) 按期将学生之性行、思想、学业、身体状况等报告学校及学生家长。

(5) 按期举行训导会议（校长或主任、导师、主席），汇报各组训导实施情形，并研究关于训导之共同问题。

4. 教师的责任　此指一般教师而言。教师人人应负训育上的责任，其要项如次：

(1) 启发学生道德的观念，并培养其爱国爱群的思想。

(2) 督促、指导、改进并考核学生实际的生活与行为。

(3) 个别考察学生身心上的优点和劣点，并谋发展或补救的方法。

(4) 报告学生实际生活和道德修养的状况于学校当局。

(5) 不时与学生家庭联络，共谋训育效率的增进。

(6) 与学生共同生活，共同工作及游戏。①

第三节 训育方法

甲、教室管理　教室管理乃训育的一重要部分，其方法很多，举其要项如次：

一、常规　执行常规为经济时间、维持秩序的必要方法。其种类不一，最普通的数种：

（1）顺序进出——如出入教室，年幼的在前，年长的在后，行路靠右边走；往黑板练习，依着一定的路线等是。

（2）收发用品——如分发材料，初由前排左端的第一人，传至前排右首各人，继由前排左端第一人，传至后排次人，再依次后转；同样由左而右，以至于终。收集时反是。

（3）放置用品——如教室内图书、用具等，安放一定的地方，用后仍置原处，不可偶有凌乱。

（4）清洁常规——如果皮、笔屑、破纸、废物等必入字纸篓；吐痰必入痰盂等是。

二、礼貌　礼貌在社会上极端重要，中小学生均当及早养成习惯。大体可依"新生活运动规律"行之。在教室中如：（一）清晨与教师、同学相见，必请早安；（二）入室必脱帽，教师上下课，均起立致敬；（三）校外遇见教师和同学，必行礼。

三、仪式　仪式关系精神训练很大，每日上下午升降旗、晨会、纪念周、始业式、毕业式等，举行时都应郑重将事，不可稍存敷衍。从小学起，必使学生了解国旗、党旗、校旗的意义，以及所以应行尊敬之故；更当教以国歌、党歌、校歌等。

---

① 参看樊兆庚：《小学训育实施法》，正中，第六章。

乙、环境布置　训育之成功，有赖适宜环境的布置者极巨；有了适宜的环境，自然足以刺激学生正当的活动，养成他们良善的习惯，而达到训育上预定的目的。布置适宜的训育环境，须注意下面几条原则：

（1）环境应清洁优美，以便良好品格的养成。
（2）应切合学生生理和心理上的需要。
（3）应合乎社会的理想。
（4）应合乎经济的原则。
（5）应于整齐之中留有变化的余地。

布置的事项：（一）校内走廊及处所，悬挂各种名画。（二）走廊及各处设置花盆，供养鲜花。（三）张贴各种醒目标语及好习惯图。（四）张贴古今中外名人肖像（尤其当今领袖及民族英雄肖像），并注明事略以资景仰。（五）揭示各种有意义的劳作图画。（六）设置动物园，饲养家畜及蜂蚕等。（七）其他。①

丙、个别谈话　个别谈话，收效很大。就时间说可分平时和偶发两种：前者可了解学生日常生活的情形，可审知学生道德修养的程度，并可联络师生间的感情；后者重指导和解决学生个人或团体偶发的训育问题，使其获得指针，以便养成某种良好习惯，或纠正某种不良行为。个别谈话以个人为单位，不受他人影响，可尽量施行适合个体的训导。谈话时：（一）应本同情的态度，为学生解决困难或指示正当途径。（二）言语要中肯，要庄而不严，亲而不狎。（三）要注意学生谈话后所受的影响。

丁、集会训练　分全体集会及小组集会两种：全体集会含有普遍性，专以养成一团体共同的良好习尚为目的；小组集会则因特殊目的而举行，一校可有好些小组集会——施行导师制的学

---

①　详见李清悚：《小学行政》，中华，第248～250页。

校，此种集会尤不可少。二者比较，小组集会收效更大。除研讨各项政治、经济、社会问题外，并可锻炼身体，修养德行，联络情感，练习四权的应用及训练组织集合能力。

戊、学科训练　由各科酌量行之，"使知识道德融会贯通于三民主义之下，以收笃信力行之效"。公民、史地、国文之可施行德性训练，尽人皆知；即自然、劳作、音乐等科，何尝不有训育的价值？例如小学课程目标，自然科规定为"培养儿童欣赏自然爱护自然的兴趣和道德"。劳作科规定为"养成儿童劳动的身手和平等互助合作的精神"。音乐科为"涵养儿童和蔼勇敢的情绪，并鼓励其团结进取的精神"，可见其一斑了。

己、生产训练　除星期日有特别工作指定以外，每人每日平均应有一小时的生产劳动。在小学可与劳作科联络；在中学应提倡劳动服务，并努力以求实行。

庚、农村服务　使儿童青年了解当地的稼穑情形与民间疾苦，此可得到许多实际的知识和经验，又可增进健康，培养德性。农民教育更可赖以增进，生活亦赖以改善。德国近正厉行"下乡年"运动及"青年义务劳动"，用意亦即在此。

辛、野外远足　远足野餐既可增进健康，联络感情，又可练习临时集合方法。导师主持的小组集会，大可依此方式酌量行之。集合时可利用时间作种种简短的讨论和报告，又可举行唱歌游戏，生趣增进不小。

壬、露营训练　中小学生组织童子军团及行军事管理，都应多多从事露营训练，不独藉以锻炼身体，尤重养成军旅习惯和集团生活，为异日共赴国难效忠疆场的准备。

癸、其他　如外地旅行，使了解各地民性习俗，借以拓展目光，消除界限，而油然兴爱乡爱国之心。又战地后方服务训练，也是很重要的。①

　　小学校、中等学校及专科以上学校训育实施之要项,部分训育纲要(参考原料三十)规定很详细,可参考:

附录

　　训育人员的种类虽很复杂,但依美国库斯教授的研究,该国中等学校通用的名称计有八种,而各种名称出现次数之多少与学校规模之大小有关。氏将所调查学校依学生数目多分少分为三级:凡在一千人以上者属第一级;一千以下者属第二级;二百以下者属第三级。各级学校所用名称及百分比表列如下:

训导人员名称	各级学校采用各名称所占百分比		
	第三级	第二级	第一级
(1) 校长（Principal）兼任	65	53	29
(2) 女生主任（Dean of girls）	30	46	73
(3) 男生主任（Dean of boys）	14	28	46
(4) 级任导师（Home-room advisers）	22	66	88
(5) 导师（Advisers）	22	25	8
(6) 顾问（Counselors）	3	10	28
(7) 指导委员会（Guidance committee）	3	5	20
(8) 家庭访问教师（Visting teachers）	5	7	19

　　如表第一项以校长而兼训导职务者,在第三级学校中占全部65%,第二级占53%,而在第一级则仅占29%。可见以校长兼训导之职常见于小规

---

　　① 参看部颁《国立中学课程纲要》、《青年训练大纲》、《中等学校特种教育纲要》、《高中以上学校学生战时服务组织与训练办法》及《中国童子军战时后方服务训练办法大纲》等。

模之中学，少见于大规模之中学。①

研究问题

(1) 训育制度通常有几？何者盛行于小学？何者盛行于中学？试举所知以对。（最好能做一番实际的调查）

(2) 讨论级任制与训导制的利弊。

(3) 述导师制试行后的实际效果及种种困难。

(4) 详论训育主任（或教导主任或主任导师）应有的资格和任务。

(5) 校长对于全校训育应有的职责是什么？

(6) 举战时小学训育的重要方法。

(7) 举战时中学训育的重要方法。

(8) 试就精神、体格、学科、生产、劳动数项讨论中学生应有之训练。

---

① 据王凤喈：《美国中等学校训导制度之研究》，载《教育通讯》第3卷第3期。

第十三章

训育问题

第一节 奖惩问题

奖惩的必要 无所为而为,最为理想,语云:"为善最乐",指不待勉强而乐于为善而言。惟常人皆有所为而为,不独儿童如是,成人亦然,其努力,若非希望现在的酬报,便希望将来的酬报;非希望直接的酬报,便希望间接的酬报;非希望物质的酬报,便希望精神的酬报;酬报每多一分,努力便大一分;酬报少一分,努力便减一分;寻常人多是如此的。教育上为鼓励儿童的向善起见,可利用其希望的心理,施以适当的奖励。自然的结果,犹嫌不足以增进他们的努力,必加以人为的奖赏以示鼓励;间接的、将来的和精神的酬报,恐儿童不易看到,不易引起其热心,则利用直接的、目前的和物质的酬报,以掀动他们的努力。一种妥善的奖赏制度,不但有使学生努力上进的功用,且有广义的教育价值,社会的各种组织,如家庭、教堂、商店、工厂等,都充分地利用奖赏制度,以鼓励人们的努力,倘欲办理完善,人民非受相当的训练不可。学校是社会最广大的训练机关,应负责

———— 181

养成儿童努力向上的习惯，并贡献一种合理的奖赏制度。学校还应该是社会的实验室，在这里能够表现有价值的奖赏制度，以鼓励学生的努力，所以奖赏在学校训育上是必要的。简单地说，一般人在社会上，多数是为酬报而工作的；学生在校的工作，纵不能为得酬报，但当有一种合理的奖赏制度，使彼等向善避恶，努力不懈。学校之所以需有奖赏者以此。

奖有时不足以劝善，还当辅以惩罚。奖惩相济，为用益彰。动物学习，罚的效用似乎比赏来的大。古人亦每藉惩罚以施教，如云："朴作教刑"。《礼记》也说："夏楚二物，收其威也。"但自现在看去，训育上施行惩罚，终是不得已的办法，运用时不可不特加慎重。责詈无补于内心的变化，体罚尤易召学生的反感和怨恨。同时这两者极易减却学生的自尊心，使其流于自暴自弃。最好若学生有犯过时，教师出以同情的态度，指摘犯人的错误，恳切地示以为善的新路。

奖惩的心理根据　奖惩即是赏罚，赏罚的心理根据是很简单的，完全受所谓"效果律"（Law of Effect）的支配。某种行为累次伴以痛苦，那种行为便将逐渐消减，或停止进行；某种行为累次引起愉快的结果，则这行为将愈趋巩固，或愈形发达。训育的历程，即是要使学生有益的活动得到愉快的结果，有害的行为得到痛苦的结果。但愉快或奖赏和痛苦或惩罚，对于行为的改变何者效力最大？就动物心理学上说，当训练动物学习某种技术时，倘对错误行为加以鞭挞，其效比做正对行为时加以奖赏大些。所以致此之由，依心理学家耶基斯（Yerkes）解释，系因在奖赏的时候，有些情形，不能完全受训练者（Trainer）的控制。譬如对动物做对某种行为，给以食物的奖赏，它的效力如何，要看某动物是否在饥饿的状态中，饿则生效，不饿则否。至于痛苦的效力，则可完全受训练者的控制；因在任何情形下动物受了谴责必觉痛苦而改变行为。人类情形，或稍不同。但无论如何，当儿童希望某种奖赏时，给以奖赏，其效必大。至于惩罚的效力，则较有常性的行为，不是为了奖赏才有的；否则奖赏不过等于贿赂罢了。同时惩罚也不可以滥用，滥用之弊，前已说过，此处从略。

奖惩的目的和原则　奖赏的目的，在鼓励学生为善，其标准应逐渐提高。由现在的而至未来的；由直接的而至间接的；由物质的而至精神的；由外加的而至内发的……而后努力乃可继续，不致止于奖赏而失其效用。奖赏宜公平明确；并宜多奖勤勉，少奖颖才，多奖团体，少奖个人。行奖时所应注意者：（1）奖赏须与社会的需要相契合——例如我国社会人士缺乏合作的精神和守纪律的习惯，便当于此注意奖励。（2）不可使学生一心以得奖为目的——没有奖赏就不努力，那是错的。（3）不可使学生染有虚荣心。（4）不可因而引起学生的骄傲心和嫉妒心。[①]

惩罚的目的，不外：（1）表示公众对于个人错误是不欢迎的；（2）防止别人将犯同类的过失；（3）使犯者能自己改过自新。施罚的重要原则：（1）施罚应由于学生全体，非由于教师个人。（2）施罚不认为对待罪恶，必有教育的价值，足以指示改过迁善。（3）惩罚与过失在时间方面应紧相衔接。（4）不可一味强迫服从，应使明了过与罚的因果关系。（5）施罚应先后统一。（6）施罚不可因一人而涉及全体。（7）对于受罚学生应生同情心。（8）教师不可因报复或忿怒而施罚。（9）社会制裁最有价

[①]　参看李相勖：《训育论》，商务，第八章，以及黄式金、张文昌：《中学行政概论》，世界，第 350～352 页。

值,故罚则应与学生共同订立。①

奖惩的种类 奖的种类,通常分为奖品、荣誉及特许权利数种。奖品为现在的、人为的和物质的,品级最下;荣誉奖较高一级,如奖状、奖章等是,以之激励学生勤学修德,颇有效用;特许权利的给予,乃更高一层的奖赏,无论特许学生自由在图书馆阅书,或自由参加某种游戏、某项活动,均有甚大效力。但任何奖赏,不可滥施,"限之以爵,爵加则知荣",诸葛武侯当年的话,此刻还是适用的。

惩罚终是不得已的办法,平常施行,约有体罚、责詈和剥夺权利数种:体罚往时外国学校亦有,我国塾师使用戒尺以警顽童,更是普遍。体罚的效果极微;所予儿童的恶影响却大,得不偿失。责詈亦无补于内心的变化,且易招儿童的反感和怨恨。二者皆易减却儿童的自尊心,使其流于自暴自弃。较良方法为剥夺权利,如不许犯过的儿童擅入图书馆,或使他于放学后,继续作业若干时,俾知所警惕。各种奖惩实际上的效果如何?姑引杨彬如氏的研究,以供参考②:

一、颇见成效的奖赏:

(1) 揭示各科优良成绩,表扬于大众。

(2) 择各级中性行优良者,将姓名揭示于教室或公众场所,以资鼓励。

(3) 备优胜旗数面以奖竞争的团体。

(4) 用比赛法鼓励优胜者。

---

① 参看饶上达:《小学组织及行政》,中华,第八章第二节,以及潘之赓:《学校惩罚问题的研究》,载《中华教育界》第15卷第12期。

② 杨彬如:《小学训育问题之原理与实施》,载《教育杂志》第20卷第12号。

（5）给优秀儿童以名誉奖，或命全级儿童群起仿效之。

（6）奖励后，须使学生再加前进，深知自己的善行，仍未达到极点。

（7）奖优良儿童以图书及课业用品等，使有继续的善行。

（8）考查个性后，再秘密谈话，以温言奖其善处，令更加勉励。

二、颇见成效的惩罚：

（1）发现不良事情时，提供全级公判，同时助犯过人设法改善。

（2）褫夺名誉奖状。

（3）暂时禁止其参与公众游戏。

（4）经教师一再宣布的规则，并为公众认有服从必要者，如有学生再犯，当严惩不贷。

（5）教学生面镜自省。

（6）语言训戒，开诚布公，不事恫吓。

三、未见成效的奖赏：

（1）学童有善行者，教师不加考察即予以某种特权，久之则骄傲心生。

（2）语言颂扬过度，亦易使学生生骄傲心。

（3）行个人谈话固善，但因刺激不深，久之即失其效。

（4）奖赏不宜于不求好的儿童。

（5）没有精细知道儿童的个性即加奖励是要失败的。

（6）实物奖励是要失败的。

（7）加分不宜行。

四、未见成效的惩罚：

185

(1) 体罚易减少儿童的羞耻心。

(2) 对好名而易折郁的学生，不宜加以体罚。

(3) 因小过而取消其名誉事业。

(4) 不予儿童思考的余地，即行惩罚，是不应该的。

(5) 用教师的威权去征服学生，是要失败的。

(6) 学生怒气未息的时候，就加惩罚，是不应当的。

(7) 惩罚无效的时候，而仍不肯改变态度，以图与学生对抗，是不相宜的。

(8) 暂令停学的方法，则不应当的。

关于惩罚方面，美人莫尔豪斯（Morehouse）也曾做过一种研究，依其结论：隔离（使犯规学生与其他学生隔离）、谴责、报告家长、剥夺权利、舆论制裁、赔偿（有毁坏校具者责以赔偿）、停学（暂令停学）及除名等为有益的惩罚；而恐吓、额外工作、学校服役、留置（犯过生较后回家）、扣分、个人侮辱（如拽发、牵耳等都不宜）、自作自受（使儿童继续作犯规行为，至自觉羞耻而止）、分部惩罚（如好骂人者使受肥皂洗口，喜踢人者以绳紧系其足）、讽刺和讥笑及体罚等，则皆为有害的惩罚。①

第二节 顽童训练问题

顽劣儿童种类很多，依巴格莱（Bagley）教授所举，计有："强项固执的学生不顾社会之规律者；夜郎自大的学生，不仅自视学业之成绩为满足，且常于其动作中，以其骄怠的态度加于同

---

① 详 Morehouse, F. M., *The Discipline of the School*, Chap. X-XL.

学与教师，而致团体规律生活之危殆者；自满的学生，学校无论用何方法亦不能引起其努力者；其他尚有不负责任的；郁闷易怒的；神经过敏的；欺诈狡猾的；以及险恶凶狠的种种。"[1]

这种儿童据巴氏推算约每十人或十二人中至少有一人；实际也许不止这些。教师对于此等儿童每觉头痛，无法应付。但若训练得法，收效比寻常儿童还大。重要方法如下[2]：

一、考察儿童过去的历史——如以往所受的教育、所处的环境和所交的友朋等，倘发现有特殊情形，即当详为记录，以为实施训育的参考。

二、调查儿童家属的情形——如父母的职业、父母的身体状况、父母及祖先的特性和品格等。此于训育实施很有帮助。

三、检验儿童的体格，遇发现身上有缺陷或营养不足时，则速设法医治，并报告家长注意照料。

四、施行智力测验，见有能力特高或特低的儿童，则选拔之，而为个别适当的指导。

五、利用教育测验或新式考试（含有诊断作用者），考查儿童学业的成绩；遇有学习上的特殊困难，细细加以分析，俾得发现而徐图补救。

六、对于特殊儿童，施以特殊的奖惩法：对那易受感动的、神经过敏的、想象丰富的儿童，虽当有坚定之表示，但须出以和蔼的态度，俾无损其自尊、自信与活动的精神；对那强项固执的儿童，则须有具体的有力的惩罚，"使其感受身体的痛苦，以见其事关系之匪轻"。对那顽抗倔强的儿童，当示以坚决的主张，有时并可使其自定罚则。奖时亦宜采用种种特殊方法：或许以特

---

[1] 郑宗海译：《教育之科学的研究》，商务，第248页。
[2] 罗廷光：《教育概论》，世界，第八章。

殊权利，使其感觉"受宠若惊"；或给以特殊作业，使不至有闲散；或委充小团体的领袖，使负管理监导之责：皆当相机而行。

第三节 学生自治的问题

学生自治的本质 学生自治这个名词纵是近数十年来才听到，可是这个运动并非新近创造的。远在16世纪，弗罗岑多夫（Frotzendorf）已经介绍过这种制度，主张学生自治分为三部：一、立法部，二、行政部，三、裁判部。18世纪兰卡斯特（Lancaster）在英国试行领班制，可说也是自治的一种。1780至1840年之间，美国高等专门学校已开始采用学生自治制度。杰斐逊（Jefferson）曾向弗吉尼亚大学当局建议由学生公举领袖六人，组织裁判部，负责处理学生各项犯过事宜。此外三一学院（Trinity College）和阿姆赫斯特学院（Amherst College）等亦有同样的组织。到了19世纪末叶，美国中小学校允许学生有半自由的组织的，已经很多了。最近二三十年来，因该国教育家杜威等人的提倡，学生自治运动，弥漫全国乃至全世界。

我国自五四运动以后，学生自治随着政治运动而普及于全国。在这时候，适有杜威、孟禄等人来华讲演，宣扬民本主义的教育及用实际训练法，以养成学生成为社会健全的分子，国家良好的公民，影响我国教育界不小。维时从事教育界人士，几无不注重学生自治的问题，各级学校类皆组有学生自治团体，或名"学校村"，或名"学校市"，或名"公仆会"，或名"自治会"……不一而足。十六年〔1927〕国民革命成功，国民党各级党部成立以后，中央对于学生组织，定有指导管理办法，颁布了《学生自治会组织大纲及其施行细则》，目的在："本三民主义之精神作成学生之学校以内之自治生活，并促进其智育、德育、体育、群育之发展。"名称一律定为"学生自治会",方式采委员制;职权则以不侵犯学校行政为限。各校学生自治会章程及成立经过,概须呈所属党部审核备案。所以近来我国中等以上学校差不多都有一典型的学生自治的组织。

　　学生自治这个名称,往往容易引起人们的误会,它的本义到底是什么?陶知行氏的解说:"从学生方面说,学生自治是学生结起团体,大家学习自己管理自己的手续;从学校方面说,就是为学生预备种种机会,使学生能够组织起来,养成他们自己管理自己的能力。"① 姜琦氏的:"详细的说明,就是教育者使被教育者在学校里练习自己管理自己,锻炼自己管理自己的能力,可以做将来在社会上独立自营协助工作的预备。"② 杜威博士对于学生自治,也曾有过精彩的说法:"普通的见解,都以为自治就是从旁人管理我们,换为我们自己管理;此不过把管理之权归到自己身上。这话固然不错,但是有了自己管理之权,就有管理的责任;所以自治的性质,不但是自己扩充自己的权利,并且是加重自己的责任。"他又说:"自治并不是无治,还是一种治",而且应当格外有秩序,分外的严格,分外比他治的还要完备,这才是自治的真义"。总之,学生自治是练习自己管理自己的手续,也是民治社会养成良好公民的必要方法。它不独适于教学上"学本于做"(learning by doing)的原则,兼合乎训育上最高阶段"群治"或"社会制裁"(social control)的理想。

　　学生自治的功用　　学生自治的功用,杜佐周氏举有12种,照录如下③:

---

① 陶知行:《学生自治问题之研究》,载《新教育》第2卷第2期。
② 姜琦:《学生自治的性质及其条件》,载《新教育》第3卷第3期。
③ 杜佐周:《教育与学校行政原理》,商务,第267、268页。

(1) 养成服务公益的习惯。
(2) 发展社会性及团体的精神。
(3) 使学生有实地练习做公民的机会。
(4) 培养勇于负责的态度。
(5) 培养学生明了权利与义务的关系。
(6) 养成服从法律及多数意见的德性。
(7) 培养良好领袖及附从的人才。
(8) 造就独立自重及创造的能力。
(9) 使学生得到组织各种机关的知识。
(10) 替代学校消极的训育方法。
(11) 扩大教师与学生合作的范围。
(12) 使社会愈益认识学校教育的意义。

虽然对于学生自治，不免仍有持反对论调者：或谓儿童年少无知，安可高谈自治，安可听其自己管理自己？实则学生自治本含有"学治"的性质（从自治中学习自治），七八岁以上的儿童，倘指导得法，未知不可以试行自治。即在较幼的儿童，在某种活动中，亦非完全不能自治的。盖所谓自治云云，须行之以渐，非一蹴可就。从小练习自治，从自治中练习自治，实是很聪明、很合理的办法。又或有从他方面非议学生自治者，当笔者参观美国某中学校的时候，校长史密斯（Smith）曾发表彼个人对于学生自治的意见，彼认：学生不能训练学生，学生不能管理学生，学生自治团体即使存在，即当严加限制，不可率意行之。这话颇有几分道理。不过学生训练学生和学生管理学生应分别讨论，学生纵不能训练学生，却不见得就也不能管理学生。在相当情况下，学生因教师的指导自己管理自己，实在是可能的。须知所谓自治，并非无治，亦非听学生治去，教师不过问的。如果是那样，自治变成极坏的制度了。

　　学生自治的步骤和原则　　一般学校试行学生自治成绩欠佳的，诚然很不少，其所以失败的原因，或由于缺乏良好的指导，或由于组织过于繁琐，不合儿童的需要；或因过重形式，忽略了精神上的训练；或因其他原故。但办理无步骤，准备不充分，实是主要的原因。学生自治施行应有步骤。韩定生氏曾分学生自治的训练为三个阶段：第一，为无组织的训练；第二，为师生协同动作，稍具组织的训练；第三，为有形式的组织的训练。廖世承氏说得更具体些：（1）在学生未养成自治能力以前，即组织大规模的自治会，是很危险的。（2）促进自治会的第一步，在养成学生共同的"想望"，例如信条及代表想望的一种。（3）自治的理想后，须注意领袖的培养，以便将来做好的、合格的领袖。（4）先从小团体做成，所办事项，宜少而易行。（5）小团体组织就绪，再扩充为组会。（6）教职员自始至终须在旁监督指导。（7）数年后俟团体的习惯养成后，再由小团体连成大团体，实行自治的办法。[①] 要之，在未达到完全自治以前，定当有相当的准备；教师相机指导，其所予学生自治的范围，应视下列三点而伸缩：

　　（一）应视学生智能发达的程度而渐增加；

　　（二）应视实施时间的长度而渐扩充；

　　（三）应自学生发生需要的部分而渐推行。

　　从无系统的自治，渐至有系统的自治；从零碎散涣、内容简单的自治，渐至有组织、内容繁复的自治。

　　由此可演出下面几条原则：

　　（一）施行学生自治，须从局部而至全体，从小组织而至大联合。

---

　　① 廖世承：《中学教育》，商务，第 365～369 页。

（二）教师须参与其间，俾得相机指导。

（三）依据学生的知识与能力，采用适当的自治组织。

（四）不只顾形式，尤重自治精神的涵养。

（五）尽量供应机会，使学生在实际生活中练习自治的能力。

（六）师生应把自治当作一实际问题研究，随时遇到困难，随时设法解决。

研究问题

(1) 奖惩在心理上的根据如何？试就科学事实说明之。

(2) 述实施奖惩的重要原则。

(3) 试据经验举卓著成效的奖励方法。

(4) 试据事实举有效的惩罚方法。

(5) 调查一个小学（或中学）教师得意或失意的训练方法。

(6) 辩论小学实行学生自治的可否。

(7) 何以许多学校自治会的成绩都不见佳？试举出最大的缺点。

(8) 调查一个或数个学校的顽劣儿童，并分析其原因。

(9) 古语："因材施教"，对于各种顽劣儿童应如何分别训练？

第四篇 事 务

第四篇 实验

第十四章

学校建筑与设备

第一节 概说

学校建筑和设备，属于物质的布置，其设施之当否，足以直接影响教育的成败。学校倘有较完善的校舍和设备，不独消极方面可减少一部分行政和训育上的困难，同时积极方面即可大大增进教育的效能。文明国家的儿童和青年，在学校的时间长，学校生活影响其终身生活者深，因之，学校的环境，学校的建筑和设备，倍感重要。

我国人士每怀着一种成见，以为教育只重精神，不重物质，校舍建筑和设备，于是视为无关重要。益以近年来困难重重，教育经费支绌，此项问题更是无人讲求。其实，物质与精神难以分立，学校物质环境的布置，难道与精神良否无关吗？我们研究校舍建筑和设备，并不在一定增加多少经费上的负担，最主要在了解此项重要原则，能运用科学方法随时随地加以改进。我们看到多少学校，校舍建筑堂皇美观，耗去大量金钱，可是并不见得适用。反之，倘主持人懂得建筑的道理，无论新校舍可以建筑得省钱合用,即对旧建筑物如寺庙、宗祠,亦不难好好利用,充分改良。西洋各国对于各种学校建筑的标准,每用法律规定[1],藉使一般人注意。我国政府对此亦曾顾及,但以所定标准过略(见二十五年〔1936〕七月部颁《学校卫生设施标准》),遂亦不能为各校设施的准绳。实际,学校建筑和设备中的种种问题,如校址、校地、校舍的方向、形式、构造、材料,以及光线、温度、湿度及用具等,实在与学生健康和教学效能有关,不可忽略过去,否则贻害必有不可胜言者。

就史的发展上说,古代教育,每不注意学校环境。西洋在古希腊时代尚无正式的学校校舍,只有一种公共的健身房(gymnasium)为讲学、运动、娱乐之所。斯巴达则集儿童于营帐之中,更无所谓学校校舍。罗马习俗,每于街头巷尾,遮一小篷,即为栖息儿童之所。富家子弟则每于私人花园中受教;此在希腊时代亦然。中世纪学校附设于寺院内,乃渐有确定之校舍。18世纪,兰卡斯特(Lancaster)在英国倡导领班制并建筑学校,实开近代校舍建筑的先河。美国第一次仿欧洲样式改建校舍,系在1847年,维时菲尔布里克(J. D. Philbrick)任波士顿某文典学校校长,以德国式校舍为楷模而改造之。小学新校舍的建筑,则始于1848年,校址亦在波士顿市。初时建筑颇为简陋,迨20世纪之初,新式校舍才逐渐建筑起来。迄今欧美各国莫不知其重要,都愿筹集重资,以图研究改良。

教育原是百年大计,校舍建筑,必非仅为目前社会的需要着想,应顾及未来的扩充情形。一般说来,校舍建筑的条件,有下

---

[1] 例如美国纽约州规定每生应占15平方呎的地板面积及200立方呎的空气体积;俄亥俄(Ohio)州规定每小学生应占教室面积18平方呎,每中学生应占教室面积为20平方呎。

第十四章 学校建筑与设备

面几种：（一）满足现实社会的需要；（二）适合实际教育的要求；（三）求其合用、坚固、卫生和美观；（四）应用经济的科学方法；此外尚有最重要的一点，即（五）适合于未来的扩充情形。

英美公立学校建筑校舍，由地方行政机关统筹办理，为普通教育行政的重要部门；我国一般学校则多由学校请领经费，自行建筑，行政当局名义上虽处在监督地位，实亦只有公文上的往来而已。地方小学，如乡学、保学等，则除教育负责人以外，尚须由社会各方人士协助，方克有济。姑无论主办者为谁，倘就整个社会着想，筹建校舍，必当经过下面几个步骤[①]：

一、举行社会和学务调查——由外来专家，或本地校长、教职员主持办理。用科学方法分析本地实际情状的一般。

二、研究本社会的特质——研究所属何种社会：都市的抑乡村的？农业的抑工商的？分析构成本社会的种种因素及交通情形。

三、预料本社会未来的发展——采用科学方法估计本社会（1）未来人口的增加，（2）未来学龄儿童的增加，（3）未来各级学生数的增加。[②]

四、决定本社会教育的需要及适应需要的能力——依据户口调查户口学童估计，可知本地教育的需要，依据本地经济调查，可知本地负担教育经费的能力。

---

① 参看(1) Moehlman, A. B., *Public School Plant Program*, Chap. Ⅲ, Rand McNally And Co., New York. (2) Strayer, G. D. and Engelhardt, N. L., *School Building Problems*, Bureau of Publications, Teachers College, Columbia University, New York.

② 专家如 Burgess、Peal、Carver、Courtis、Strayer and Engelhardt 各有专门技术和精密的计算方法。

五、分析本社会已有校舍及其使用情形——藉知本地各项校舍的需要，以便酌量缓急办理。

六、厘定分期兴建或修理校舍计划——包括校舍种类、校舍标准及筹款方法等。

七、确定所需经费——与专家商定所需建筑经费，并呈官厅核准。

八、选择适当之学校建筑工程师——依据专家所定标准选择合格的工程师。

九、施工手续——约分六步：

（1）察勘校址——依据调查所得，参合教育及卫生原理，选择适当地点为校址。

（2）绘画图样——这虽是一种专门的工作非请教工程师不可，但亦不能完全付托工程师。最好学校先依计划，制成草图，然后请工程师据着绘成正式图样。

（3）订定施工细则——施工细则贵详明适用，不可含糊或简略，致包工者易于作弊。

（4）招工投标——用此法选取包工，不可受主观的影响，并得到较便宜的价目；但对于公司串通作弊及冒保投标等情仍不可不防。

（5）实行建筑——实行与工时，学校应派干员监工，注意工匠是否遵照施工细则办理。

（6）验收与保固——依规定公立学校校舍建筑完竣，应呈请官厅验收；验收后同时由工厂出具保固证书，手续才算完毕。①

---

① 参看李清悚：《小学行政》，中华，第四章第三节所引《南京市立中区实验学校建筑和平博爱二院施工细则》、《招工投标章程》及《保固证书》。

(7) 保险——学校建筑物重要者必须保火险，以防万一，而策安全。

第二节 校舍的建筑

校舍建筑一举，应分设计和执行两部：设计方面可由学校各部有关人员及专家组织委员会处理之。事务主任只管执行，不能负全部建筑责任。不过对于校舍建筑的各方面，校长及各部负责人员都应有相当知识——至于地方教育行政人员更不必说。

一、地点　地点应适中，便于学生上学。依专家研究，学生家庭与学校距离，幼稚园，小于半哩[①]；小学，半哩；初级中学，一哩；高级中学，二哩。图示如下[②]：

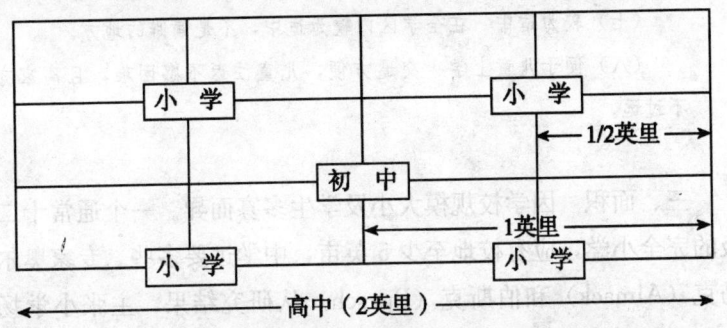

二、场地　美国教育协会校舍计划委员会（The Committee on shool House Planning of the National Education Association）所定各项要质如下：

（一）场地空旷充足：

---

① 〔责编注〕：哩为英里的旧称。
② 看 Moehlman, A. B., *Pubic School Plant Program*, pp. 132-139.

(1) 便于现建校舍及其未来的扩充。

(2) 便于各项校舍的分布及避去市井的尘嚣。

(3) 便于学生户外运动及体育的举行。

(4) 便于校园的设置。

（二）校舍方向适宜　多数教室应获有充足的阳光，场地选择时宜注意及此。

（三）避免嘈杂声音与臭味　学校不可设在近于铁道、汽油站、工厂及其他恶声恶臭所在地。

（四）建筑上的便利　低地湿地不宜，石地足使建筑费增加，亦不宜。

（五）安全　学校须设在安全地带，小学尤甚。

（六）卫生　易获取新鲜的空气及充足的阳光，并避去尘嚣及臭味，凡此皆于卫生有重大关系。

（七）较为适中　在全学区内较为适中，不是偏僻的地方。

（八）便于儿童上学　交通方便，儿童往返不感困难，且离家亦不过远。

三、面积　因学校规模大小及学生多寡而异。一个通常十二级的完全小学，应有校地至少 5 英亩，中学远要多些。专家奥尔马克（Almack）和伯斯克（Bursch）从研究结果，主张小学场地面积为 12 英亩，联立学校和中学为 20 英亩。一切学校场地面积至少为 10 英亩。① 场地中除校舍外，包括有球场、运动场、学校园及其他空地。

四、方向　方向问题各家主张不一，斯特雷耶氏以东南向最宜，东、西、南次之，北向最不宜。

---

① 见 Almack, J. C. and Bursch, J. F., *The Administration of Consolidated and Village Schools*, p. 106.

五、形式　小学校舍宜用平屋。若因地面狭小，非建楼屋不可时，亦当多设坚固而宽阔的楼梯，高级学生使居楼上，低级学生使居楼下。楼屋的长处，一可以经济地面，二可以节省建筑费，三则可以免去潮湿。不过小学生升降不便，且难免有颠坠危险，故仍以平屋为宜。

无论楼屋或平屋，通常所采形式有一字形、二字形、三字形、工字形、凸字形、凹字形、口字形及 H 或 U 形等种，各有特点，未可一概而论。校舍形式的决定，与地方环境及气候大有关系。笔者参观丹麦学校时，见其新建校舍，皆用长方形，稍弯曲面南，为欲多吸阳光故也。当局曾告我，据埃及参观人言，该国校舍建筑，其形式适与此相反。校舍形式与气候的关系可想而知了。不论采用何种形式，屋与屋间的距离，至少须等于该屋的高度，以便光线射入；同时并须注意衔接与安全及未来的扩充。

六、材料　美国建筑研究所（The American Institute of Architects）曾按材料性质分校舍建筑为五类：

第一类（type A）完全防火（屋顶、门窗、楼板、地板均在内），钢骨水泥，费用最贵。

第二类（type B）部分防火（墙壁、楼板、楼梯等），地板木质，费用次贵。

第三类（type C）部分防火（只走廊及楼梯），砖墙，余为普通材料，费用较廉。

第四类（type D）石墙，余为普通材料，不能防火，费用更廉。

第五类（type E）材料最劣，屋基石或木，屋顶材料一半防火，费用最廉。

如为安全起见，自以第一类最好，倘一时为经济所限，不能办到，得酌用第二、三、四数类，末类材料最不宜用。此在招标包工时，当倍加注意。

七、分配　一个学校的校舍，究竟应占全面积的几分之几。各种校舍的分配情形如何，大约有两种制度可以拿来估计，即是百分制和单位制。

甲、百分制　据美国教育协会校舍计划委员会所规定，各项校舍分配标准如次：

校舍种类	占全校面积百分比
墙壁	10
烟囱	3
楼梯及走廊	20
附属建筑	1
行政	16
教学	50

程其保、沈縻渊二氏在所著《小学行政概要》（商务）上也曾介绍一种分配法：

校舍种类	占全校面积百分比
教室	50
办公室	12
交通（楼梯等）	20
墙壁	10
其他	8

乙、单位制　以美国宾夕法尼亚（Pennsylvania）州所订的

学校校舍分配标准表[1]为例：

表15 美国宾夕法尼亚州学校校舍分配标准表

项别	室别		单位
普通	十六间教室		16
家事经济	混合教室	一	
	幼稚园教室	一	
	幼稚园换衣室	一	1.25
	幼稚园厕所	一	
	幼稚园工作室	一	
	缝纫室	一	
	用具室	一	
	换衣室及储藏室	一	1.25
	模范寝室	一	
	家事室	一	
	换衣室及储藏室	一	1.25
	伙食室	一	
	模范食堂	一	
工艺	工具室	一	
	换衣室及储藏室	一	1.5
	储藏室	一	
	实验室	一	
练训	绘图室		
	换衣室及储藏室		1
	储藏室		

---

[1] 据李清悚：《小学行政》，第101页所引；表见 Ayres, M., Williams, J. F. and Wood, T. D., *Healthful School*.

其他	会议室	1
	公共办公室	
	私人办公室	
	藏书室	2
	医药室	
	教员室	
	杂品储藏室	
	男生游戏室	2
	女生游戏室	2
	大会堂一（能容700人）	
	游戏场二个，每场110,000方呎	

单位制的特点在把每一教室作一单位计算。所谓一教室一单位者，系指教室的面积而言，如一教室以600方呎为一单位，则"1.5"就等于900方呎，余类推。

八、校舍的内容　依《修正小学规程》第三十七条："小学应有运动场、工场、或农场校园，其面积均需足敷应用。"（教室似无特殊规定）可谓简单之极。又按《修正中学规程》第四十四条，中学应具备下列各重要场所：

(1) 普通课室。(2) 特别课室（物理、化学、生物、图画、音乐等科用）。(3) 工场、农场、合作社或家事实习室。(4) 运动场（如属可能，应备体育馆）。(5) 图书馆或图书室。(6) 仪器、药品、标本、图表室。(7) 体育器械室。(8) 自习室。(9) 会堂。(10) 学生成绩陈列室。(11) 课外活动作业室。(12) 办公室。(13) 学生寝室。(14) 教职员寝室（如属可能，应备教职员住宅）。(15) 膳室。(16) 浴室。(17) 储藏室。(18) 校园。(19) 其他。

下面我们讨论几种较重要的校舍建筑：

一、教室　教室直接关系教学，故最宜注意。约可分为普通教室和特别教室两种：普通教室以容 30 至 50 人为度，特别教室所容人数更多或更少。此处我们讨论普通教室的一般标准：

（甲）容量　美国纽约州法律规定每生应占 15 平方呎的地板面积和 200 立方呎的空气量，专家也很赞同。假定一级学生 40 至 50 人，其呎度标准如次：

长度	宽度	高度
36 呎	24 呎	13 呎
32 呎	24 呎	13 呎
28 呎	23 呎	12 呎

关于教室大小，应注意下列几种情形：
(1) 室中最后排学生，能听清教师的语言无困难。
(2) 最后排学生发言，教师能听清楚。
(3) 最后排学生能看清黑板上的字和壁上悬的图。
(4) 教师监察全班学生活动，毫无困难。

（乙）光线
(1) 光线宜从左方射入；遇光线不足时，得采对面副光。
(2) 窗的总面积宜占教室地板 1/4 至 1/5；上距天花板五吋[①]至八吋，下离地板三呎（小学）至四呎（中学）。窗头宜平直，不宜曲折或尖锐。两窗间距离愈近愈佳，通常在一呎至两呎之间。蔽窗宜用幔；平时卷起，烈日直射时则舒之。
(3) 教室近黑板一端，应有七呎至九呎的实墙，以防光线直射黑板，损害儿童目光。

---

① 〔责编注〕：吋为英寸的旧称。

(4) 教室以东南向最佳，南向、东向次之。西向教室低级可用，因其完课较早，可不受西来阳光的虐晒。北向教室可作图画、工艺、音乐等科教学之用；因其光线较弱，但少变动，平均而持久，作画便利，劳作唱歌亦宜。但不可用为普通教室。

(5) 光线不可直射在儿童面上或其前面墙壁上；因此不独易惹人疲乏，且将损害彼等视力。

(6) 墙的颜色，除天花板宜白色便光线反射外，余以淡青或暗黄为宜，纯白色则反射光线过强，红蓝等色亦易倦目。

（丙）空气　空气不独有关卫生，且影响学习的效能，其重要尽人知之。人们提倡露天教学，或主学校设在乡间，无非想获得清新和充足的空气。教室需要空气，要点有二：(1) 充足，(2) 流通。

(1) 充足　大约9岁以下的儿童每人应有200立方呎的空气量；9岁至12岁，每人应有250立方呎的空气量。美国马萨诸塞（Massachusetts）州规定每生每分钟在教室内至少要有35立方呎的清鲜空气。

(2) 流通　空气流通尤为重要；腐败空气为害甚烈。空气的清鲜与否，卫生家每以所含碳酸素多寡来决定：标准的清鲜空气，为含碳酸0.4%者。（通常0.6%还可以用；如经燃烧或呼吸过久达到1.2%或1.4%者则有害矣。）清鲜的空气不但可防止贫血症和肺病，且可强旺精神，增加快乐。

外国新式的校舍，都有人工通气的设备，每数分钟流通一次。我国学校（少数除外）一时虽谈不上，救济方法，惟有常常开窗，流通空气而已。"但天气严寒，上课若复开窗，温度必得愈低，亦非所宜。如是只能在上下课后大开窗户，使流通一次。"所以教室最好用两节窗，上节或下节开放，一视情形而定。

（丁）温度与湿度　实验心理学证明温度与湿度影响于学习

的效率很大，其重要实不亚于空气。教室温度宜在华氏66度至68度之间（标准温度为68°F）；湿度宜保持70%左右。但据"希尔（A. V. Hill）的实验、测定，以及日本林鬑博士研究，则温度高低须与湿度大小成反比：温度摄氏17.5度与湿度65%，温度摄氏20度与湿度50%，温度摄氏25度与湿度20%，皆能使人觉快适，谓之快感线。故夏季温度高，湿度宜小，冬季温度低，湿度宜大。"[①]

教室宜设寒暑表以验温度的升降，设备良好的学校，冬日装有热气管，一以保持室内相当的温度，同时可免除空气干燥的害处。我国学校多因限于经费，不能有此设备，可于室内装置火炉，置水壶于上，借维相当的湿度。

（戊）附室　教室应有附室，为换衣储物之用，小学低级尤不可少。

二、实验室　实验室最好和普通教室分开而与本科仪器标本室相连（笔者所见欧洲著名中小学，多是这种布置）。大小应与学生人数成比例，其建筑须特别坚固，并注意火险。

三、艺术教室　图画教室应有写生架、黑板、教桌、石膏模及他项美术品；上面应有天窗；壁间悬名画、名人肖像及学生成绩。音乐教室应较大，能容学生多人，备有钢琴或风琴及其他乐器，五线谱的黑板等。校中房间不足，可用经济办法，音乐教室利用大会堂的前端，图画教室则与实验室合用。

四、劳作室　小学和初中的劳作科，包括工艺、农事、家政等类，亦当有特殊教室和实验场所。工场所在地亦以离普通教室稍远为宜，借防声音的冲突。其中设备应依工作的种类（金、

---

① 参阅《新中华》第3卷第16期《体温的知识》及李清悚：《小学行政》，第99页。

木、土、藤、竹）而定。农事可借生物教室及农田为实习，备有各种农器与标本。家政亦应有特殊之挂图、模型、缝衣机、医药室及厨室等设备。

五、图书馆　地点应在全校中心而宽敞幽静所在。房间至少有书库和阅览室各一（办公室与书库合并，辟一窗为借书处）。房屋多者可分设办公室、书库、阅览室、阅报室及参考室等。阅览室大小，以能容全校 1/4 为度，每人应占地面 20 方呎。

六、体育场及健身房　一般中小学类皆有体育场；地应坚固、多沙、易干。规模较大的学校，则应有健身房的建筑，充学生阴雨、暑季运动游戏之用。其地点以接近操场在平地为宜，长与阔为 3：2，窗的面积与地面为 20：25。三面开窗以通空气。房内能附设沐浴室、更衣室及储物室更好。

七、大礼堂　以容全体师生为度，能稍超过之尤佳。每人应占地面约 7 方呎。礼堂的构造，要注意形式方正，地板无声，座位足用，位置适宜，交通便利。设有太平门、走道。平常以用水平地板为宜，能铺地毯或席子尤佳。座位应能活动，便于适应。对于声学上应有特殊的设备；障碍视线的柱子要除去。礼堂中的演台高约 3 呎半至 4 呎。台的弧至少要有 30 呎，深度要有 15 呎。台的两翼，要设化装室。

八、办公室（见前）。

九、寝室　学生寝室当注重清洁，空气应流通，墙壁宜白色。地板应油漆，便于拖扫。床铺最好是铁架钢丝床，可免臭虫。全室床铺排列应对整，养成整洁纪律的习惯。寝室内只置小桌一具，安放电台及他项临时用具，非为学生自习之用。床下不宜放箱篮，以免屯积灰尘。室内不宜藏有乐器，学生好玩弄者，可至音乐室玩弄。

十、膳堂和厨房　外国学校（中国教会学校）对此甚为讲究。我国一般学校则多忽略，成为最不清洁的所在，有妨学校卫生。事务主任宜常加监督注意。年年修理，月月扫除，膳堂应有美化的布置，饭桌应揩清爽，故须漆过者。厨室中烟囱应有相当高度，取水和去水之处，应便利而清洁。

外如医药室、调养室、盥洗室、浴室及厕所等，其建筑和布置各有其特别注意之点，学者可参考校舍建筑专书。

校舍建筑固属重要，其维持却亦不可忽略。按校舍建筑损坏的原因，大约有四：一为久用之故；二因自身的损坏；三不适用，为时代所淘汰；四则意外不测之事。此种损坏，除意外不测者外，建筑管理得法，便可免除大部分。但无论如何，损坏总是不可免的——校舍逐年损坏的程度可列公式计算出来。我们纵无法避去损坏，但至少可使其维持稍久，把校舍年龄延长若干时。其法在（1）平时教导学生爱护校产；（2）经常检查，一经发现部分的损坏，即行修理。①

关于校舍建筑的测量，美国斯特雷耶和恩格尔哈特二氏曾制有两种记分表：（1）Strayer-Engelhardt Score Card for Elementary School Building，为小学校舍用；（2）Strayer-Engelhardt Score Card for High School Building，为中学校舍用。两者皆有详细说明书，由 Teachers College, Columbia University, New York 出版。我国陈鹤琴先生最近亦曾刊行一种《小学标准校舍》，可参看。

研究问题

（1）参观一个小学（或中学），注意其校舍建筑的一般情况，一一记载之，并建议改良意见。

---

① 参看张文昌、黄式金：《中学行政概论》，世界，第154-156页。

(2) 试用斯特雷耶和恩格尔哈特校舍记分表(译文看程其保、沈廪渊：《小学行政概要》，第271页至278页，以及邱爽秋：《教育调查应用表格》)评衡一个学校(小学或中学)的校舍建筑，或比较两个学校的校舍建筑。

(3) 试依本章所述标准，绘出一个教室建筑的略图。

(4) 论学校环境的重要及其选择要点。

(5) 为一新设之中心学校(小学十二级，外如女班、成人班各三级)计划建筑一校舍，包括场地、校址、校舍形式、内容及预算等。(可由数人合作。)

(6) 依前法为新办之县立初级中学(至少六班)拟一详细建筑计划。

(7) 详论建筑工程师的选择手续和方法。(参考1. Strayer, G. D. and Engelhardt, N. L., *School Building Problems*, Sections Ⅴ, Ⅵ. 2. Reeder, W. G., *Fundamentals of Public School Administration*, Chap. Ⅹ.)

(8) 在学校建筑的全过程中，事务主任应占何种地位？他的主要任务为何？

(9) 试依本人经验提出筹建校舍时应特别注意之点。

第十五章

学校建筑与设备（续）

第三节 校舍的利用

校舍的建筑，诚然应该讲究，校舍的利用，更是不可忽略。已有的校舍倘未能好好利用，坐使其空闲，或未经公开让社会人士借用，都算是很大的浪费。

莫费特（E. L. Morphet）研究美国学校校舍利用的情形，发现在所调查之注册学生 800～1000 的学校若干所中，平均校舍利用率为 70%，最低率为 57%，最高率为 78%。[①] 事实上一般学校校舍利用率，多只为 30%、40%或 50%（据 Reeder）。美国人是最讲效率的，其校舍利用率尚如此低下。我国虽尚无此种统计，但依推测，校舍利用率的低下当有过之，其为不经济，可不待言。

---

① Morphet, E. L., *The Measurement and Interpretation of School Building Utilization*, Bureau of Publications, Teachers College, Columbia University, p. 83.

学校虽不像工厂1年12月，1日12时，工作不停，厂舍无空闲之机；但在可能性范围内，应把校舍充分利用，少使闲着才好。如何可使校舍充分利用？这与校舍建筑计划，学级编制及日课表的排列很有关系。校舍建筑之先，须有远大的目光，调查社会的需要，估量学龄儿童的增加及地方担负经济的能力等，前面已经说过。等到这些问题答复了，便知道需要多少校舍。"美国有一教育局长，初因该处闹着校舍不够，经他一调查，知道各校中都有空教室，或教室一天用的很少，而且每班容量很少，经他把程度相等的学生合并，每一教室每一级多利用。这样一来，立刻即可容1,500个学生，省了625,000元的经费。"[1] 是一个很好的例子。

编日课表时应注意：各教室的座位数和容量，各级的人数，各时间内的利用或不利用及每周之利用比率等。下面是个实例[2]。

表16　中学校舍容量与校舍应用的关系表

室别	坐位数	＊每周坐位数	每周实际坐量	应占百分比
1号教室	40	1,600	1,155	72.18
2号教室	29	1,160	685	59.05
3号教室	40	1,600	1,090	68.12
5号教室	24	960	580	60.41

---

[1]　张文昌译：《学校行政原理与实际》，南国，第180页（原见Reeder, *The Fundamentals of Public School Administration*, p. 216.）及张文昌、黄式金：《中学行政概论》，世界，第158页。

[2]　Reeder, W. G., *Fundamentals of Public School Administration*, pp. 216-218.

7号教室	40	1,600	1,030	64.37
8号教室	40	1,600	1,090	68.12
9号生物实验室	30	1,200	235	19.59
10号教室	33	1,320	807	61.13
11号化学实验室	24	960	120	12.50
12号物理实验室	24	960	128	13.33
14号教室	33	1,320	856	64.84
19号教室	40	1,600	1,055	65.93
20号教室	28	1,120	329	29.37
21号教室	40	1,600	1,120	70.00
23号教室	24	960	664	69.16
25号教室	24	960	795	82.81
26号礼堂	768	30,720	5,513	17.94
27号教室	27	1,080	720	66.66
28号教室	29	1,160	778	67.06
29号簿记室	28	1,120	940	83.92
30号教室	23	920	920	100.00
31号打字室	28	1,120	676	60.35
36号缝纫室	24	960	510	53.12
37号烹饪室	24	960	450	46.87
43号膳堂	90	3,600	600	16.66
45号用器画室	30	1,200	530	44.16
48号手工室	30	1,200	240	20.00
健身房	50	2,000	867	43.35
健身房露台	300	12,000		

合计	1,964	78,560	24,483	31.16
健身房露台、礼堂、膳堂除外	756	30,240	18,370	60.75

* 本行各数系以每周上课时数 40 分乘得。

表中显示第 9 号生物实验室利用率最低只占 19.59%；第 30 号教室利用率最高已占 100%。该校每日上课 8 节，每周上课 5 日。

我们若把全校房屋每周利用次数，逐日按节统计出来，绘成下图（图 13），那更一目了然了。①

图 13　一个初级中学每周各室使用及不用分配图

星期	节次＼室别	一〇	一一	一三	一四	一五	一六	一七	一八	二〇	二一	二四	二五	二六	二七	二八	二九	自习室	武术室	健身房	烹饪室	缝纫室	手工室	用器画室	大礼堂	膳堂
一	1	●	●	○	●	●	○	●	●	●	●	○	●	●	○	●	●	●	○	●	●	○	○	○	○	○
	2	○	●	●	●	○	○	●	○	●	●	●	●	●	○	●	●	●	○	●	○	●	●	○	○	○
	3	●	○	●	●	●	●	●	○	○	●	●	●	●	○	○	●	●	○	●	●	○	●	○	○	◒
	4	●	●	●	●	●	○	○	○	●	●	●	●	●	○	●	●	●	○	●	○	●	●	○	○	◓
	5	●	●	●	●	●	●	●	●	●	○	○	○	●	●	○	●	●	○	●	●	○	●	○	○	○
	6	●	●	●	○	●	●	●	●	●	●	○	●	○	●	●	○	●	○	●	○	●	●	○	○	○

① Reeder, W. G., *Fundamentals of Public School Administration*, p. 219. 原见 Ohio State University, *Educational Research Bulletin*, Vol. Ⅷ, March 6, 1929, p. 92.

第十五章 学校建筑与设备（续）

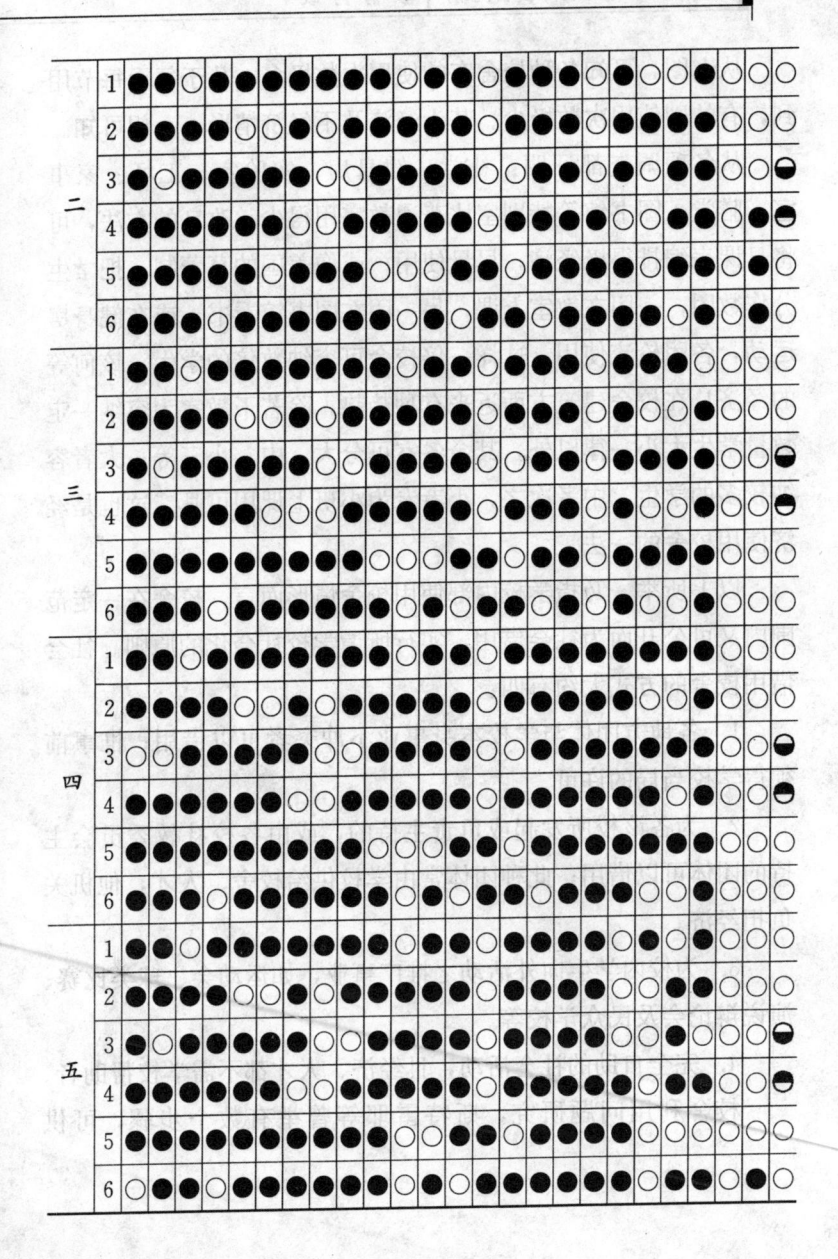

215

从上图，可知各种校舍有的使用次数极多，几于每天每节用到，有的则使用次数极少。其为经济及不经济情形，一望可知。

从各项调查都证明：礼堂、健身房、实验室、工场、家事室、膳堂、图书馆等特别室比普通教室用得少。改良的方法，可将日课表编排得极经济，尽量使用；或像美国的葛蕾制，把学生分作数团，一团在教室上课，另一团在图书馆看书，或在健身房运动，各团轮流使用，这样一倍校舍可容纳数倍的学生，该何等的经济！在校舍建筑方面近来有种趋势，除若干教室为容纳一定数量学生大小一律以外，其余各室可分大、中、小三等；大者容纳较多的学生，中者次之，小者专为小班上课用可耳。这也是经济使用校舍的一法。

以上所举，乃指学校内部使用校舍情形而言，校舍在一定范围内又可公开而为社会借用，实行所谓学校社会化的原则。社会借用校舍的方式大约有四：

1. 各地方团体与学校本身事业不冲突者可以借用；惟事前须得学校当局的许可。

2. 为各该校所发起或负责主持的，或由各校社教委员会主持的团体可以借用；此种团体常由学校供给校舍、人才，他机关负担经济。

3. 为校内学生向外活动之推广事业，如运动会、球类比赛、演说辩论会及民众学校等。

4. 完全自助的社会活动，且经济、人才都不需学校帮助者。

校舍利用问题研究，斯特雷耶等曾举有数个步骤，可供参考①：

1. 搜集重要材料，为校舍利用比率之比较研究的张本。
2. 求出全校舍各项房屋使用的百分比。
3. 从此百分比中研究：
(1) 甲校舍各室之利用与乙校舍比较如何。
(2) 何种房屋使用次数最多。
(3) 各室使用次数特多及特少的原因何在。
(4) 欲使房屋使用次数加多，在校舍设备和行政上应有何种措施。
4. 分析每日、每节校舍利用的详情。
5. 根据客观材料对行政当局为相当改进的建议。

第四节 学校设备

学校设备，种类甚多，难以枚举，姑择其较重要者言之：

一、教学方面的设备

依《修正中学规程》第四十六条："各科教学之仪器、药品、标本、图表、机械、器件等，须具备足敷各科教学之用。""前项设备中之仪器、标本、图表等能自制者，应尽量由教员、学生共同制作。"怎样才算敷用？怎样便是不敷用呢？似乎没有什么标准可凭的。

斯特雷耶氏曾调查多数完备的普通教室，将其各种应具的设

---

① 见 Engelhardt, N. L. and Engelhardt, F., *Planning School Building Programs*, Bureau of Publications, Teachers College, Columbia University, New York, pp. 273-274.

备胪列之成下表①:

> 国旗、铃、橡皮圈、吸墨纸、图画板、参考书、教科书、书架、书箱、刷子、布告板、厚纸片、教师用椅、学生用椅、参观者用椅、黑炭、纸夹、钟、规板、铅粉笔、窗帷、桌子、字典架、图画器具、橡皮、地图、小针钉、墨水瓶、刀、量尺、杂记簿、零用纸、图画纸、胶水、笔、铅笔、留声机及附品图画照片、长木杆、课程计划簿、反映机、沙纸、沙桌、剪刀、铅笔刀、窗栏、海绵、置伞处、寒暑表、字纸篓。

霍尔顿（Holton）与斯塔克兰（Stuckland）又曾规定一种"教学用具标准记分表"，并附以说明。兹将该"记分表"录下，以资参考：

教学用具标准记分表（最多为 500 分）

项目	标准	实得
一、普通方面	（300 分）	
（1）免费教科书	60	
（2）地图地球及表	25	
（3）书架	20	
（4）陈列用具	20	
（5）图书	80	
（a）选择	20	
（b）分类	10	

---

① 据程其保、沈廪渊：《小学行政概要》，商务，第 282～283 页所引。

(c) 参考书	20
（一）字典类	10
（二）百科类	10
(d) 各种书报	30
(6) 音乐用具	40
(a) 器具	25
(b) 音乐书籍	15
(7) 图画与装饰	25
(8) 职业陈设	15
(9) 各种度量器	15
二、特殊方面	（200分）
(1) 初级生用	45
(a) 沙台	20
(b) 方块厚纸片等	25
(2) 家事科用	65
(a) 烹饪	25
（一）炉	15
（二）器皿	10
(b) 盘碗等	10
(c) 桌子	5
(d) 柜	10
(e) 缝纫用具	15
(3) 手工科用	40
(a) 器具	25
(b) 工作凳	15

（4）自然科学用	25	
（5）其他特殊科用	25	
共计	500	

外有"记分表的说明"①，使用时必须参照。

教室用具　可分下列数种：

（一）学生桌椅　学生用桌与学生身体发育及健康大有关系，宜注意下列各点：

（1）桌椅的高低，宜随学生年龄大小和身材高矮而异。大抵桌高应占学生高度 3/7，低年级加半吋，高年级加一吋。椅高应占学生高度 2/7。每学期测量数次以求适应妥善。

（2）椅面应略呈凹形，椅背在两肩之下。桌椅两面相重约两吋。

（3）各教室椅桌形式不必一律，视各种作业性质而定：如读书桌面宜倾斜 45 度，工艺室宜平桌，实验室长桌，会议室及礼堂则取听讲席之式样（桌椅合而为一）。

（4）桌位须单人分开，便各人起立进出，不相妨碍；非不得已不宜用双人连合的桌位。

（5）椅背须能适应背脊之弯曲度，椅面坐板尤必合于卫生。

（6）椅桌须构造坚固耐久，而不沾积尘。

（7）表面油漆须卫生清洁而美观。

（8）置书物之抽屉，须不易沾积尘而便于关锁。

（9）不多占室内面积，易于移动而无声。

为欲适合上述条件，只有使用如图所示之活动桌椅。"此种

---

① 详程其保、沈廪渊：《小学行政概要》，商务，第 284～286 页。

桌椅为钢铁所造,椅足包有橡皮。椅面可以上下左右自由转动,以适应各种作业,椅背亦合于卫生。收合之又可作集会堂之用。"惟此种设备,价值甚昂,普通小学不易购置。故欲经济而易于制造,则可以木料为之。

图14 一个标准桌椅

关于教室桌椅的设置,陈鹤琴氏曾定简单标准数条:

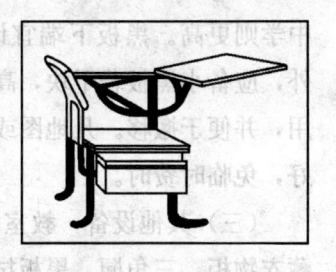

(A) 适用:

(一) 高低适宜,与学生身材成相当的比例。

(二) 大小适宜,与学生身材成相当的比例。

(三) 曲直适宜,与学生的姿势相称。

(四) 合于卫生,易于洗濯抹拭。

(五) 轻便灵巧。

(B) 坚实:

(一) 质料坚实。

(二) 制造坚实。

(C) 经济:

(一) 地位经济,不多占地,易于排列。

(二) 颜色耐久,不易沾污。

(三) 形式美观、灵便、有变化、不呆板。[1]

(二) 黑板 黑板宜平滑无光,颜色深浅一致,质料坚固,易于洗擦。故以石板为最良,次为毛玻璃;但因过昂,通常以木材为之。黑板距地面高度,初小约二十四吋,高小约二十六吋,

---

[1] 据李清悚:《小学行政》,中华,第128～129页所引。

中学则更高。黑板下端宜设槽，以聚存粉屑。教室除大黑板以外，应备小黑板若干块，高约二呎半，阔二呎，板稍薄，两面可用，并便于搬移。凡地图或较细的图画，不妨在小黑板上事前绘好，免临时费时。

（三）其他设备　教室除桌椅黑板以外，尚有其他设备，如藏衣物柜、三角橱、黑板拭、注水壶及盛墨器等，皆当注意经济和卫生等条件。

教科用具　分图表、书籍及标本仪器等项：

（一）图表　选制宜适当。标准有五：（1）内容新颖。（2）详略适度。（3）每一图中只含题目一个——书坊流行挂图，多含若干个，故不适用。（4）学生不因颜色而忽略内容。（5）经济。能自制者以自制为佳。

（二）书籍　包括教科书、参考书、补充教材及儿童用书等。书籍采集宜广博扼要，陈设宜便利，编目宜简明，保存宜妥善。

（三）标本仪器及其他　标本仪器除精密的不能自做，非购买不可外，能自做的，以师生合做为佳。德国教师之自制仪器（作者曾亲自见着），世人多艳称之；我国学校何尝没有呢？[①]今后我国中小学皆应提倡自制仪器，多与工艺制造联络。标本亦然。

二、安全方面的设备

火险设备至为重要。据数年前调查，美国学校每年平均损失于火灾者，凡百万美金以上，诚属骇人听闻。我国学校，对防火的设备，素不注意，其损失之巨，更无待言。防火之事，应注意者：

[①]　例如南京中区实验学校因无款购买仪器，曾由该校自然科教员吉厚符君用普通习见材料，做成仪器一百四十余种，颇为合用。

(1) 校内重要场所，应多设避火器具。

(2) 校内设置贮水池或太平桶，惟须不时清理。

(3) 各室安置防火筒，校内并备救火机。

(4) 平时常举行避火练习，以免临时仓皇。

此外，建筑校舍时尚宜顾及数端：（1）教室和办公室等必须与厨室及校工室隔开。（2）若为楼屋，则应多设坚固之楼梯（石梯最好），沿梯左右均置有栏。（3）各室门户最宜用防火材料制成，并向外开放，便遇火灾时易于逃避。

三、体育方面的设备

小学除柔软操应有各具以外，应多备游戏运动及玩具等物。分别说来：

(1) 球类——如篮球、网球、足球、队球等。

(2) 玩具类——如积木、小汽车及各种活动模型。

(3) 器械类——如木马、滑梯、秋千、双杆、平台、跷跷板、浪船、浪桥、爬绳、哑铃、球杆等。

中学厉行军事训练和军事管理，则当有种种特殊的设备。

四、美术方面的设备

学校不仅是读书的场所，也是涵养美感的场所。故凡美术、图书、花木、园圃等等，皆应视为必要的设备，可依一校经济的状况为适当的布置。再在娱乐方面亦应有若干的设备，如棋具、乐具及无线电收音机等都很重要。收音机并可公之于众，以示"同乐"。

至一切办公用具，已见前篇。

学校设备上所有各物，该谁负责购办呢？

在美国，希尔（Heer）氏曾作一重要调查，结果：在 54 个都市中各校自行购办（如学生用椅桌及储衣柜等）不经董事会或教育局核准者，凡 11 市，占总数 20.4%；由校方拟办但须经董事会核准者，凡21市，占总数38.9%；由教育局长提议经董事会核准者，凡15市，占总数27.8%；仅由教育局长核准不经董事会者，凡7市，占总数12.9%。关于实验仪器的购办，在所调查之55市中，其由各校自行购备，不经董事会或教育局长核准者，凡13市，占全数23.6%；由校方事务人员拟办再经董事会核准者，凡13市，占全数23.6%；由教育局长建议再经董事会核准者，凡20市，占全数36.4%；只由教育局长核准不经董事会者，凡9市，占全数16.4%。①

我国一般学校多由校方先向官厅呈请临时设备费，俟核准数量后，即由学校自行购办。

综述学校建筑和设备的重要原则——学校建筑和设备的事项很多，不能一一缕述，综述其原则如下：

一、多变化　学校环境布置无变化，则不能引起新的动机，便少教育的意味。一个简单的皮球，几块积木，小学生百玩不厌，就因为是多变化的原故。

二、合卫生　如校舍建筑之采光、通气及保持室内适当的温度、湿度等，一方面合于卫生，同时即可提高教育的效能。

三、适于学生身心的发展　凡桌椅的配置，黑板的悬挂，图书仪器的采集，以及教室、实验室各件的布置等，俱当顾到这层。

四、具有艺术的意味　校舍建筑和设备都该具有艺术的意味，期于无形中培养学生的审美力。

五、经济　我们不能有人家那么多的金钱可以阔用，非十分

---

①　详 Heer, A. L., *The Present Status of Business Executives in Public Schools of the United States in Cities of 25,000 and More Inhabitants*, Kent State Normal College, Kent, Ohio, pp. 103-109.

讲求经济不可。所谓经济，指省钱而效率高，决非省钱了事。例如乡村小学用了野果，穿上树叶，放在墙上，俨然一种极好的装饰品。又如把两根粗绳，拴在一棵大树上，就是一具天然的秋千架。诸如此类的例还多，只要我们善于随时随地利用就是。

六、坚固　校舍建筑费花得很多，不一定就坚固。校舍要坚固，学生用的桌椅也要坚固，一切建筑设备俱要坚固，坚固才能耐用，理由是十分明显的。

七、安全　坚固的东西，像一把刀，儿童玩了就有危险。高矮不合的椅子，纵然坚固，坐久了却会使儿童曲背，都是不安全的。所以坚固以外，还当加上这个限制。

八、儿童化　小学诸般布置都当儿童化。成人用的红木实座、沙发椅子，纵然十分阔绰；但自儿童看去，远不如一只小板凳的有趣。[①]

研究问题

(1) 校舍的利用何以是重要的？试详述其重要理由。

(2) 测量校舍的利用率，现时有何种科学的工具可以应用？试就所知以对。

(3) 试就事业说明我国学校校舍未能充分利用的情形。

(4) 外国学校校舍利用的情形怎样？

(5) 专家对于学校设备的客观研究，最近有何可举者，试就所知以对。

(6) 调查一省的初级中学（或高级中学），统计其各方共有的设备，加以解释（数人合作亦可）。

(7) 试就客观事业拟制一个小学设备的至低标准（数人合作亦可）。

(8) 述学校建筑设备的重要原则。

---

① 参看罗廷光：《教育通论》，中华，第五章。

第十六章

学校经费管理

第一节 学校经费的支配

学校的经费大别有三种：一是开办费，二是经常费，三是临时费。

一、开办费 学校开办之初，首须筹划开办费，从购置地皮以至于建筑、设备等都是。开办费必须宽筹，便入手打定个好基础，免后来补苴罅隙，白讨来许多烦恼。开办费约分三种：

（1）购地费 在公家用土地征收法时，此种费用或可较省，但现时仍须照价付值。地的价格高低一视地点及面积大小而定。一个学校所购的地面，除注意环境选择外，还当顾及目前应用和未来的发展。

（2）建筑费 欧美学校，多有很好的校舍，其建筑费所耗甚巨（美国小学建筑费之满百万元很是普通），为的要替学校奠定一个永久的基础。美国校舍建筑款项，多由地方担负。遇力不足时，则筹募地方公债，分年偿还。我国地方学校多数借用公家房屋庙宇，或租赁民房，其不适用，固无待言。故今后学校经费的支配，非着重这点不可。

（3）设备费　设备费的重要，也不减于建筑费。各项设备凡教学行政上所不可少的（前已详为讨论），皆宜于开校时置备。所以这项费用也算开办费，也当于事前充分筹划。

各项开办费应该怎样支配？依《修正小学规程》，小学"校舍建筑及设备两项，应为六与四或七与三之比"。中学则无此种规定。要看实际需要情形如何。

二、经常费　学校经常费通常分为下列数项：

薪工——包括教职员薪俸，校工工资。

办公费——包括纸张、笔墨、簿籍、邮电、灯火、茶水、薪炭、印刷、租赁及房屋修缮等。

购置费——包括图书仪器、标本及各项器具。

特别费——如教职员考察费、学生参观费及保险费等。

依《修正小学规程》第十七条："小学经常费支配，应以如下百分比为原则：教职员俸金约百分之七十；图书仪器、运动器具、教具等设备费及卫生费，约百分之十五；实验文具、水电、薪炭等消耗费，约百分之九；旅行保险等特别费，约百分之三；预备费约百分之三。"又依《修正中学规程》第十七条，规定："中学经常费之支配，俸给至多不得超过百分之七十；设备费至少应占百分之二十；办公费至多不得超过百分之十。"一般学校俸给和行政费往往占得太多，设备费则甚少，教育部所以要加上这个限制。

据杜佐周先生意见，学校经常费应作如下之分配[①]：

---

① 杜佐周：《教育与学校行政原理》，商务，第 116～117 页。

项别	限域（百分比）	中数（百分比）	中数相加等于 100
行政	8—10	9	
教学	70—78	74	
杂费	4—6	5	
工役	3—5	4	
图书仪器	4—6	5	
其他	2—4	3	

美国情形，依里德（Reeder）氏所举：最近纽约市"美国市情研究所"（American City Bureau）调查各市学校预算分配的六大项目，其百分比如下[1]：

项目	八千至三万人口的市	三万至十万人口的市	十万以上人口的市
普通行政	4.9	3.8	3.6
教学	72.8	75.1	77.4
校舍使用	13.5	12.2	11.4
校舍维持	3.8	4.8	4.1
杂费	1.2	1.1	0.8
辅助机关费	1.6	1.8	1.8

依此看来，教学费该占最大部分，次则为校舍使用及维持费，普通行政不得超过 10%。（附录一）

三、临时费　没有一定的支配标准，大约随学校的需要决

---

[1] Reeder, W. G., *The Fundamentals of Public School Adminisiration*, Chap. Ⅸ, pp. 170-171.

定。平常建筑和特种设备所需之费，都归在临时费里面。其请领手续大约每年度开学前由学校酌量需要呈请所属行政当局，然后由行政当局核定编入预算。临时费不是年年都有的，也不是年年都没有的。

关于各项经费支配的标准，广东教育厅曾颁布一种小学经费支配表，特摘录于后，以供参考：

	项目	占百分比	每千元应占元数	说明
开办费	建筑费	60（或70）	600元（或700元）	新校舍建筑或旧房舍改建之费用
	设备费	40（或30）	400元（或300元）	购置校具教具等
经常费	教职员薪金	70	700元	校工工资应包括在内
	设备费	15	150元	图书仪器运动器具教具等
	消耗费	9	90元	实验文具水电炭薪等消耗
	特别费	3	30元	如旅行保险等
	预备费	3	30元	本项非经主管教育行政机关核准不得动用
临时费		根据学校特别需要情形酌定	普通情形不宜超过经常费30%	如特别建设补偿损失等属此

第二节　学校预算决算的编制

预算与概算　行政须有计划，预算也就是一种计划，一种运用财政的计划。它"在财政运用之先，所以为财政运用之根据；财政运用之后，则有决算，作为财政运用结果的报告"。美国克利夫兰博士（Dr. Cleveland）对于预算所下的定义，说："预算是某项企业或政府在一定期内所定的一种财政计划,于实行前须由执行机关准备并呈请立法或代表团体核准的。"① 巴克(Buck)也说:"预算,严格说来,是在某时期内一种完备的财政计划,系依据实际用度和政府可有收入细细编造成功的。"② 学校用款,须事前有一种预算的规定,事后有一种决算的制作,决不可以糊里糊涂的。

依《预算法》规定:"预算之未经立法程序者,称'拟定预算';其经立法程序而公布者,称'法定预算'。在法定预算范围内,由各机关依法分配实施之计划,称'分配预算'。""各机关初步拟编之收支计划,经核定概数以作编造拟定预算之基础者,称'概算'。"

各级教育行政机关及学校的预算,每一会计年度编制一次。会计年度以前从上年7月起至下年6月止;现改为每年1月1日起至12月31日止;其年度依民国纪元之年次为名称。预算不是随便可以编得起来的,必须依据一定的步骤和原则,闭户造车是要不得的。(附录二)

预算编制的步骤　编制学校预算应采用下列的步骤:

一、对于校内历年经济的状况及其分配,应行切实调查。

二、搜集同等学校的预算表,作为参考。

三、估计各项货物工价的改变。

四、注意学生数与班级数的增减。

五、召集校内有关教职员讨论大致标准。

---

[1] 据 Smith, H. P., Business Administration of Public Schools, p. 88, in *National Municipal Review*, Vol. 5, July 1916, pp. 403-410.

[2] Buck, A. E., *Budget Making*, D. Appleton and Co., New York, p. 2.

六、分部草拟预算，列举各项费用细目、确数、说明、最高及最低限度。

七、征集各部预算，制成总预算。

八、总预算编成后，油印发给各教职员审查，并召集会议讨论通过。

九、送呈主管教育行政官厅核准。私立学校则送呈校董会通过。①

预算编制的原则　重要如下②：

一、须与教育计划（educational program）相呼应——教育计划欲求实现，定当在预算上设法。每一计划需要多少经费，编预算时应该一一对照。

二、须符合统收统支的原则——编制地方教育预算应如此，编制学校预算亦然。

三、须照所定标准支配经费——依照行政、教育、维持费、杂费等项应有的百分比来支配，关于这点前已说过，不必赘述。

四、须分别门类并照一定的格式表列——不但要分别门类，更要依着顺序表列，"款"、"项"、"目"、"节"应分高低，俾读者一目了然。

五、须有详细的说明——预算最末一项为"说明"，是要说明这经费数的理由。例如县立小学薪俸项下的"说明"是："该校高级两班，初级四班，共六班。设校长一人，月支三十元，级

---

① 关于一般教育预算编制的步骤可看 Bolton, F. E. and Others, *The Beginning Superintendent*, p. 132 及 Moehlman, A. B., *Public School Finance*, Chap. XI, pp. 178-184.

② 参看浙江大学：《初等教育辅导丛书·地方教育行政类》第6、7册；邰爽秋等：《教育经费问题》，教育编译馆；以及陶孟和：《财政公开的一个条件——预算》，载《新教育》第5卷第5期。

———— 231

任教员六人，月支二十五元，科任教员三人，月支二十二元，事务员一人，月支十八元，工役二人，月支各八元，合计如上数。"各项有说明，说明以简明扼要为贵。

六、应列项目切勿遗漏。

七、数目须校对正确。

八、预算中须列预备费一项。

九、收支力求相抵，不可出入太大。

十、在每会计年度之末，应将各种预算收入支出账目结算，做出盈亏对照表，倘有盈余，另行规定用途，或保留为下年的临时费；如有亏损，则急谋救济弥补之法。

计算与决算　决算财政运用后之结果的报告，全年的叫"决算书"，每月的叫"计算书"。编制手续与格式也有一定，不可不知。依国民政府公布的《决算法》及《暂行决算章程》，编制决算有下列数点须加留意：

一、各级政府之决算，每一会计年度办理一次；于年度终了时办理之。

二、岁入岁出决算内所列科目，按照同年度预算科目填列，如有新增收入未列预算及新增支出因情形紧急当时不及办理追加预算程序，事后补请追认有案者，均得列入决算。

三、岁入岁出决算书之编制，均应按照规定格式及说明办理。

四、各机关编造决算书时，应附收支对照表、借贷对照表及财产目录。

五、各机关之决算报告由主办会计人员编就，经机关行政长官签名盖章，分别呈送该管上级机关及审计机关——其驻有审计人员者，并应先送审核，附加审查意见。

学校编制决算，当然也要遵照这个办理。（详见专书）

第三节　学校会计制度

据国府三十年〔1941〕一月令准主计会议二〇一次通过：《修正教育部所属机关学校会计室组织及办事通则》及所颁《教育部所属机关学校出纳统一办法》。现行学校会计制度，简述如下：

甲、关于会计人员

一、依所在机关学校会计事务之繁简，设会计主任或会计员为主办会计人员，其办事处所定名为会计室。（国立各大学、各独立学院及各专科学校均设会计主任；国立各中等学校及其他各所属机关，设会计主任或会计员。）

二、会计室视事务之需要设置佐理员及雇员，承长官之命，佐理各项事务，其员额由教育部会同主计处决定之。

乙、关于会计室职掌

一、会计室主办人员秉承主计长之命，受主计处主管部长之指导，教育部会计长之监督指挥，并依法受所在机关学校主管长官（在学校为校长）之指挥，主办各该岁计会计事务。

二、会计室之职掌如下：（1）关于概算决算之核编整理事项；（2）关于依法执行预算内各款流用登记事项；（3）关于会计制度之设计事项；（4）关于制具记账凭证事项；（5）关于账目登记事项；（6）关于收支凭单之核签事项；（7）关于编送会计报告事项；（8）关于财务上增进效力及减少不经济支出之建议事项；（9）其他有关岁计会计事务。

三、会计室经办事务，由主办人员分配所属职员办理；对于特殊事项须严守秘密者，主办人员得斟酌情形，临时指派职员办理之。

四、会计室行文：（1）对外——以用所在机关学校名义行之。（2）对内——对教育部会计处用呈；对所在机关学校长官用呈；对主计处所派其他机关学校之计政组织用函，对所在机关学校各部分组织及会计室所属职员用函。

五、会计室登记账册，应依照《会计法》之规定，由主管职员依据原始凭证，制具传票，送由主办人员及主管长官或其授权代签人盖章；如涉及现金、票据、证券、出纳、保管、移转之事项时，并须送由主管出纳人员盖章，证明收讫或付讫后，交还会计室登记保管；如涉及财务增减、保管移转之事项时，并应由主办经理事务人员盖章，以明责任。

六、会计室簿册，每日现金结存数，须与主办出纳人员所送当日之库存表，互相核对。

丙、关于出纳事项

一、学校一切款项除庶务零用金外，应一律按其性质，用学校名义分别立户存储国家银行。

二、凡收到各处来款时，应由出纳员填发规定格式之收据，并将收据存根，送会计室编制收入传票。每学期学宿等费之收入，得用报账清单由出纳员每日填报加章，送会计室编制收入传票。报账清单格式由该学校按实际情形自行拟订。

三、凡办公费、购置费、营造费、学术研究费及特别费项下一切支出，应由经手人取得合法单据及其他应有凭证，加盖私章，并经点收人或点验人加章，连用请求购置单及工程估价单，或合同说明书等，送会计室审核，转呈校长核准后，由会计室编制支出传票，交出纳员付款，并取得正式收据。但零星消费品、材料品之付出，得先以零用金支付，按期汇集单据，填具庶务清单，送请会计室转账，并得补足其零用金。

四、凡俸给费支出，应由出纳员先期编造薪俸表及工饷表，送会计室会核，编制支出传票，呈校长核准后，交出纳员发放。

五、凡不属前两条所列之其他经费支出，如临时费、特种经费等，发付款项时，亦准用前两条之规定程序办理。

六、所用支票，由出纳员保管，签发时由出纳员盖章送请校长加章，并由会计室会章。

七、出纳员每日应根据现金出纳备查簿，造送现金结存表，送会计室核对后，呈主管长官核阅。

附录

（一）美国1933至1934年度全国学校经费按六大项目支配如下：

项目	元数
普通行政费（General Control）	64,092,729
教学（Instruction）	
俸给	1,067,042,258
教学工具（教科书及他项用品）	53,831,933
小计	1,120,847,191
校舍使用（Operation of the school plant）	149,598,317
校舍维持（Maintenance of school plant）	47,750,777
辅助机关（Auxiliary agencies）	86,350,820
杂费（Fixed charges）	40,735,176
共计	1,515,530,198
校产置备（Capital outley）	59,276,555
利息付给（Interest）	137,036,525
本年度平均每日出席学生数	22,458,190人

（据 Bolton, F. E. and Others, *The Beginning Superintendent*, p. 123,

Biennial Survey, 1933-1934, January, 1936.)

（二）浙江省各县市编造二十四年度〔1935〕教育计划及预算须知

甲、关于教育计划方面：

一、教育计划，应分教育行政、学校教育、社会教育、教育经费四项。

二、教育计划中，应分别注明本年度新计划，或上年度计划未实行而继续进行者，或上年度计划已进行而未终了者。

三、教育计划中须动用经费者，应在每项计划下注明预算书内之款、项、节、目，以备查核。

四、各项计划，应有详细说明，并须拟定具体进行办法。

五、拟计划前，应先定一年度之教育行政方针，以资依据，其属于教育局科例行公事者，毋庸列入计划书内。

六、教育计划拟订时，应注意"切实"、"有效"两点。

七、教育计划，应先提送教育委员会审议，然后呈核。

乙、关于经费预算方面：

一、经费预算书，应依照本厅规定项目编造。

二、经费预算，应收支适合。

三、经费预算，须与教育计划符合。

四、经费预算，须与省颁各项标准规程符合。

五、各县市凡有新增教育经费，除弥补亏欠，扩充旧有事业外，应尽量增加于各项新事业费内。

六、凡未经呈准之经费收入，或已经呈准尚未开征之经费收入，暂勿列入，得另编第二部预算呈核。

七、预算书内，应列预备费。

八、凡新事业之开办费，应列入预算书岁出临时门。

九、预算书内上年度预算数，须依照本厅核定原预算数填列。

十、预算书内各项、目、节之说明应详细填注。

十一、经费预算，应先提送教育委员会审议，然后呈核。

研究问题

(1) 调查一省省立、市立、县立及私立中学经费的来源和支配而比较之。

(2) 调查任何一公立中学（或小学）经费支配情形，按部定标准及专家意见加以批评。

(3) 述预算、概算及决算、计算诸名词的含义。

(4) 试拟一个县立中学（学生6班，教职员15人，经费30,000）之支出预算表。

(5) 详举编制概算书及预算的步骤，并制表说明（参考李清悚：《小学行政》，中华，第八章及国民政府所颁《会计法》、《预算法》）。

(6) 述学校计算书之格式及编造法（参考李清悚：《小学行政》，中华，第八章及国民政府所颁《决算法》及《暂行决算章程》）。

(7) 论现行学校会计制度的特点。

第十七章

庶务

第一节 校工的管理

外国学校因为设备很周到,工具很完备,所以雇用的校工很少,做的事情也很多;中国学校却远不及,校工雇得很多,多得多到不可思议的程度,而做事的效率并不见大,实在是一种耗费。近来有人主张学校废除校工,事事叫学生来做,一以省钱,一以养成学生劳动的习惯。意思并不坏,可惜事实上实不易办到,即能办到,也不见得怎样的合理。因为学生到底是学生,不是童工或幼工,他们是来求学,不是来做工的。学校尽有好些事体,可以让学生去做,但也有好些事体,学生根本不能做,也不需要他们做的。这等说来,校工终究不可缺少,无分中外,都是如此的。大约学生年龄愈幼,对于校工的需要愈大;反之则需要愈小。

校工的选择　校工既是需要,就当好好加以选择。校工选择的重要,实与职员的选择相伯仲。学校规模较大的,有了新式的设备,校工不独应具普通工人的资格,并应有相当工程的知识,管理机械的技能，知如何采光，如何通气，如何调节室内的温度和湿度。好的校工，不啻事务主任和事务员一个大助手。从前，人们以为一个晦气的、跛足的、低能的或年老的人，也不妨充当校工，这话是错了的，那时代可说已经过去了。①

校工应具什么资格呢？依博尔顿（Bolton）等人的主张：

（一）须受过普通基本的教育。

（二）须身体健康，并有健康证明书作证。

（三）须五官无缺，不妨害本职务。

（四）须有相当的气力，胜任各项劳力工作。

（五）为人忠实，性情和蔼可靠，并富有合作心。

（六）对教职员学生及一切人等，皆和善有礼貌。

（七）保持清洁，做事有恒，并有条不紊。

（八）做工时纵然着的是工人的衣服，污秽难免，可是他的为人，却十分清白，皭然泥而不滓。

（九）具有善良的品性，不愧为一个社会的健全公民。

（十）不抽雪茄烟，不说下流话（profane language）。

（十一）具有木工、金工、电工、汽工的相当技能，借以增进本人工作的效率。

（十二）须男性（女工另行讨论），且缴纳赋税的。

（十三）最好他有儿女在校上学，这样对于工作必倍感兴趣。

（十四）在未正式受雇以前，须经过一个试用的时期。②

校工的管理 校工入校，须经过一定的手续，否则发生意

---

① 外国人也有那种谬误观念。看 Reeves, C. E. and Gander, H. S., *School Building Management*, p. 1.

② Bolton, F. E. and Others, *The Beginning Superintendent*, Chap. Ⅶ, p. 185.

外，贻害无穷。入校时须觅取保证人，填写保证书。如果来自荐头行或职业介绍所的，该行所自有相当的保证；个人介绍的，最好要觅铺保。

其次是分配职务，要量材任用，各尽所长。分配职务，通常用下列三法①：

（一）分类法　按事务性质分作若干个单位，再依类分派各校工担任。

（二）分区法　将全校分为若干区，每区指派一校工担任本区事务。

（三）公任法　临时遇有重要事项，非一、两人所能担任，则合力为之，如开会时布置会场及大扫除之类。

三种方法可以酌量采用。普通学校用第一种方法，可以训练专门技能；规模大的不妨采用第二种方法，责任比较专一。至第三种方法，只遇必要时采用。姑无论采用何种方法，监督考察极关重要。

校工勤惰之考察，亦有三种方法：即定时考察、每日考察及定期考察是：

定时考察——事之必须日行而易疏懈者，应每日规定时间，分数次考察。如各处洒扫是否清洁，厨房烛火是否当心之类。

每日考察——事之必须日行，而时间不一定，不必分数次考察，只定一、两次考察便足者，如夜来各处之门窗是否慎审关锁，电灯是否关闭是。

---

① 关于校工职务，美国里夫斯（Reeves）及范奥特（Van Oat）曾有详细的分析，见 C. E. Reeves, An Analysis of Janitor Service in Elementary Schools, pp. 19-27 及 B. H. Van Oat, An Analysis of the School Janitor's Job, in *American School Board Journal*, Vol. 66, No. 5, p. 55.

定期考察——事情范围扩大不能日行，且非一人之力所能举，必须定期集全校校工通力合作者，如检查全校物品，或举行大扫除之后，审查其是否整洁是。

校工的训练　学校对于校工，最要在积极方面加以训练，就所分配的职务因势而指导之。陈鹤琴先生对于校工训练，曾有具体的分析（详《小学教师》第1卷第5期）。他先把校工分为11类：一、管理传达的校工，二、管理整洁的校工，三、管理跑街的校工，四、管理油印的校工，五、厨房工人，六、电机匠，七、管理幼稚园的校工，八、管理摇铃的校工，九、管理电话的校工，十、管理邮件的校工，十一、管理运动或游戏器具的校工。再在每类校工之下，分列其应注意事项，即应加训练事项。举第一类做个例子：

　　管理传达的校工

　　(1) 认识本校大部分的学生和他们的家属，或车夫、女佣等（特别要认识学生的接送人）。

　　(2) 知道本校教职员会客的手续，如先请客人填会客单，得本人许可，方可引进。教师如在上课时间，须请客人在会客室稍候。

　　(3) 注意校门附近的秩序和整洁，如不准小贩在校门附近逗留等。

　　(4) 注意出入的闲人，无论校工或临时雇的短工，携带物品出外，如有可疑之处，须严加盘问。

　　(5) 在值班时间，不得擅自离开，如因要事离开，须先将大门关好，或托本校校工暂代。

　　(6) 在值班时间，不得与学生或其接送人嬉戏闲谈。

　　(7) 在放午饭及放学时，须特别注意学生的安全，如避免车子的危险，防止幼年学生独自离校。

　　(8) 在上、下午第一课前及上课时间内，不得让学生随便走出校

————241

门，有出校证的方得通过。

（9）夜班巡警，不得躲避在寝室内睡觉，须巡视全校，并注意各处门窗是否关好。①

除此以外，校工的娱乐也是很要紧的。学校应在可能范围内，尽量给校工们娱乐的机会，以为劳力的调剂。一般校工智识低劣，性情粗暴，倘不给以正当的娱乐，难免发生不道德的行为。从前东大附小及后来的中大实小，就有这种的设施。

第二节　图书和校具的管理

一、图书的管理

图书在学校里是一种极重要的设备，不独为教职员、学生日常阅览和参考之用，且可为他们研究发明的场所。近来学校对于图书馆日益重视，可说是一种极好的现象。

学校购置图书，应有固定的经常费，前面已经提到过；可是一般学校此项经费每极微薄，因而购置图书，不得不慎重选择。择其最需要、最合用者而购备之。图书购备以后，接着便是如何管理的问题。平常在中小学里盛行两种制度：（1）把图书分放在各种教室里，（2）聚集在一处，设立一个图书室或图书馆。在校舍小的学校，采用前法较为便利；若大规模的学校，则以独设一图书馆为佳。

图书的管理，本是一个专门的问题，有专门书籍可供参考。大致说来，新书购入以后，应该检查书中有无缺漏破损，随后加

---

① 蒋世刚氏对于校工的服务指导，也曾有详细的论列，见所著：《学校庶务之研究》，商务，第25～32页。

第十七章 庶务

盖本图书馆章,依次登陆总册,以便查考。同时将书分类,普通用杜威的十分法,或用其他便利方法亦可。分类以后,再应编定著者的号码,以便检查,并示别于同类的图书。此外,更当编制适宜的图书目录片数种,按书名或著者姓名次序排列,安置于卡片柜内,俾检阅格外便利。图书分类编目以后,再在每书脊的下部,贴上分类标签,便于排列与检取;又在书的首页或末页,贴一借书签袋,备插置借书签之用。借书手续,须于开馆前定好,届时依此实行。常用字典、辞源、辞书等,最好陈列在阅览室供众随时翻查,但不得借出。又杂志和报纸,须另行存置。最好阅报另在一地方,不与普通阅览室相混。新书到时,除陈列馆内特定地方外,应另行通告,俾众周知。所有图书,每日应整理一次,务使排列次序丝毫不爽。倘有损坏,应随时修理。每届学期之末,适当曝晒一次,以免潮湿或蠹蚀。总之,图书管理的重要工作,不外采购、登录、编目、陈列、保管、借贷、整理、曝晒而已。

杜定友氏为学校图书馆的经营,曾提出通则十八条,节录如下:

(2) 地点要在全校活动的中心点,使阅者出入便利,而且在必经之路上。

(3) 馆地最好南向,窗户要多,阅书桌的位置,要放在光线由侧面达到的地方。

(5) 天花板和墙壁,没有阳光反照的地方,可用白色;有的用蛋黄色,粉绿色,或淡灰色,颜色要和净而不反耀日光。

(6) 用电灯的地方,宜用磨砂灯泡,或白壳罩反照灯,不要使光线直射眼帘。

(7) 日光强盛的窗户,要用窗帘纱布。

(8) 开窗地位,最好离地四五尺,以便下面安放书架。阅书室周

——— 243

围的墙壁,都要靠放书架。

(9) 内容装饰,要求完美的、艺术的和实用的,书架椅桌的位置,图书的悬挂,盆花的点缀,字条的布告,书籍的安置,一切物件的地位,都要有条理,审美悦目。

(10) 馆内要有令人安乐和欢迎阅者的景象。一切布置、座位,要求安适,有家庭的意味。馆员对待阅者,也要十分亲善。

(11) 开放的时间,愈长愈好。学生在不上课的时候,都要有到图书馆阅览的机会。

(12) 阅书室大小面积和座位,至少能同时容学生总数 1/10,每人所占的面积,至少 25 方尺。

(13) 阅书室之外,最好有办事室或教室相连,以便办事,贮藏。教室可供学生参考上课之用。

(15) 书架、书台的距离,至少四五尺,以便走动。非有特别原因,不宜有两门出入,恐难照顾。

(16) 馆地要有扩充的余地,书架桌椅,也有增加的可能,以便日后之用。

(17) 用具的颜色,要一律或相称,色泽不可太浓,免吸收光线。大小要有标准,不可太参差。

(18) 用具的质料不可太重笨,以免难于搬动或动辄有声。

二、校具的管理

校具管理可分购置和保管两方面。购置不独要根据实际上的需要,并要遵守坚固、合用、经济、卫生及美观的原则,尤其重要的是富有教育的价值。拿着教育的眼光去看,该购置的便购置,该修理的便修理,都得事前细细考量。花钱多的,不见得就会合用,就会产生极大之教育的价值,主管事务行政的人,当随时留心,随时利用,以求做到经济有效的地步!

各所需购办用品,首由各处主管人员填具请购物品单,送经校长核准后，交由事务处庶务人员采购。购进以后，须有物品保管人员验收，负责保管，并于购物所取得之商店单据上加盖验收人名章。会计室依据商店单据登账时，必须验明此项已签之名章无误，始发传票。至物品分发，亦须由领用人填具领用物品单，送请事务处核发。每月月终，并应按物品种类逐项统计，以便稽核购进发出及存余之物品数量是否完全相符，以重公物而杜浪费。

校具分类保管最为主要，其办理步骤如次[1]：

(1) 按性质先将校具分类，如普通用具、教室用具、办公用具、体育用具及娱乐用具等。

(2) 分类登记，各列号码，按表核对，一目了然。

(3) 每学期开学前，由事务处统查全校校具，依各部分需要分配；开学后一月内再查核一次。

(4) 各室及各场所须填校具调查表二份，一存校具所在地，另一存事务处，以便随时稽查。

(5) 新校具可依性质分别登记校具册内。

购置及管理校具，固属事务方面的事，但全校教职员也应尽襄助的责任，注意：(1) 力求校具布置适宜，使用得当；(2) 经济的使用；(3) 尽力预防散失；(4) 遇有损坏即行报告，早事修理。一校精神的好坏，往往从小事上可以看出；校具管理便是一个试金石。

财产目录的编造　最末尚有一事为主管事务的人所不可忽略的，便是财产目录的编造。各校图书、仪器、标本、校具等，均应造具财产目录，按时报请教育行政主管机关备查；遇新近购进之件，必须造具财产增加表随时报核。其因正当理由损耗者，亦

---

[1] 参看杜佐周：《小学行政》，商务，第181-182页。

需随时列表呈报。凡遇校长更委由原校长造具各项移交清册交新校长接收时，必须由新校长依据原有财产目录及财产增减表切实稽核，以重公布。

研究问题

(1) 一个小学校工业务的分析。
(2) 校工的勤惰应如何考察？如何分别加以惩奖？
(3) 试拟一个中学校工补习教育的计划。
(4) 试拟校工应守的通则若干条。
(5) 参观一个学校图书馆，将其组织和管理作个简要报告。
(6) 处理校具的原则有几？
(7) 参观一个较大规模的中学校，注意其校具管理情况，并试作一报告。

第五篇　体育与卫生

第十八章

学校体育与卫生

第一节 学校体育

　　近来教育界对于体育颇为重视，政府亦曾竭力提倡之。教育部于二十九年〔1940〕三月颁发《中等学校体育实施方案》及《中等学校体育设备暂行最低限度标准》，令饬各校遵照施行。嗣为改进体育起见，又于三十年〔1941〕四月订定《中等以上学校体育改进要点》，以为各校施行准则。在行政方面，规定九级以上的学校得设置体育处，下分体育、卫生两组，专司体育及卫生行政事项。体育教员之人选，应郑重聘请，以品格能力与技能为重要标准。每学年开始时，应拟定体育行政计划，呈主管教育行政机关备核。宽筹体育经费，认真体育教学，除每周正课外，对于早操及课外活动，应切实举行。依照地方环境及设备情形，举凡长程竞走、赛跑、骑马、驾自行车、划船以及滑翔、跳伞等，均宜充分选用，俾养成青年坚忍、勇敢之品德，与应付环境之技能，以配合时代之需要。又应打破学校体育与社会体育的界限，融会贯通，开放学校体育场，以供民众运动。凡此皆表示政府对

249

于学校体育的改进,各校自应本此酌量行之。

一、体育训练之目标及其实施要点

依教育部负责材料(最近发行的《中等教育制度与设施》),中等学校体育训练之目标及其实施要点,述之如次:

甲、训练目标:

(1) 锻炼体格,使机体充分发育;
(2) 养成并发扬团体精神;
(3) 训练自卫、卫国之技能。

乙、实施要点:

(1) 锻炼身体——方法有运动、登山、游泳、远足、拳术、竞赛等项。
(2) 注重卫生——要点:(a) 饮食要有定时;(b) 衣服要整洁;(c) 早睡早起,呼吸新鲜空气;(d) 多到野外与阳光接触。
(3) 学习军事技能——分射击、驾驶、骑御、露营、救护、侦察等项。

二、体育实施成绩之竞赛及视导

(一) 体育实施成绩之竞赛

为使学校体育成绩获有优良之进步,教育部曾于三十年〔1941〕三月订定《国立中等学校体育实施成绩竞赛办法》及《各省市教育行政机关体育行政工作竞赛办法》两种。关于国立中等学校体育成绩之考核,则以部颁《中等学校体育实施考核记录》为标准。优良者由政府予以奖励,不良者予以申诫,并指导其改进。至各省市教育行政主管机关体育行政工作之考核,亦列为行政考成之一。

当然学校体育的真成绩，是要在多数学生的健康上显出，要能切实达成上述体育训练的目标，往昔专门造就少数选手的谬误观念，是该及早矫正的。

（二）体育视导

教育部为督促各省市国民体育之实施，特订定《各省市实行体育视导办法》一种，饬令遵行。该办法要点为各省市教育行政机关，应设置体育视导人员，对于各县市学校及公共体育场之设施及活动，均应由体育视导人员前往考察；师范学校并就其辅导区内各县市小学之体育，切实予以辅导。至于各省市学校体育成绩之考核，亦应由各省市教育行政主管机关拟定体育成绩竞赛办法，依照施行。对于所属学校每年之体育竞赛成绩，并应汇集报部备核。

第二节 学校卫生

学校卫生的重要 学校之健康责任，古希腊学者即已重视之。至中世纪始为书本教育所误。卢梭、洛克而后，教育家乃大觉悟。1833年法国巴黎曾有防疫运动，设法使学校儿童不受传染。1866年及1883年瑞典和德国均曾有过同样的举动。1883年，法国即有法律正式规定学校卫生的重要。1887年，该国开始检查儿童健康；所有公立学校类多觉悟其责任的所在。继而德国亦仿效之。美国之设系统的健康视察（medical inspection）始于波士顿市，时在1894年。芝加哥（1895年）、纽约（1897年）及费城（1898年）等市继之，扩及全国，形成了一种学校卫生的运动。末几，各大都市纷以法律规定学校卫生的要项。1902年开始设置学校护士，随即证明其效用很大。1911年左右，美国设了健康视察的都市，至少有411个；雇了护士的学校至少有

415所。迄今进展尤速。

但伍德（Wood）和罗厄尔（Rowell）两位医生的检验美国学生294,754人而后，仍发现很多的病症[1]："现在的儿童，无论在乡村与都市，不到5%或10%是完全无身体缺陷而体格健全的。1%、2%是有精神病态；同数有心病；自5%到10%，有些肺病现象；10%至30%喉鼻有病；20%至30%营养不良；30%至40%姿势不良，如曲背、平足等；50%到98%患牙病。"

我国一般学校对于卫生素不讲究，较之美国，奚啻霄壤！数年前，中国青年会毕辉德医生曾调查苏州、杭州学校34所，学生3200人。他的结论是说："这3200人中，牙齿污秽的2000人；蛀牙的1000人；气色不好的997人；姿势不正的945人；目光不佳的934人；沙眼的760人；扁桃体腺涨大的751人；营养不足的604人；听觉不良的99人；患皮肤病的50人……至于校中环境，多数不合卫生，如宿舍拥挤，桌椅太高，光线不足，空气闭塞，厕所污浊，饮水不洁等，所在皆是。……"

苏、杭素称"天堂"，学校中竟有恁般现象，他处更不必说了。民国十九年〔1930〕，谢信生和徐锡龄二氏在广州也曾举行儿童牙病的调查，结果：在被调查1,971人中，未患牙病者占16.4%；曾患而经治愈者，占2.4%，患而经治未妥者，占2.9%，患而绝未经治者，占78.3%。此虽限于牙病一方面，但儿童不健康的情形，已可见一斑了。

卫生行政组织及人员 美国的州、市、郡教育局，多设有学校卫生一科及卫生视察员，英国的郡及郡邑政府，亦多设有类似的部门和类似的视察员。我国过去学校，在医疗方面由校医负

---

[1] Wood, T. D. and Rowell, H. G., *Health Supervision and Medical Inspection of Schools*, pp. 260-261.

责,在清洁方面由事务员负责。卫生行政在学校行政组织上并无具体之设置。此刻教育部规定,八级以下的中等学校添设体育卫生组,九级以上的中等学校增设体育处,内有卫生一组,设组长一人及组员干事若干人,掌理个人卫生、环境卫生、膳食、医药、治疗等事项,并会同训育管理,庶务各方协商进行。除此以外,教育部又曾拟定《卫生教育实施方案》,对于学校卫生教育,详加厘定。按照部颁《学校卫生设施标准》,中小学各应组织健康教育委员会,主持及设计一切学校卫生教育事宜(参考附录)。

学校中之设校医,乃教育上最近的一种改进。其制创始于1894年英国伦敦某地方的贫儿学校。1898年,伦敦初设校医公会,校医之数随而增加。美国在1903年才有这种设施,近则各校大抵都设有校医。丹麦以一蕞尔小国,就个人参观所见,各校于普通校医以外,还特别设了牙医,医治儿童牙疾。我国学校设有此项人员的尚不多。设校医的重要公用大约有四:(一)注意学校卫生,增进儿童健康;(二)预防各项传染病,免除意外危险;(三)检查学生体格,遇有缺陷,设法矫治,并通知家庭;(四)诊治疾病。

第三节 卫生工作纲要

依二十四年〔1935〕四月教育部训令学校卫生重要工作有下列数种:

一、环境卫生 学校环境有关于学生身体之健康及疾病之预防。好的环境可以促进学生健康的观念,养成卫生的习惯,各学校应规定每星期或每月由卫生组派员举行普通检查一次。需要改善者,应随时改善。学校环境检查项目分为:学校周边环境、教室、校具、卫生室、厨房、饮料、寝室、浴室、盥洗室、运动场、厕所及垃圾处置等。

二、教室卫生 主要者为学级人数、作息时间、课程分配、学习卫生、考试方法、休闲生活等，应有合理的规定和处置，以不妨碍青年之身心发育及过度疲劳为原则。指导学生学习，须注意养成良好习惯，如按时学习，专心学习，学时神志从容，手足不妄动及克服各种外扰因素。又当竭力避免"伤神"的因子。凡此皆与心理卫生有关。

三、卫生训导 （1）养成学生卫生的习惯，（2）发展学生卫生的技能，（3）培养学生对于卫生的兴趣与信心。

四、健康检查 体格检查缺点矫正：（1）检查时期——经常：每学年开始时行之；临时：必要时随时施行之。（2）女生入学体格检查，在可能范围内，由女医生办理之（如无女医生时应免除解衣检查）。

五、预防接种 新生入学时应施种牛痘，同时应请托当地卫生机关施行其他预防接种。

六、传染病预防和管理 注意学生有无传染病症；遇有疑似急性传染病状时，应立刻停止其上课，并送交医师或护士管理和诊治。

七、疾病治疗 凡经发现学生患有疾病，当立即治疗。此种疾病分普通的和特殊的两种：普通的疾病，如身高不增加、体重减轻、视力障碍、屈光不正、耳聋及其他项耳病、沙眼及其他眼病、扁桃腺病、淋巴腺病、营养不良、皮肤病、呼吸器病、循环器病、色盲、畸形、鼻病、甲状腺肿大、脾胀大、疝气、包茎及肠中之病①，特殊的病症，则视患者情形而分别治疗。治疗需要急救的，可请护士及童子军教练施行。中学生应由童子军教练指导其练习简单的急救术，如止血法、洗灌法、涂药法、绷带法、人工呼吸法及醒脑法等，以为临时急救之用。

八、卫生学术讲演　不时请名人及专家来校做卫生学术讲演，以唤起学生注意，借使其对于卫生有更深切的了解。

九、举办校工卫生训练班等。

第四节　卫生设备

甲、卫生教学设备　依部颁学校卫生设施标准，小学卫生设备如下：

一、关于公民方面，应有卫生习惯挂图，生理卫生模型，健康与经济挂图，家庭、学校各处布置设计图，个人整洁比较表，团体整洁比较表，视力测验表，实足年龄计算表。

二、关于常识自然方面，应有生理解剖图，行路安全图，传染挂图，蚊蝇模型，食物营养品比较表，伤寒、白喉、霍乱、传染病模型，疥疮、头癣、沙眼等模型，牙齿模型，儿童适当膳食标准，两性演化图，学校卫生挂图，儿童卫生补充读物，以及其他如磅秤、身高测验器等。

乙、卫生室设备　小学应有卫生室一所，其中应设置下列各件：

一、办公用品：桌子，椅凳，磅秤，红墨水，蓝墨水，钢笔，红黑蓝铅笔，吸水纸，浆糊，图书钉，回文夹，剪刀，量

---

①　各种病症治疗法，看李清悚：《小学行政》，中华，第338～344页所引。

尺、白纸、废报纸、纸篓、橡皮、痰盂、橱柜、记录箱、茶壶、茶杯等。

二、洗手设备：洗手架，面盆，肥皂，肥皂盒，毛巾，水壶，污水桶等。

三、图表：学校卫生习惯图，学校急救图，卫生习惯图。

四、记录：儿童沙眼矫治记录簿，儿童皮肤病矫治记录簿，儿童牙齿矫治记录簿，儿童耳病矫治记录簿，教职员儿童及校工等诊病记录簿，儿童急救记录簿，咨询簿，卫生室家具、物件、药品记录簿等。

五、其他：如挂衣钩或衣架，缺少矫治药品，急救所用药品材料说明书及诊病券等。

中等学校的设备标准，分教学用具、保健用具两项：

（一）教学用具：生理解剖图一套，学校卫生挂图一套，卫生习惯图一套，健康与经济图一套，生理解剖模型一件，普通食物标本一套，显微镜一架，普通寄生虫及细菌标本，普通病理标本，疟蚊，虱蚤，各种苍蝇及其生活史之标本。

（二）保健用具：磅秤、身长尺、视力表、中山表、体温表、消毒器、剪刀、刀、镊子、方瓷盘、脓盘、擦沙眼棍、滴药管、洗眼壶、种痘针、玻璃片、学校卫生应用记录全份，普通应用药品。

此种各校应设卫生所一所，所内备有各种卫生挂图、模型、记录，以及急救诊疗药品。

各中小学可依据这个标准，参酌实际情形，量为设置。

附录

在教育部25、27、28日公布之《学校卫生设施标准》中，关于组织部分，规定如下：

乡村小学——"各校应以一个曾受卫生训练的教员在县健康教育委员会指导之下，负责主持学校卫生事宜。关于卫生的技术工作，应由当地卫生机关加以指导。"

城市小学——"每校或若干校联合组织学校健康教育委员会，由校长、教员、医师、护士等为委员，办理关于学校卫生的一切事务。"

中等学校——"学校卫生教育及设施，应列入学校行政工作之一，由校长负责主持，必要时得指定专任教员为卫生指导员。每校应聘曾受训练之学校护士一人，数校可合聘卫生医师一人。各校应组织学校健康教育委员会，由校长、教导主任、事务主任、体育教员、各级级任教员、医师、护士及卫生指导员等为委员，以校长、卫生指导员及医师或护士为常务委员，由校长任主席。"

研究问题

(1) 论学校体育目标的转变及今后的着眼点。

(2) 举一省体育行政的概况，略加评论。

(3) 论学校卫生的重要。

(4) 条举一个初级中学所应进行的卫生工作。

(5) 试拟一个小学校（或中学校）卫生工作计划大纲。

(6) 述师范学校对于地方小学应有的卫生辅导工作。

(7) 学校儿童营养问题的研究。

(8) 试拟一套体格检查应用表格（为小学校用）。

(9) 试依《卫生审查表》(程其保、沈廪渊：《小学行政概要》) 评论一个小学校的卫生行动。

(10) 试为乡村小学拟一个卫生设备标准。

第六篇　研究与推广

依据本书第二部第一章所述学校组织系统、教务、训育、事务、体育卫生而外，尚有"研究"与"推广"两部门，本篇即分别讨论这个。

第十九章

研究

　　教育行政系统中该有研究的部门，学校里面更该有这种组织。教育事业是时时刻刻进步的，为教师者当随时利用机会，努力自修；一方面迎头赶上世界潮流，他方面将求有贡献于他人。凭着研究，可以切实使教育成功学术化；凭着研究，可以真正提高教师的地位，并增进他们的兴趣，不为微薄的报酬所苦。教师如果抱着研究的态度，试验的精神，很沉着地去处理教育上的问题，无论单纯的或复杂的，都不难从中找出一些意义来，发明一些真理来。这样他们不仅是教导儿童，抑且是"研究"儿童。白金汉（Buckingham）说："教儿童如果兼含着研究儿童，教师职业，便有了新的意义了。"

第一节　研究组织

　　中小学关于研究方面的组织，其范围广窄，要看学校性质，学校规模大小及经济能力强弱而定；在情形较优越的学校，可有如下的组织：

　　"研究"须与行政部门息息相通：将行政上种种实际问题，

付诸研究,而将研究所得结果,酌量实行出来。如此方可做到"学校行政之学术化"的地步。

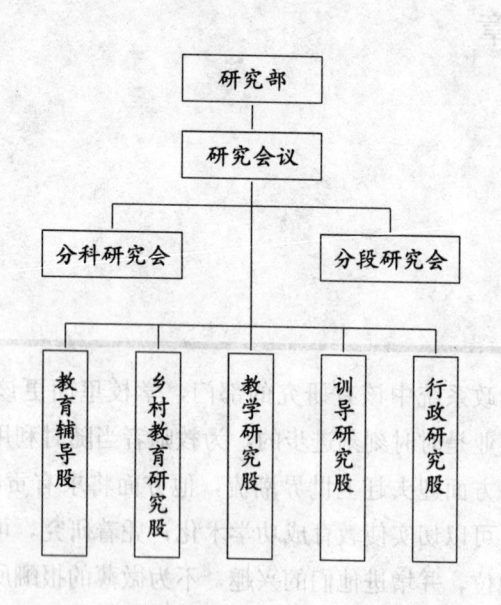

```
                    研究部
                      │
                   研究会议
                      │
          ┌───────────┴───────────┐
      分科研究会                分段研究会
          │
  ┌───┬───┼───┬───┐
教育  乡村  教学  训导  行政
辅导  教育  研究  研究  研究
股    研究  股    股    股
      股
```

就组织系统说,研究部设主任一人,综理所有研究事项。下分数股,如行政研究股,训导研究股,教学研究股,乡村教育研究股及教育辅导股等——股的多寡,要看事务繁简而定,小规模的学校,当然用不着这些。

分段研究会当中,包括有小学低、中、高各级研究会及初高中研究会;分科研究会乃指国文科、英语科、算学科、社会科、自然科、艺术科及体育科等而言。研究部主任的职务约有下列各端:

(1) 审度本部与他部应行联络事项。

(2) 规划本部一切研究事项。

(3) 提出研究大纲以为各股研究的准绳。

(4) 督促各股研究的进行，并助其解脱困难。
(5) 经常考核各股研究的成绩，并加以奖励。
(6) 召集研究会议并为其主席。
(7) 整理各股研究的报告。
(8) 保管本部各项决议案及文稿。
(9) 支配各股研究所需的费用。
(10) 处理其他一切研究事物。

至于研究方式，中小学适用者，有如下数种：

一、集会　或由各阶段教师自拟题目，先做初步研究，再提会议讨论；或由各科教师自行研究后，再经分科会议而提供大会都可。分段研究会和分科研究会各有其效用。行政、训育、乡村教育及教育辅导等方面亦然。研究大会约每月举行一次，余则利用时机，酌为举行，俾收集思广益之效。

二、讲演　除本校同人互相研究外，尚应经常邀请名流学者或教育专家莅校讲演。这种方法不独对于刺激思想，介绍学说具有甚大价值，教师们还可乘机提出许多问题，以求合理的解决。若干某某问题得有专家特别讲演，那更好了。

三、参观　参观与研究有密切关系。欲使教育的理论与实际贯通，或使教育的原则有具体的印证，均非利用参观不可。参观又可以拓展个人的眼界，提高研究的兴趣，其为重要，可想而知。中小学教师除平时互相参观外，在可能范围内应分成若干组，规定时间，先后出发参观作为有系统的报告，以资借鉴。

四、调查　就研究问题，制成表格，分发各机关、各学校请其填写，收回后，再依式统计做成系统的报告。必要时个人须亲赴某地或某机关调查。总之，任何时都可利用调查法，以征集重要资料；至于含专门性的学务调查，其价值之高，更毋待言。

五、通讯　研究的范围，还可扩大，除由一校教职员分途研究以外，有时间尚宜联络小学（或中学）教育界同志共同研讨教育上的问题。例如用通讯的方法征求小学教师及小学教育专家的意见；或用访问法汇集答案，以资分析研究。倘能在刊物中另辟"通讯"一栏，专为通讯商讨之用，则其收效之宏，更毋待言。

上述各项研究，都可组成团体，如讲演会、参观团、调查团等；外如读书会、研究会及观摩会等亦可酌量组织。

第二节　研究方法

教育之科学的研究方法，普通所用的，约有下列各种[①]：

一、历史法　用历史法以研究教育，或即今以溯古，或准古以鉴今，推求人类文化递嬗的迹象，寻绎历代社会制度和经济组织发展的途径，各察其于教育思想的变迁，于近代教育制度方法的形成有何影响，都是研究者应有的事。征集史料首当择其最有价值者征集之；次当鉴别所征集史料的真伪。依据科学方法鉴定史料，设立臆说，加以解释，并寻出真正因果的关系。

二、观察法　约有两种：（一）一任自然的观察法，即通常所用的观察法。"视其所以，观其所由，察其所安，人焉廋哉！"孔老夫子早就告诉我们了。教育上用的观察法很多，借着它来找出学生阅读快慢和计算正误的原因，借着它来研究顽劣儿童的心理状态；借着它更解决许多训育上的困难问题。除此以外，视导教学时也常常用得到这个方法。（二）借助于仪器的观察法。近来学科心理专家发明了种种仪器（如眼动照相机、疲劳测量机等）考察学者阅读（或计算）时眼动和注意的种种情形，于以发现快读和慢读（或快算慢算）的原因，实际这已近乎实验了。

[①] 详罗廷光：《教育科学研究大纲》，中华，第四编。

三、实验法　此法比观察法更进一步，不仅在自然现象中静观默察，而可自动的对于自然加以人工的改变，所谓"致物之变"不仅"待物之变"也。教育上近来应用实验法的地方，一天多似一天，像自然科学一般，能以创制设备，控制情境，并按公式测量变化及核算成绩等。其所用的特殊方法，有单组法、等组法及轮组法，三者以单组法最为简便；遇外界混杂因子妨碍实践时，则用等组法；轮组法一方可免除单组法的困难，他方又可增加比较的可能性，并能减少无关系的混杂因子，在三种方法中算是最好的了。[①]

四、测量法　就是现时通行的测验方法。科学家认为一切物体必定存在，凡存在的物体，必有数量可以测量。教育测量所以可行，也如自然物体一般，借此以供衡量比较。测量法的要质有五：（1）准确度，（2）可靠度，（3）客观性，（4）标准性，（5）诊断作用。

五、统计法　根据所征集的材料，拿来列表统计的，叫统计法，也是教育研究的一种重要方法。它的特质：（1）依据各个事实而求得"一般趋势"；（2）征集已有事实而加以组织类别，给予解释，不加任何的改变；（3）以标样（Samples）为根据而非搜罗全部的事实；（4）所得的结论是"应有的"、"或然的"，不是齐一的、必然的，至于各种核算法，另有专书讨论。

六、案由法　置重个别的分析，个别的诊断，不拟将全部问题统统解决。它所研究的是个体不是群体；是个性的统一，不是群众的一般现象；是变例，不是常则。教育上每有好些特殊案件，待个别分析研究，追溯其原因，找出其困难所在，再谋补救

[①] 详罗廷光、王秀南：《实验教育》，钟山书局；及罗廷光：《教育科学研究大纲》，中华，第十五章。

解决。这时所用的方法,便是案由法(Case method)。

七、问卷法　用一种问卷列了许多问题发出去,向专家或有关团体征求意见和材料,是一种极普通的方法,也是一种很粗浅的方法——倘有他法可用时,此法最好不用。

第三节　研究程序

此刻我们谈到教育研究的一般程序。不论用何种方法研究,下面几个步骤是必须循行的[①]:

一、问题的发现和选定

(一)问题的发现　根本没有问题,一切研究都谈不上。所以发现问题是研究的起点。发现问题的方法很多,下列数种大约是很有效的:

(1) 认定目的。看研究重在哪一方面,研究者的目的如何。

(2) 分析大问题成为若干小问题。

(3) 多与本问学者相接触,借得种种有益的启示。

(4) 多读有价值的研究报告,因而引起自己的研究问题。

(5) 多加思考,多考察实际情况。

(6) 多看流行的报章杂志。

(7) 用冷静的头脑去思索,去分析疑难,并指出疑难所在。

(二)问题的选择　汇集问题以定选择,什么问题最有价值、最合选的? 标准如次:

(1) 具有科学的价值。

(2) 对于社会可有实际的贡献。

[①] 详罗廷光:《教育概论》,世界,第十六章;及罗廷光:《教育科学研究大纲》,中华,第三编。

（3）对于知识有融贯的价值，能以融会贯通，以增进教育学术的总量。

（4）单纯而统一，俨然自成一个体。

（5）有客观性。

（6）易行而非望洋兴叹者。

（7）易于引起研究者的兴趣。

（三）问题的确定　即把问题的含义，明白确定，便于着手研究。

二、材料的搜集和整理

（一）材料的搜集　按了问题而搜集材料，首应注意区别材料的种类并鉴别其可靠与否。材料粗别为二种：一是原料（Original sources），二是副料（Secondary sources），比较以前者最有价值，是为可靠。搜集的方法，要看属于哪种研究（以前所述各种方法），能用直接法的，最好多用直接法搜集。

（二）材料的整理　材料既经搜集，接着便是整理的问题，即把散乱无章的材料理成系统，可以一目了然。这时可多用图表法，不仅可帮助记忆，兼可减少错误，便利统计。

三、概括和下结论

从已整理的事实中，绎出共同原则和律令，这步手续叫做概括（Generalization）。概括所得的结论，只能当作假设看，其果成为原则和律令与否，尚有待于事实的证明。

下结论时所应注意者：

（一）将全部研究结果提纲挈领地作一总述。

（二）总述结果，须用最经济、最有效的方法；用字要确当，解释要明显，叙述要生动，不要令人厌烦。

四、做报告

最末一步是做报告。报告每随研究的种类而异。一般来说，次序是：首列问题，略述问题的本质和目的；次述研究的手续、材料和用具等；再次为总结，即所得的结果；最末为参考书目及索引等。任何报告，材料要翔实，说明要简要，系统要详密，语言文字要生动，图片要多、要切当。

研究问题

(1) 为什么中小学要有研究的组织？

(2) 试草拟一个完全中学（学生约六百人）的研究组织系统，并略加说明。

(3) 近来一般较为进步的小学，对于研究方面颇为注重，试举实例以证之。

(4) 中小学实施的研究方法有几？试分评其价值。

(5) 自述本人从事小学实际问题研究的经验。

(6) 详论实验法。

(7) 调查邻近小学（或中学）实施研究的状况，特别注意其组织、工作和成绩。

(8) 拟订某一问题研究的方案。

第二十章

推广

博耶（Boyer）说："欲求学校充分表现其功能，必须努力获得整个社会的合作及了解。"克伯莱（Cubberley）也说："学校视为孤立的纯粹研究学问、教导儿童的场所，业已成为过去，今日的学校，应该设法尽量使它化为社会的中心。"意思都是说，学校应与社会合作，使社会的实际能影响于学校的作业；社会的生活就是学校教育的重要对象。这种话在现代教育家的口中说的太多了。在政府当局正提倡学校兼办社会教育的今日，学校范围，更该放大；学校教育决不限于门墙以内，要扩张到社会、家庭方面去，不独使社会、家庭交沾其益，即为学校儿童福利，也该如此。学校推广事业的重要，可不言而喻了。

第一节 推行家庭教育

最近教育部为推行家庭教育，公布了《推行家庭教育办法》，关系中小学实施的，有下列各条：

一、"各级学校推行家庭教育均由各该校'社会教育推行委员会'主持办理之。但女子学校及女生数超过学生总数半数以上之学校,得组织家庭教育委员会,主持各该校所在地家庭教育推行的事宜。"

二、"各级学校……推行家庭教育,全体教职员及学生均应参加,并得以女教职员为主办人员。"

三、"全国中等学校,除必须举办家庭教育班外,应各就性质所近,办理下列事项两种以上:

(一)恳亲会,
(二)家庭教育讲习会,
(三)家事公开讲演,
(四)儿童健康比赛,
(五)各项家事比赛,
(六)儿童教育指导,
(七)育婴指导,
(八)家庭医药卫生指导,
(九)家政管理指导,
(十)家庭副业指导,
(十一)家庭实行新生活指导,
(十二)家庭教育通讯研究,
(十三)其他。"

四、"全国国民学校,中心学校,小学幼稚园及民众学校,除必须举办家庭教育班外,应各就学校班级数及教职员之多寡,斟酌办理下列事项两种以上:

(一)学生家庭访问,
(二)恳亲会,
(三)特约模范家庭,

（四）主妇会，

（五）各项家事比赛（即家庭整洁、烹调、缝刺等比赛），

（六）儿童教育指导，

（七）育婴指导，

（八）家庭医药卫生指导，

（九）家政管理指导，

（十）子女婚姻指导，

（十一）礼俗改良指导，

（十二）家庭消费合作指导，

（十三）家庭副业指导，

（十四）家庭实行新生活指导，

（十五）其他。"

五、"各级学校……推行家庭教育所需经费，应由各该学校……经常费内动支；不足之数，得呈请主管教育行政机关酌予补助。"

六、"各级教育视察人员于视察各级学校……时，对于家庭教育推行情形，应随时予以指导及考核。"

前此政府及教育界人士对于家庭教育，每不关心，实是大错。"多数家长于无意教育之中，默默然将全部生活以身示范，甚少作教育说明，而子女于不知不觉间为之潜移默化，其力量较之学校教师虽设计施教而甚少以身示范者实超过多多！"实际，学校对于儿童费去九牛二虎的力量所造成的习惯，经不起一入家庭就被摧残尽了。虽关于家长个人的教育程度和家庭环境，然而学校不能和家庭密切联络，也是一个很大的原因。所以西洋人有句话，说"要教导儿童，必先教导家长"，中国一般家长的教育程度，远比欧美各国为低，其需要家庭教育，当然比他们更迫切了。

学校推行家庭教育,可用下列各种方法:

(1)访问　从联络感情入手,教师不时访问儿童家庭,与家长谈话,随时解释学校各项设施的目的和情况;同时考察家庭环境及儿童在家生活状况;关于卫生方面尤当特别注意。

(2)调查　调查学生家庭状况而予以适当的指导。在家庭离校较远教师不易访问时,更宜采用此法。事前准备表格或问卷,向家庭调查,请家长一一填写,倘有困难,亦请提出,俾便设法解决。

(3)通讯　随时与学生家长通讯,借免隔阂,小学里往往备有一本家庭通讯簿,把重要事项彼此通知,是一个很好的方法。

(4)报告　无论平时或学期结束,学校对于学生在校概况及其学业、操行、体格方面增进情形,应有扼要的报告;倘学生有特殊缺点亟待矫正,亦可载在上面,请家长注意。

(5)集会　举行恳亲会、母姊会及学生成绩展览会,招待家长来校参观,并恳谈学生在校及在家的种种情形。

(6)辅导　学校对于家长,除使其了解学校情形以外,必要时还当加以辅导——即所谓"育婴指导"、"家庭医药卫生指导"、"家政管理指导"、"子女婚姻指导"及"礼俗改良指导"等等。

第二节　办理社会教育

大家知道学校和社会关系非常密切:学校因社会而存立,社会随学校而进步,两者不可片刻分离。为纠正以往学校教育的缺陷,今后学校须使其力量及于社会,并充改进社会的中心势力。蒋中正在确定县各级组织纲要问题的讲演里,曾说:"办理教育人员,尤当在行政统一办法之下,努力于民众之组织与训练,即须以全体民众为对象,以社会为学校,以实际上之一切事物现象为教材，注重训练国民如何做人，如何办理……否则一如过去的学校教师仅为讲堂内之讲课，于出校后之学生及校外之社会环境如何，均不注意，乃教育者未能尽其应尽之职责，今后亟须纠正！"学校兼办社会教育，可沟通学校和社会，一方使学校事业社会化，同时亦即改造社会，使社会生活教育化。惟其如此，社会得以学校为教化的中心，学校亦惟有如此而得尽其应尽的职责！

在以往，学校自由办理社会教育的，固然也有，可惜很不普遍，并且法律没有明文规定；自教育部提倡学校兼办社会教育，先后颁布《各级学校社会教育推行委员会组织纲要》、《各级学校兼办社会教育工作标准》、《各省市县各级学校兼办社会教育考核办法》及《中心学校国民学校办理社会教育要点》以后，社会教育当可随学校教育而日益发展，而使两者相得益彰了。

学校应该办哪些社教工作？依教育部规定：

"中心学校、国民学校应办理之社会教育工作，举例如下：

一、文化方面：如贴壁报，画报，开放图书室，指导民众阅览，举行通俗讲演，提倡民众娱乐，普及民众歌咏，倡导风俗改良等项。

二、政治方面：如实施抗敌宣传，举行孙中山先生纪念周及国民月会，协助办理保甲教育及地方自治等事项。

三、经济方面：如实施合作教育，举办职业补习，办理农事指导，举行生计展览等事项。

四、自卫方面：如协助壮丁训练，组织国术团体，办理民众体育及卫生等事项。"

中心学校、国民学校办理社会教育，以改善民众生活为主旨，除直接办理文化事业外，并应协助各主管机关，办理政治、经济、自卫等方面有关教育工作。此等学校办理社教时，由校长负责主持,全体教职员均应参加工作。①

中学则除应兼办民众识字教育及抗敌宣传外,尚应酌办下列社教工作两种以上:

(一)通俗讲演,(二)民众歌咏团,(三)壁报,(四)民众卫生指导,(五)救护训练,(六)成绩展览会,(七)其他切合社会需要之教育。②

上述各种办法,是教育部最近才颁布的,其实,在这些办法未颁布以前,各省市也曾自定办法,实施社会教育,浙江便是一个好例。浙江省于十九年度〔1930〕颁行《中小学兼办民众教育暂行办法》十五条③,试录其第二至第六条关于原则、种类和办法方面的条文于后:

一、中小学兼办民众教育应注意下列原则:

(1) 应适合一般民众之需要。
(2) 须有益学校教育之社会化。
(3) 须力求学科与各项民众教育工作之联络。
(4) 须无碍本校教育及日常课业之进行。

二、中小学兼办民众教育之事项如下:

(1) 关于健康者:如业余体育会、拒毒会、禁酒会、远足会、卫生运动等类。
(2) 关于生计者:如科学表演会、合作社、职业补习学校、青年农事改进团、工艺及农产品展览会等类。

---

① 据部颁:《中心学校国民学校办理社会教育要点》。
② 据部颁:《各级学校兼办社会教育办法》。
③ 《浙江教育行政周刊》第46期。

(3) 关于文字语言者：如民众学校、问字处、巡回图书库、演说会及编辑民众读物等类。

(4) 关于家事者：如特约模范家庭、父母会、儿童保育研究会、婴儿比赛会、家政讲习会、家政展览会等类。

(5) 关于政治者：如党义宣传队、村民自治顾问会、公民训练团、壁报、纪念会等类。

(6) 关于休闲者：如剧团游艺会、同乐会、艺术展览会等类。

三、中小学校得将图书馆、运动场、礼堂、校园等酌量开放，并酌加布置，使适合于一般民众之需要。

四、中等学校之民众教育，由教职员指导学生办理。

五、中等学校应于每年度第二学期结束前，酌定学生暑期办理民众教育之工作。

中小学应办的社教工作可见其大概了。实际，一般中等学校学生，平时亦每有课外活动的举行，如办理民众学校、学术讲演、演说会、出版、假期作业、灭蝇运动、交谊会、远足或旅行、歌咏团及国乐社等，多少含有社会教育的作用，不过还未能满足我们的需要而已。

师范学校辅导地方教育[①]，也算一种学校教育的推广。又校工教育亦然。

第三节　学校间的联络和协作

教育的事业千端万绪，步步有困难，步步求解决，倘故步自封，不与他校往来，则必失去切磋观摩的功效。教育的学术更是

---

① 详部颁：《修正师范学校规程》及《各省市师范学校辅导地方教育办法》。

日新月异，不有共同商讨研究，必然流于落后。故为解决教育上的难题，为提高研究的效率，学校与学校之间，实有彼此联络的必要。在任何地方，所有中学或小学，都宜团结一起，一方面借以联络教育界的感情，他方面又可共同商讨许多教育上的重要问题，遇有行政、训导、教学的困难，并可互相协助，以谋解决。这种友爱协作的精神，在教育上是很有价值的。

联络协作的方法很多，如分组研究、交互参观、交换印刷品及互借图书仪器等都是可行的。但最好莫如组织一个联合会，彼此共同讨论，合力进行。"在南京市各市立小学，为督促高年级儿童努力起见，有一种联合测验的办法。每次由一个学校认定一种科目出题目，印好分发给各校依时测验后，将成绩送到这个主持的学校中，由他统计、列表、印发，以资观摩。如此每校每次测验，不必次次要出题目，花印费，同时可以收到切磋之效。"这是一个很好的协作例子。

学校推广事业的范围实在很广，在美国更有好些特殊办法，如组织家长教师联合会[1]，办理推广教育班（extension class），设置推广课程及函授学校等，都在其内。我们学校规模较大，设备较优的，可酌量试行。

研究问题

（1）述家庭教育的重要及其有效办法。

（2）依你的意思，学校推行家庭教育有什么困难，并应如何设法解决。

（3）学校为什么要兼办社会教育？并应如何着手？

（4）就个人经验所及，本地中学（或小学）曾兼办社会教育的有几所，

---

[1] 详 Cubberley, E. P., *The Principal and His School*, Part V, Chap. XXVII.

它们的成绩怎样？

(5) 中心小学和国民学校兼办社会教育有没有困难？如果有，应如何设法胜过？

(6) 你以为最可实行且最有价值的社教工作，学校可兼办的是些什么？

(7) 试为中心小学草拟一个办理社会教育的计划。

(8) 论出版与推广事业的关系。

参考原料[1]

一、中国国民党抗战建国纲领
（二十七年〔1938〕四月临时全国代表大会通过）

中国国民党领导全国从事于抗战建国之大业，欲求抗战必胜，建国必成，固有赖于本党同志之努力，尤须全国人民戮力同心，共同担负。因此本党有请求全国人民捐弃成见，破除畛域，集中意志，统一行动之必要。特于临时全国代表大会制定外交、军事、政治、经济、民众运动、教育各纲领，议决公布，使全国力量得以集中团结，而实现总动员之效能。纲领如下：

甲、总则：（一）确定三民主义暨总理遗教，为一般抗战行动及建国之最高准绳，（二）全国抗战力量，应在本党及蒋委员长领导之下，集中全力，奋励迈进。

乙、外交：（三）本独立自主之精神，联合世界上同情于我之国家及民族，为世界之和平与正义，共同奋斗。（四）对于国际和平机构，及保障国际和平之公约，尽力维护，并充实其权威。（五）联合一切反对日本帝国主

---

[1] 〔主编注〕历史文件，皆存原貌。

义侵略之势力，制止日本侵略，树立并保障东亚之永久和平。（六）对于世界各国现存之友谊，当益求增进，以扩大对我之同情。（七）否认及取消日本在中国领土内以武力造成之一切伪政治组织，及其对内对外之行为。

丙、军事：（八）加紧军队之政治训练，使全国官兵明了抗战建国之意义，一致为国效命。（九）训练全国壮丁，充实民众武力，补充抗战部队。对于华侨回国效力疆场者，则按照其技能，施以特殊训练，使之保卫祖国。（十）指导及援助各地武装人民，在各战区司令长官指挥之下，与正式军队配合作战，以充分发挥保卫乡土，捍御外侮之效能，并在敌人后方发动普遍的游击战，以破坏及牵制敌人之兵力。（十一）抚慰伤亡官兵，安置残废，并优待抗战人员之家属，以增高士气，而为全国动员之鼓励。

丁、政治：（十二）组织国民参政机关，团结全国力量，集中全国之思虑与识见，以利国策之决定与推行。（十三）实行以县为单位，改善并健全民众之自卫组织，施以训练，加强其能力，并加速完成地方自治条件，以巩固抗战中之政治的社会的基础，并为宪法实施之准备。（十四）改善各级政治机构，使之简单化合理化，并增高行政效率，以适合战时需要。（十五）整饬纲纪，责成各级官吏忠勇奋斗，为国牺牲，并严守纪律，服从命令，为民众倡导，其有不忠职守，贻误抗战者，以军法处治。（十六）严惩贪污官吏，并没收其财产。

戊、经济：（十七）经济建设，以军事为中心，同时注意改善人民生活。本此目的，以实行计划经济，奖励海内外人民投资，扩大战时生产。（十八）以全力发展农村经济，奖励合作，调节粮食，并开垦荒地，疏通水利。（十九）开发矿产，树立重工业基础，鼓励轻工业的经营，并发展各地之手工业。（二十）推行战时税制，彻底改革财务行政。（二十一）统制银行业务，从而调整工商业之活动。（二十二）巩固法币，统制外汇，管理进出口货，以安定金融。（二十三）整理交通系统，举办水陆空联运，增筑铁路、公路，加辟航线。（二十四）严禁奸商垄断居奇，投机操纵，实施物品平价制度。

己、民众运动：（二十五）发动全国民众，组织农、工、商、学各职业团体，改善而充实之，使有钱者出钱，有力者出力，为争取民族生存之抗战而动员。(二十六)在抗战期间,于不违反三民主义最高原则及法令范围内,对于言论、出版、集会、结社,当与以合法之充分保障。(二十七)救济战区难民及失业民众,施以组织及训练,以加强抗战力量。(二十八)加强民众之国家意识,使能辅助政府肃清反动,对于汉奸严行惩办,并依法没收其财产。

庚、教育:(二十九)改订教育制度及教材,推行战时教程,注重于国民道德之修养,提高科学的研究,与扩充其设备。(三十)训练各种专门技术人员,与以适当之分配,以应抗战需要。(三十一)训练青年,俾能服务于战区及农村。(三十二)训练妇女,俾能服务于社会事业,以增加抗战力量。

二、战时各级教育实施方案纲要

(二十七年〔1938〕四月临时全国代表大会通过)

教育为立国之本。整个国力之构成,有赖于教育,在平时然,在战时亦然。国家教育在平时若健全充实,在战时即立著其功能;其有缺点,则一至战时,此等缺点即全部显露,而有待于急速之补救与改正。所贵乎战时教育之设施者,即针对教育上之缺点,以谋根本之挽救而已,非战时教育之必大有异于平时也。

我国古代教育,向以德、智、体三育为纲,礼乐射御书数六艺为目,故德智并重而不偏废,文武合一而无轩轾,文科与实科兼顾,而克应群己之需要,家庭教育与学校教育一贯,以造成完全之公民。迨六艺之真义一失,而教育之基础动摇矣。

今试检讨过去吾国所谓新教育者之病根,大要不外数端:学校徒偏重课本之讲授,而忽略德行之指导,此由于修己合群之德育未加重视者,一也;运动之目的在竞赛,操场之建筑为点缀,此由于强身卫国之体育全被误解者,二也;本国之文史不重,乡土之教材不谈,社会生活与学校设备绝不相侔,经济组织与学校课程截然两事,此由于利用厚生之智育远离实际者,三也。积此三者之症结,而社会乃充满人人谋事,事事找人之怪象,国家亦充满贫病乱愚之惨剧，驯至国力空虚薄弱，在平时已失其自立存之基础，至战时更不能适应非常之需要，挽救之道，更有恃乎教育。

今后教育之设施，其方针有可得而言者：一曰，三育并进；二曰，文武合一；三曰，农村需要与工业需要并重；四曰，教育目的与政治目的一贯；五曰，家庭教育与学校教育密切联系；六曰，对于吾国固有文化精粹所寄之文史哲艺，以科学方法加以整理发扬，以立民族之自信；七曰，对于自然科学，依据需要，迎头赶上，以应国防与生产之急需；八曰，对于社会科学，取人之长补己之短，对其原则整理，对于制度应谋创造，以求一切适合于国情；九曰，对于各级学校教育，力求目标之明显，并谋各地平均之发展，对于义务教育，依照原定期限，以达普及；对于社会教育与家庭教育，力求有计划之实施。

根据上述方针，拟具整理及改善教育之方案，以为今后实施之准则，其要点为：

（一）对现行学制，大体应仍维现状，惟遇拘泥模袭他国制度，过于划一而不易施行者，应酌量变通，或与以弹性之规定，务使因事制宜，因材施教，而收得实际效果。

（二）对于全国各地各级学校之迁移与设置，应有通盘计划，务与政治经济实施方针相呼应。每一学校之设立及每一科系之设置，均应规定其明确目标与研究对象，务求学以致用，人尽其才，庶几地尽其利，物尽其用，货畅其流之效可见。

（三）对师资之训练，应特别重视，而亟谋实施。各级学校教师之资格审查，与学术进修之办法，应从速规定，以养成中等学校德、智、体三育所需之师资，并应参酌从前高等师范之旧制而急谋设置。

（四）对于各级学校各科教材，应彻底加以整理，使之成为一贯之体系，而应抗战与建国之需要，尤宜尽先编辑中小学公民、国文、史地等教科书及各地乡土教材，以坚定爱国爱乡之观念。

（五）对于中小学教学科目，应加以整理，毋使过于烦重，致损及学生身心之健康，对于大学各院科系，应从经济及需要之观点，设法调整，使学校教学力求切实，不事铺张。

281

(六)订定各级学校训育标准,并切实施行导师制,使各个学生在品格修养及生活指导与公民道德之训练上,均有导师为之负责,同时可重立师道之尊严。

(七)对于学校及社会体育应普遍设施,整理体育教材,使与军训童训取得联贯,以矫正过去之缺点。强迫课外运动,以锻炼在学青年之体魄,并注意学生卫生方法之指导及食物营养之充足。

(八)对于管理,应采严格主义,尤注重于中学阶段之严格管理。中等以上学校一律采军事管理方法,养成清洁整齐,确实敏捷之美德,劳动服务之习惯,与负责任守纪律之团体生活。

(九)对于中央及地方之教育经费,一方面应有整个之筹集与整理方法,并设法逐年增加,一方面务使用得其当,毋使虚糜。

(十)对于各级学校之建筑,应只求朴实合用,不宜求其华美,但仪器与实习用具之设备,应尽量充实,期达到规定之标准。

(十一)各级教育行政机构,应设法使其完密,尤应重视各级督学工作之联系与效能。对各级教育行政人员之人选,应以德行与学识并重,特别慎重铨衡。

(十二)全国最高学术审议机关应即设立,以提高学术标准。

(十三)改订留学制度,务使今后留学生之派遣,成国家整个教育计划之一部分。对于私费留学,亦应加以相当之统制,革除过去分歧放任之积弊。

(十四)中小学中之女生应使之注重女子家事教育,并设法使学校教育与家庭教育相辅推行。

(十五)督促改进边疆教育与华侨教育,并分别编订教材,养成其师资,从实际需要入手。

(十六)确定社会教育制度,并迅速完成其机构,充分利用一切现有之组织与工具,务期于五年内普及识字教育,肃清文盲,并普及适应于建国需要之基础训练。

(十七)为谋教育行政与国防及生产建设事业之沟通与合作,应实施建教合作办法,并尽量推行职业补习教育,使各种职业之各级干部人员均有充分之供给，俾生产机构，早日完成。

以上数点，均切合国家社会之急迫需要，务期于最短期间完成其使命。

三、李端棻请推广学校折

（此折为建立学制系统之先声。
罗惇曧谓稿出自梁启超之手。
参阅《京师大学堂成立记》舒新城）

窃臣闻国于天地，必有兴立；言人才之多寡，系国势之强弱也。去岁军事既定，皇上顺穷变通久之义，将新庶政，以图自强，恐办理无人，百废莫举。特降明诏，求通达中外能周时用之士，所在咸令表荐，以备擢用。綍纶一下，海内想望，以为豪杰云集，富强立致。然数月以来，应者寥寥，即有一二，或仅束身自好之辈，罕有济难瑰玮之才，于侧席盛怀，未能尽副。夫以中国民众数万万，其为士者十数万，而人才乏绝，至于如是，非天之不生才也，教之之道未尽也。夫二十年来，都中设同文馆，各省立实学馆，广方言馆，水师武备学堂，自强学堂，皆合中外学术相与讲习，所在而有。而臣顾请教之之道未尽，何也？诸馆皆徒习西语西文，而于治国之道，富强之原，一切要书，多未肄及，其未尽一也。格致制造诸学，非终身执业，聚众讲求，不能致精。今除湖北学堂外，其余诸馆，学业不分齐院，生徒不重专门，其未尽二也。诸学或非试验测绘不能精，或非游历察勘不能确。今之诸馆，未备图器，未遣游历，则日求之于故纸堆中，终成空谈，无自致用，其未尽三也。利禄之路，不出斯途。俊慧子弟，率从事帖括，以取富贵，及既得科第，遂与学绝，终为弃材。今诸馆所教，率自成童以下，苟逾弱冠，即已通籍；虽或向学，欲从末由，其未尽四也。巨厦非一木所能支，横流非独柱所能砥，天下之大，事变之亟，必求多士，始济艰难。今十八行省只有数馆，每馆生徒只有数十。士之欲学者或以地僻而不能达，或以额外而不能容，即使在馆学徒一人有一人之用，尚于治天下之才，万不足一。况于功课不精，成就无几，其未尽五也。此诸馆所以设立二十余年，而国家不一收奇才异能之用者，惟此之故。曰：然则岂穴之间，好学之士，岂无能自绩学以待驱策者？曰：格致、制造、农、商、兵、矿诸学，非若考据词章帖括之可以闭户獭祭而得也，书必待翻译而后得读，一人之学，能翻群籍乎？业必待测验而后致精，一人之力，能购群器乎？学必待游历而后征实，一人之身，能履群地乎？此所以虽有一、二倜傥有志之士，或学焉而不能成，或成矣而不能大也。乃者钦奉明诏，设官书局于都畿，领以大臣，以重其事。伏读之下，仰见圣神措虑，洞见本原。臣于局中一切章程，虽未具悉。然知必有良法美意以宣达圣意，阐扬风化者。他日奇才异能由斯而出，不可胜数也。惟育才之法匪限于一途，作人之风当偏于率土。臣请推广此意，自京师以及各省、府、州、县皆设学堂。府州县学，选民间俊秀才子弟年十二至二十者入学。其诸生以上欲学者听之。学中课程，诵四书通鉴小学等书，而辅之以各国语言文字及算学、天文、地理之粗浅者，万国古史近事之简明者，格致理之平易者，以三年为期。省学选诸生年二十五以下者入学，其举人以上欲学者听之。学中课程，诵经史子及国朝掌故诸书，而辅之以天文、舆地、算学、格致、制造、农、商、兵、矿、时事、交涉等学，以三年为期。京师大学，选举贡监年三十以下者入学，其京官愿学者听之。学中课程，一如省学，惟益加专精，各执一门，不迁其业，以三年为期。其省学大学所课，门目繁多，可仿宋胡瑗经义治事之例，分齐讲习，等其荣途，一归科第；予以出身，一如常官。如此，则人争濯磨，士知向往，风气自开，技能自成，才不可胜用矣。或疑似此兴作，所费必多。今国家正值患贫，何处筹此巨款。臣查各省及府、州、县率有书院，岁调生徒入院肄业，聘师讲授，意美法良。惟奉行既久，积习日深，多课帖括，难育异才。今可令每省每县各改其一院，增广功课，变通章程，以为学堂。书院旧有公款，其有不足，始拨官款补之。因旧增广，则事顺而易行，就近分筹；则需少而易集。惟京师为首善之区，不宜因陋就简，示天下以朴，似当酌动帑藏以崇体制。每岁得十余万，规模已可大成，中国之大，岂以此十余万为贫富哉。或又疑所立学堂既多，所需教习亦众，窃恐乏人堪任此职。臣以为事属创始，学者当起于浅近，教者亦无取精深。今宜令中外大吏各举才任教习之士悉以名闻，或就地聘延，或考试选补，海内之人，必有可以充其任者。学堂既立，远之得三代庠序之意。近之采西人厂院之长，兴贤教能之道思过半矣。然课其记诵而不廓其见闻，非所以造异才也。就学者有日进之功，其不能就学者无讲习之助，非所以广风气也。今推而广之，厥有与学校之益相须而成者盖数端焉：一曰设藏书楼。好学之士，半属寒畯，购书既苦无力，借书又难其人，坐此固陋寡闻无所成就者不知凡几。高宗纯皇帝知其然也，特于江南设文宗、文汇、文澜三阁，备庋秘籍，恣人借观。嘉庆间大学士阮元推广此意，在焦山、灵隐起立书藏，津逮后学。自此以往，江浙文风，甲于天下，作人之盛，成效可睹也。泰西诸国，颇得此道，都会之地，皆有藏书。其尤富者，至千万卷，许人入观，成学之众，亦由于此。今请依乾隆故事，更加增广，自京师及十八行省省会，咸设大书楼，调殿板及各官书局所刻书籍，暨同文馆、制造局所译西书，按部分送各省以实之。其或有切用之书，为民间刻本，官局所无者，开列清单，访画价值，徐行购补。其西学书陆续译出者，译局随时咨送，妥定章程，许人入楼看读，由地方公择好学解事之人经理其事。如此，则向之无书可读者，皆得以自勉于学，无为弃才矣。古今中外有用之书，官书局有刻本者，居十之七八。每局酌提部数，分送各省，其费至省，其事至顺。一奉明诏，事即立办，而饷遗学者，增益人才，其益盖非浅鲜也。二曰创仪器院也。格致实学，咸藉试验，无视远之镜，不足言天学。无测绘之仪，不足言地学。不多见矿质，不足言矿学。不习观汽机，不足言工程之学。其余诸学，率皆类是。然此等新器，所费不赀；家即素封，亦难备购。学何从进，业焉能成。今请于所立诸学堂咸别设一院，购藏仪器，令诸学徒皆就试习，则实事求是，自易专精，各器择要而购，每省拨万金以上，已可粗备。此后陆续添置，渐成大观，则其费尚易措筹，而学徒所成，视昔日纸上空谈相去远矣。三曰开译书局也。兵法曰：知己知彼，百战百胜。今与西人交涉，而不能尽知其情伪，此见弱之道也。欲求知彼首在译书。近年以来，制造局、同文馆等处，译出刻成，已百余种，可谓知所务也。然所译之书，详于术艺而略于政事，于彼中治国之本末，时局之变迁，言之未尽。至于学校、农政、商务、铁路、邮政诸事，今日所亟宜讲求者，一切章程条理，彼国咸有专书，详哉言之。今此等书，悉无译本。又泰西格致新学，制造新法，月异岁殊，后来居上。今所已译出者，率十年以前之书，且数亦甚少，未能尽其所长。今请于京师设大译书馆，广集西书之言政治者，论时局者，言学校、农、商、工矿者，及新法新学近年所增者，分类译出，不厌详博，随时刻布，廉值发售，则可以增益见闻，开广才智矣。四曰广立报馆也。知今而不知古，则为俗士，知古而不知今，则为腐儒。欲博古者莫若读书，欲通今者莫若阅报，二者相须而成，缺一不可。泰西每国报馆，多至数百所，每馆每日出报，多至数万张。凡时局、政要、商务、兵机、新艺、奇技、五洲所有事故，靡所不言。阅报之人，上有君后，下自妇孺，皆足不出户，而于天下事了然也。故在上者能措办庶务而无壅蔽，在下者能通达政体以待上之用，富强之原，厥由于是。今中国邸钞之外，其报馆仅有上海、汉口、广州、香港十余所，主笔之人不学无术，所言率皆浅漏，不足省览。总署海关，近译西报，然所译甚少，又未经印行，外间末由得见。今请于京师及各省会，并通商口岸繁盛镇埠，咸立大报馆。择购西报之尤善者分而译之。译成，除恭缮进呈御览并咨送京外大小衙门外，即广印廉售，布之海内。其各省政俗士宜，亦由各馆派人查验，随时报闻，则识时之俊日多，干国之才日出矣。五曰选派游历也。学徒既受学数年，考试及格者，当选高才以充游历。游历之道有二：一游历各国，肄业于彼之学校，纵览乎彼之工厂，精益求精，以期大成。一游历各省，察验矿质，钧核商务，测绘舆地，查阅物宜，皆限以年期，厚给薪俸，随时著书归呈有司。察其切实有用者，为之刊布，优加奖励。其游惰而无状者，官则立予降黜，士则夺其出身。数年之后，则辖轩绝域之士，斐然成章，郡国利病之书，备哉粲烂矣。或疑近年两次所派游历学生未收大效，不知前者所派游历，乃职官而非学童。在中国既未经讲求，至外洋亦未尝受学，故事涉空衍，寡有所成。其所派学生又血气未定，读中国书太少，遽游历绝域，易染洋风，虽薄有技能，亦不适于用。今若由学堂选充，两弊俱免，其所成就，必非前此之所能例也。夫既有官书局大学堂以为之经，复有此五者以为之纬，则中人以下皆可自励于学，而奇才异能之士其所成就益远且大。十年以后，贤俊盈廷，不可胜用矣。以修内政，何政不举？以雪旧耻，何耻不除？上以恢列圣之远猷，下以慑强邻之狡启，道未有急于是者。若仰蒙采择，乞饬下中外大臣妥议章程，取旨施行。

四、清德宗维新之诏
（光绪二十四年〔1898〕戊戌四月二十三日）

　　数年以来，中外臣工，讲求时务，多主变法自强。迩者诏书数下，如开特科，汰冗兵，改武科制度，立大小学堂，皆经再三审定，筹之至熟，甫议施行。惟是风气尚未大开，论说莫衷一是，或托于老成忧国，以为旧章必应墨守，新法必当摈除，众喙哓哓，空言无补。试问今日时局如此，国势如此，若仍以不练之兵，有限之饷，士无实学，工无良师，强弱相形，贫富悬绝，岂真能制梃以挞坚甲利兵乎？

　　溯惟国是不定，则号令不行，极其流弊，必致门户纷争，互相水火，徒蹈宋明积习，于时政毫无补益。即以中国大经大法而论，五帝三王，不相沿袭，譬之冬裘夏葛，势不两存。用特明白宣示，嗣后中外大小臣功，自王公以及士庶，各宜努力向上，发愤为雄。以圣贤义理之学，植其根本；又须博采西学之切于时务者，实力讲求，以救空疏迂谬之弊。专心致志，精益求精，毋徒袭其皮毛，毋竞胜其口说，总期化无用为有用，以成通经济变之才。

　　京师大学堂为各省之倡，尤应首先举办，着军机大臣总理各国事务王大臣，会同妥速议奏，所有翰林院编检，各部院司员，大门侍卫，候补候选道府州县以下，及大员子弟，八旗世职，各省武职后裔，其愿入学堂者，均准入学肄习，以期人材辈出，共济时艰，不得敷衍因循，徇私援引，至负朝廷谆谆告诫之至意，特此通谕之。钦此。

五、清德宗诏停科举
（光绪二十九年〔1903〕八月四日）

　　"上谕：袁世凯等奏请'立停科举，以广学校，并妥筹办法'一折。三代以前，选士皆有学校，而得人极盛，实我中国兴贤育才之隆轨。即东西

——287

洋各国富强之效，亦无不本于学堂。方今时局多艰，储才为急。朝廷以日倡科学为急务，屡降明谕，饬令各省督抚，广设学堂，俾全国之人咸趋实学，以备任使。用意至为深厚。前因管学大臣等议奏，当准将乡会试中式分三科递减。兹据该督等称称："科举不停，民间相率观望。推广学堂，必先停科举"等语。所陈不为无见，即自丙午科为始，所有乡会试一律停止。各省岁科考试，亦即停止。其以前之举贡生员，分别量予出路。及其余各条，均着照所请办理。总之，学堂本因学校之制，其奖励出身亦与科举无异。历次定章，原以修身读经为本，各门科学又皆切于实用；是在官绅申明宗旨，闻风兴起，多建学堂，普及教育，国家既获树人之益，即地方亦与有光荣。经此次谕旨，着学务大臣，迅速颁发各种教科书，以定指归，而宏造就。并着责成各该督抚，实力通筹，严饬府厅州县，赶紧于城乡各处，遍设蒙小学堂，慎选师资，广开民智。其各认真研究，随时考察，不得少行瞻徇，致滋流弊。务期进德修业，体用益赅，以副朝廷劝学作人之至意。钦此。"

六、学部官制职守清单

光绪三十二年〔1906〕四月二十日，学部奏定官制及归并国子监，其内部组织如下：

（1）政务：学部设尚书一员，为部之长，左右侍郎二员贰之，综理教育行政事务。

（2）管理：侍郎之下，设正三品之左右丞各一员，佐理尚书侍郎整理部务。

（3）立法：举凡规定教育法规，审核法令章程之事，统归秩正四品之左右参议司之，其位居左右丞之下；其下复设正五品之参事四员，襄理一切。

（4）事务：事务为部中主要办事部分，分五司，司设郎中一员，总理司务，司下分科，科设员外郎一员，主事一、二员，襄理所属事务。

（甲）总务司　内分机要、案牍、审定三科，分掌撰拟奏章，掌管文件，审定图书及不属他科事项。

（乙）专门司　内务教务、庶务两科，教务科掌大学堂、专门学堂、私立学堂及与以上学堂有关事务；庶务科职掌各种学会、国内外游学、图书馆、天文台以及地方教育行政等事。

（丙）普通司　内分师范教育、中等教育、小学教育三科，分掌师范及中小学课程、设备、行政等一切事务。

（丁）实业司　内分二科：实业教务科，掌各种职业学校之一切教务及管理；实业庶务科，掌调查各省实业教育概况，及筹划实业教育补助费等事。

（戊）会计司　内分度支与建筑两科，度支科掌本部之经费，款产之收支及保管；建筑科掌本部直辖各学堂、图书馆、博物馆等之建造营缮，并考核全国各学堂、图书馆等之建造是否合度。

（己）另设司务厅，地位与司平行，设司务二员，掌理印信、收发文件、传钞折件、督率夫役等事。

各司及司务厅可酌设一、二、三等书记，官秩七、八、九品。

(5) 视察　视察之制，在学部中仅略具规模，人无定员，职亦仅限于巡视。其详细规程，至宣统元年始定。

(6) 咨议　无实缺，人数及职位皆无定，其职司备问。

上述为学部干部之组织，此外尚有附属机关数所：

(1) 编译图书局　学部未立之前，京师本有编书局之设，迨学部成立，遂改为部属编译图书局；设局长一人，综理局务；酌聘局员襄助；局中另附研究所，专门研究学校课本之编纂。

(2) 京师督学局　学部中所设之视学官，专司京外各地学务之巡视，其京师之内各级学校，则由此京师督学局负责督率指挥，局内设师范教育、中等教育、小学教育三科，每科设科长一人，并酌设科员。

(3) 学制调查局　我国兴学动机，本在摹仿西洋，故特设此局以研究各国之学制，期收攻错他山之效。局设局长一人，局员数人，由视学官派充，别设译官数人，任翻译事宜。

(4) 高等教育会议所　属本部尚书侍郎监督；其议员选派本部所属职

官、直辖各学堂监督、各省中等以上学堂监督，及京外官绅之学识宏通于教育事业有阅历者充任。常会每年一次，遇有重要事件，可临时召集会议，议长由议员公推。另设庶务员二人，掌理所务，由本部派司员兼理。

（5）教育研究所　延聘精通教育之员，定期讲演教育原理及教育行政，本部人员按时听讲。设庶务员编辑员各一人，由本部派员兼理。

（6）国子监　学部成立后，国子监即拨归学部统辖。设国子丞一员，秩正四品，总司文庙辟雍殿一切礼仪事务；其体制视参议，由学部奏请简任，盖一教育上之宗教机关也。

（以上均见《学部奏咨辑》要中"奏定学部官制暨归并国子监改定额缺事宜折"）。（自薛人仰：《中国教育行政制度史略》。）

七、各省学务详细官制及办事权限章程
（光绪三十二年〔1906〕四月二十日）

谨拟各省学务详细官制及办事权限章程，缮具清单，恭呈御览。

计开

一　每省设提学使司提学使一员，秩正三品，在布政使之次，按察使之前，总理全省学务，考核所属职员功过，其旧有之学务处，俟提学使到任后，即行裁撤，以专责成。（江宁江苏向有布政使二员应于江宁省城设提学使一员，江苏省城设提学使一员，照布政使管辖地方例管理学务，其吉林、黑龙江、新疆三省均添设提学使各一员。）

一　各省提学使司提学使员缺，拟由学部以京外所属学务职员开单奏请简放。

一　此次提学使初设，需员甚多，拟由翰林院人员品端学粹，通达事理，及曾经出洋确有心得，并京外究心学务，素有阅历之员，不拘资格，一体擢用。其现任各省学政暨学务处总办，果系素谙学务办事认真者，并由学部奏请改任提学使，或补或署，以资熟手而广任用。

一　提学使自到任之日起，每三年作为俸满，俸满之前，各督抚将其平日所办事项，详细咨部；本部证以三年内派出视学官所切实考察者，该

司办理学务有无拜兴实效，详晰胪列奏闻，或留任，或升擢，或调他省，或调回本部，请旨遵行。

一 提学使由四、五品京堂及实缺道员简任者，升转与臬司同；其由他项人员补授者，应俟三年俸满列入升转；由他项人员署理者，俟实授后扣足俸满年限列入升转。

一 提学使各直省藩臬两司例为督抚之属官，归其节度考核；一面由学部随时考查，不得力者，即行奏请撤换。

一 地方学务凡系按照定章后经督抚筹定举办者，提学使当督饬地方官切实举办，力除向来因循敷衍之积习；其有延宕玩视，并办不以实者，提学使可具其事状，详请督抚分别记过撤参，毋稍徇隐。其有办事实心，卓著成效者，亦可具其事状，详请督抚从优奏奖。每届年终，分别所属府、厅、州、县兴学考成，出具考语，申详督抚办理。

一 提学使于通省学务应用之款，应会同藩司筹画，详请督抚办理。

一 提学使所办事务，除随时禀报督抚，由督抚咨报学部外，每学期及年终将本省学堂办理一切情形，详报于学部，以备考核；如有重要事件，仍可随时径达学部。

一 提学使如遇有紧要事件应行出省考察，须先期电达学部，经学部允准后，方可出省考察；但仍当轻骑简从，勿受地方供应。

一 提学使衙门可仍用旧有之学政衙门，所有旧日吏役人等，概行屏除。其有学政向不与督抚同城者，均应改归一律。至各省业经裁撤之学务处，即改为学务公所。提学使暨率所属职员，按照定章，限定钟点，每日入所办公，不得旷误。所有学政衙门案卷，学务处公牍，均移送提学使衙门，毋得遗漏，以便稽考。

一 学务公所设议长一人，议绅四人，佐提学使参画学务，并备督抚咨询。议绅由提学使延聘，议长由督抚咨明学部奏派（须择端正绅士学务者）。

一 学务公所分为六课：曰总务课、曰专门课、曰普通课、曰实业课、曰图书课、曰会计课。其各课所掌事务分列于下：

总务课 掌办理机密文书事件；收发一切公文、函电、案卷、册籍；

编纂统计报告,及各种学务报告;并编印教育官报;检定教员,考核所属职官教员功过,及其任用升黜更调;核定关于本省学务全体之规则章程;并掌理备聘外国人;考查公所人役一切杂项事务;又各学堂卫生事务亦归管理。

专门课　掌理本省高等学堂及各种专门学堂教课、规程、设备、规则,及关于管理员、教员、学生等一切事务,并保护奖励各种学术技艺及海外游学生事务。

普通课　掌理本省优级、初级师范学堂、中小学堂、女子师范学堂、女子中学堂、小学堂教课、规程、设备、规则,及关于管理员、教员、学生等一切事务,又凡通俗教育、家庭教育、教育博物馆,及与中小学堂相类之学堂一切事务,均归办理。

实业课　掌理本省农业学堂、工业学堂、商业学堂、实业教员讲习所、实业补习普通学堂、艺徒学堂,及各种实业学堂之设立、维持、教课、规程、设备、规则,及关于管理员、教员、学生等一切事务,并考察本省实业情形,筹画扩张实业教育费用。

图书课　掌理编译教科书、参考书,审查本省各学堂教科图籍,翻译本署往来公文书牍,集录讲义,经理印刷并管图书馆、博物馆等事务。

会计课　掌本所经费之收支、报销、核算,省会及各府、厅、州、县教育费用是否合度,并稽核各学堂,凡各学堂建造营缮之事,亦归考核经理。

一　各课设课长一人,副长一人,其课员视事之繁简,由提学使酌量详派,限定人数,少则一员,多不得过三员。

一　各课课长、副长、课员,以曾在中学堂以上毕业或曾习师范并曾充学堂管理员、教员、积有劳绩者充任;此时创办,应予变通,暂就本省官绅办理学务积有阅历学望素孚者,由提学使详请督抚札派。

一　提学使下设省视学六人,承提学使之命令,巡视各府、厅、州、县学务。各省省视学,由提学使详请督抚札派曾习师范或出洋游学并曾充当学堂管理员教员积有劳绩者充任。其巡视区域及规则,另详专章,由学部奏明办理。

一　课长、副长、省视学如无官者，均给予职衔。课长五品，副长及省视学均六品，其有资深劳著者，准以京外相当之学务官员调用。

一　课长、副长、省视学及各课员，每年由督抚汇奏汇咨一次；以上各员应领薪水，均比照旧有学务处人员薪水开支。

一　各省提学使养廉均比照学政原有之养廉支给。其署任人员，若署无人之缺，养廉全支，均加给公费，其数目由督抚奏定。所有学政旧有之规费供给等项名目一概禁绝。

一　课员以下可设司事、书记，其人数视事之繁简为定，皆开支工薪，不作缺底，公役尤宜限定人数。

一　各厅州县均设劝学所，遵照此次奏定章程，按定区域劝办小学，以期逐渐推广，普及教育，此为当今切要之图。提学使务严督地方官限期速办，实力推行，并于劝学所内，定期约集学会绅衿，宣讲教育宗旨，以资遵守。

一　各厅、州、县劝学所，设县视学一人，兼充学务总董，选本籍绅衿年三十以外，品行端方，曾经出洋游历，或曾习师范者，由提学使札派充任。即常驻各厅、州、县城，由地方官监督办理学务，并以时巡察各乡、村、市、镇学堂，指导劝诱，力求进步。给以正七品虚衔。其办理实有成效者，准其所以擢充课长、副长，以示鼓励。

一　各省设教育官练习所，由督抚监督，由提学使选聘本国或外国精通教育之员讲演教育学、教授、管理诸法及教育行政、视学制度等，以谋补充识力。每日限定钟点，自提学使以下，所有学务职员，至少每星期须上堂听讲三次。

八、国民教育实施纲领

（二十九年〔1940〕三月二十一日教育部公布）

第一章　总则

第一条　教育部为谋全国国民教育之迅速普及起见，依照县各级组织纲要保国民学校及乡（镇）中心学校之规定，订定本纲领，以求国民教育之实施。

第二条　国民教育分义务教育及失学民众补习教育两部分，应在保国民学校及乡（镇）中心学校内同时实施，并应尽先充实义务教育部分。

全国自六足岁至十二足岁之年龄儿童，除可能受六年制小学教育者外，应依照本纲领受四年或二年或一年之义务教育。

全国有十五岁至四十五足岁之失学民众，应依照本纲领分期受初级或高级民众补习教育，但得先自十五足岁至三十五足岁之男女实施，继续推及年龄较长之民众。其十二足岁至十五足岁之失学儿童，得视当地实际情形及其身心发育状况，施以相当之义务教育或失学民众补习教育。

第三条　国民教育之实施，应遵照《中华民国教育宗旨及其实施方针》，注重民族意识、国家观念、国民道德之培养，及身心健康之训练，并应切合实际需要，养成自卫自治之能力，授以生活必需之知识技能。

第二章　施行程序

第四条　国民教育之普及以五年为期，自民国二十九年〔1940〕八月起至民国三十四年〔1945〕七月止，分三期进行。

一、自民国二十九年〔1940〕八月起至三十一年〔1942〕七月止为第一期。在本期内，各乡（镇）均应成立中心学校一所，至少每三保成立国民学校一所。在本期终了时，须使入学儿童达到学龄儿童总数百分之六十五以上，入学民众达到失学民众总数百分之三十以上。

二、自民国三十一年〔1942〕八月起至三十三年〔1944〕七月止为第二期。在本期内保国民学校应逐渐增加，或就原有之国民学校增加班级，在本期终了时，须使入学儿童达到学龄儿童总数百分之八十以上，入学民众达到失学民众总数百分之五十以上。

三、自民国三十三年〔1944〕八月起至三十四年〔1945〕七月止为第三期。保国民学校应尽量增加，以期达到每保一校为目的，或就原有之国民学校增加班级，在本期终了时，须使入学童达到学龄儿童总数百分之九十以上，入学民众达到失学民众总数百分之六十以上。

其有特殊情形之省市国民教育普及期限，得呈准中央缩短或延长之。

第五条　乡（镇）及保在第一期内应先就当地原有之公立小学及单独设立之民众学校改组为中心学校及国民学校，但改组时至少应维持其原有之学级，其未设有学校者，应依前条之规定分期筹设。

当地原有之私立小学得维持其现状，但当地因经费关系不能设置学校者，得指定私立小学并补助其经费作为代用中心学校或国民学校。

当地改良之私塾，得由国民学校指定代办一年或二年结束之班级，当地各机关团体附设之民众学校仍应继续办理。

第六条　各省市应于本纲领实施后六个月内将所属地方各保学龄儿童数及失学民众数调查完竣，造具统计表呈报教育部。

第七条　各省市应于本纲领实施四个月内核定所属地方分期推设国民学校计划，在第一、二期内须使国民学校平均分配于第三保及二保内。

第八条　各省市应于本纲领实施六个月内，依据全省市筹集经费、造就师资、分期增设国民学校及设置中心学校之计划，拟就全省市整个实施计划呈报教育部。

第三章　学校设施

第九条　国民学校以每保设立一所为原则，称某保国民学校，保之人口稠密面积不及四方里者或一村一街之自然单位不可分离者，得就二保或三保联合设立一所，称某某保联立国民学校。

保之面积，过于辽阔，而村落疏散者，其国民学校得分设班级于各村落或设置巡回教学班。

第十条　每一乡（镇）应设中心学校一所，称某乡（镇）中心学校，兼负辅导本乡（镇）各保国民学校之责。

乡（镇）内已设有中心学校之保或各保距离中心学校不足三里者，不另设国民学校，其应受学之儿童及失学民众即入中心学校肄业。

第十一条　保国民学校及乡（镇）中心学校，均应设置小学部及民教部。

国民学校之小学部以完成四年制小学为原则，但为迅速普及义务教育起见，得办理一年或二年结束之班级；民教部以办理初级成人班及初级妇女班为原则。乡（镇）中心学校之小学部以办理六年制小学为原则，民教部以办理高级成人班及高级妇女班为原则。

第十二条 保国民学校及乡（镇）中心学校校长在教育经济发达之地方，应由县政府遴选具有《修正小学规程》第六十四条规定资格之人员任之。

第十三条 乡（镇）中心学校应专设教导主任一人，除主持本校教导事宜外，并应协助校长辅导各保国民学校关于教导之一切事宜。保国民学校于可能范围内，亦应增设教导主任一人主持教务。

第十四条 保国民学校及乡（镇）中心学校小学部应遵照《修正小学规程》及有关小学教育法令办理；民教部应遵照《修正民众学校规程》及有关之民众教育法令办理。

第四章 经费筹集

第十五条 保国民学校之经费，应以由保自行筹集为原则，不足时应由县市经费项下支给之。

第十六条 保国民学校应由保在一定期限内筹集相当之基金为扩充学校设备之用，基金筹集办法另定之。

第十七条 乡（镇）中心学校之经费，其校长教员之薪给，由县市经费项下开支，办公费及设备扩充等费，应由所在地方自筹之，并应参照保筹集基金办法筹足基金。

第十八条 保国民学校教员之薪给，至少以学校所在地个人衣、食、住等生活费之两倍为标准。校长并应酌量提高乡（镇）中心小学校教员之薪给，以得与保国民学校校长同额为原则。校长并应酌量提高县教育经费之支配，及保国民学校基金之筹集，其薪金支出部分均应依照此项标准。

第十九条 各县市筹设国民学校及中心学校经费不足时，应由省在省经费及中央拨助之经费项酌予补助之。

第二十条 训练师资之经费，应由省市在省市经费及中央拨助经费项下动支。

第二十一条　贫瘠省份及其他有特殊情形之省市推行国民教育，得由中央酌量补助其经费。

第五章　师资训练

第二十二条　各省市原有小学及单独设立之民众学校改组为中心学校暨国民学校之前，应调集准备任为中心学校及国民学校校长人员，施以一个月至三个月之短期训练。

第二十三条　各省市应于本纲领实施后六个月内举行各县小学教员及民众学校专任教员总登记及检定。检定不及格而其学力尚可胜任者得分别予三个月至六个月之短期训练，作为代用教员。

第二十四条　各省市应确切统计所属地方所需中心学校及国民学校师资数量，依照部颁师资训练班办法，订定分区分期训练师资计划，呈部核定后实施。

第二十五条　各省市分期训练师资中心学校校长教员及国民学校校长，以由师范学校及特别师范科训练为原则，国民学校教员以由简易师范学校及简易师范科训练为原则。

第二十六条　各省市办理上列二十二条及二十三条各项师资训练之主任人员，由教育部会同内政部及中央训练团调集，施以相当时期之训练。

第二十七条　各省市训练师资办法另订之。

第六章　校舍设备

第二十八条　乡（镇）中心学校及保国民学校之校舍，除改组者仍用原有校舍外，其新设者应充分利用当地公所祠庙及其他公共房屋，并得借用民房。

第二十九条　乡（镇）中心学校及保国民学校之未有适当校舍者，应在四年内择定相当地址，规划建筑正式校舍，其建筑费以由乡（镇）保自筹为原则；其不能自筹者，由县市政府统筹之。

第三十条　乡（镇）中心学校之校舍，应在乡（镇）公所邻近，保国民学校之校舍应在保办公处邻近，其校舍建筑标准另订之。

第三十一条 乡（镇）中心学校及保国民学校之教室及课桌椅，以小学部与民教部合用为原则。

第三十二条 乡（镇）中心学校应备之图书仪器标本模型及各项教学用具，应分别设置完全，保国民学校得较中心学校酌量减少，其标准另定之。

第三十三条 乡（镇）中心学校应设备简单之诊疗室，保国民学校设备简单之药箱，以便应急治疗之用。

第七章　强迫入学及缓学免学

第三十四条 在所设乡（镇）中心学校及保国民学校已足收容当地学龄儿童及失学民众之地方，应由乡（镇）公所及保办公处实行强迫学龄儿童及失学民众入学，凡应入学而不入学者，应对其家长或保护人或私人予以一定期限必须就学之书面劝告，其不受劝告者得将姓名榜示示警，其仍不遵行者，得由县市政府处以一元以上五元以下之罚锾，或以相当日期之工作抵充，并限期责令入学。

第三十五条 学龄儿童及失学民众之有疾病或有其他一时不能入学原因者，得由家长或保护人或其本人请求缓学，其有痼疾不堪受教育者得请求免学。

第三十六条 强迫入学及缓学免学之详细办法另订之。

第八章　考成及奖惩

第三十七条 各省市主管教育行政长官办理国民教育之成绩，应由教育部于每年度终了时，依照考成办法严加考核分别奖惩。

第三十八条 各县市主管推行国民教育之长官，及科长督学等，应由省教育厅依照考核办法于每年度终了时严加考核，提请省政府分别奖惩。

第三十九条 区乡（镇）保各级负责推行国民教育人员及中心学校与国民学校校长，应由省教育厅订定考成办法，于每年度终了时，严加考核分别奖惩。

第九章　附则

第四十条　本纲领公布后，各地方依照实施时，以前颁布之《实施义务教育暂行办法大纲及施行细则》，《实施失学民众补习教育办法大纲及施行细则》，均停止适用。

第四十一条　本纲领由教育部呈请行政院备案后，公布施行。

九、修正小学规程
（二十五年〔1936〕七月四日教育部公布）

第一章　总纲

第一条　本规程据《小学法》第十七条之规定订定之。

第二条　小学为施行国民义务教育之场所，其实施方针根据《小学法》第一条之规定。

第三条　小学收受六足岁至十二足岁之学龄儿童，修业年限六年。

第四条　为推行义务教育起见，各地并得设简易小学及短期小学。简易小学办法由各省市教育行政机关订定，呈请教育部核准备案。短期小学依照教育部短期小学规程办理之。

第五条　小学学年学期及休假日期依照《修正学校学年学期及休假日期规程》之规定办理之。

第二章　设置及管理

第六条　各县市为推广设立小学便于管理起见，应依照修正市县划分小学区办法划分学区。

第七条　师范学校及训练师资之专科以上学校所附设之小学，除供师范学校学生实习外，其性质与单设之小学同。

第八条　各省市或训练师资之专科以上学校为试验教育而设之小学，

称某某实验小学。

第九条 省立小学以所在地地名名之。县市以下公立小学以区域较小之地名为校名，一地有立别相同之公立小学二校以上时，得以数字之顺序别之。私立小学应采用专有的名称，不得以地名为校名。

第十条 小学由各级教育行政机关分别管辖之，其范围如下：

（一）省立小学、省立实验小学及省立师范学校附属小学由省教育厅管辖；

（二）市立小学、市立实验小学、市立师范附属小学及市内之私立小学由市教育行政机关管辖；

（三）县、区、乡、镇设立之小学及县境内私立小学由县教育行政机关管辖。

教育行政机关以外各机关所特设之小学由所在地方主管教育行政机关监督指导之。

第十一条 小学应于每学期开始后一个月内，将全校组织概况，学级编制，教职员名册，儿童名册等呈报主管教育行政机关核准备案。

第十二条 省立小学及国立专科以上学校之附属小学与实验小学应于每学期开始后一个月内将本学期儿童名册、上学期毕业儿童名册等报告所在地县市教育行政机关存查。

第十三条 实验小学应将实验计划及结果按年呈报主管教育行政机关转呈教育部。

第十四条 非中华民国之人民，或其所组织之团体，不得在中华民国领土内设立教育中国儿童之小学。

第十五条 私立小学之设置，除依据《小学法》及本规程之规定外应遵照《修正私立学校规程》办理。

第三章 经费

第十六条 小学开办费，其校舍建筑及设备两项，应为六与四，或七与三之比。

第十七条 小学经常费支配应以如下之百分之比为原则：

教职员俸金约百分之七十；

图书仪器运动器具教具等设备费及卫生费约百分之五十；

实验文具水电薪炭等消耗费约百分之九；

旅行保险等特别费约百分之三；

预备费约百分之三。

前项预备费非经主管教育行政机关核准，不得动用。

第十八条　小学经费标准，由各省市教育行政机关订定，呈请教育部备案施行。

第十九条　小学经费之开支，应力求撙节核实。其公开审核等办法，由各省市教育行政机关订定，呈报教育部核准施行。

第四章　编制

第二十条　小学学级，应于儿童入学时依其年龄智力等分别编制。

第二十一条　小学学级编制，依《小学法》第七条之规定。其学额每学级以四十人为原则，至少二十五人。

第二十二条　初级小学之二部编制，视学校情形分半日制或间时制。

第五章　课程

第二十三条　小学教员课目及每周教学时间列表如下：

分钟＼年级＼科目	低年级		中年级		高年级	
	一年级	二年级	三年级	四年级	五年级	六年级
公民训练	60		60		60	
国语	420		420		420	
社会	（常识）150		180		180	
自然					150	
算术	60	150	180	210	180	

301

劳作 美术	（工作）	50		90 90		90 60
体育 音乐	（唱游）	80		120 90	150	180 60
总计		1,020	1,110	1,230	1,290	1,380
说明		一、公民训练与其他科目不同，重在平时训练，表内所列为团体训练时间，每日以十分钟为准（并入朝会等集会中）。 二、低中年级常识包括社会、自然及卫生之知识部分（卫生习惯部分纳入公民训练）。 三、四年级起算术科加教珠算。 四、高年级社会科得分为公民（公民知识）、历史、地理三科。时间支配：公民三十分钟，历史九十分钟，地理六十分钟。 五、高年级自然科包括卫生之知识部分（习惯部分纳入公民训练）。 六、低年级工作科包括美术、劳作、作业，唱游科包括体育、音乐、作业。 七、总时间各校得依地方情形，每周减少三十或六十分钟。 八、时间支配以三十分钟一节为原则，视科目性质得分别延长至四十分或六十分。					

第二十四条　小学课程应依照教育部规定之课程标准。其教学应依照课程标准之总纲教学通则及各科教学要点规定实施。

第二十五条　各地方乡土教材由学校或当地主管教育行政机关编辑，呈请上级教育行政机关审定之。

第二十六条　小学供儿童阅读之各种读物，应为语体文。小学教员并应以国语为教授用语。

第二十七条　小学教材要目，其全国通用部分由教育部依照课程标准之规定另订之。其地方特殊部分，由各省市主管教育行政机关订定，呈请教育部备案施行。

第二十八条　实验小学为便利教学起见，得将各科教材组织为联合之各个单元，不分科目，总合教学。但须另编要目呈请主管教育行政机关备案。

第六章　训育

第二十九条　小学训育应以公民训练为中心，由教员利用儿童课内外各种活动，并联络家庭及本地公共机关加以积极之指导。

第三十条　小学为训练儿童团体生活，应作种种集团活动，并得指导儿童组织简单易行自治团体。

第三十一条　小学为便利个别训育起见，得施行训导团制。小学教员均负直接训育儿童之责任。

第三十二条　小学为增进教训效率起见，应随时联络儿童家长讨论关于教训等之实际问题。

第三十三条　小学儿童不得施以体罚。

第三十四条　小学公民训练标准及实施办法依照教育部之规定。

第七章　设备

第三十五条　小学校址应择便于儿童通学之地点，并须有善良之环境。

第三十六条　小学校舍建筑应质朴坚固，适于教学管理及卫生，并应采用本国材料。

第三十七条　小学应有运动场、工场或农场校园，其面积均须足敷应用。

第三十八条　小学儿童所用桌椅，宜适合儿童身长之比例。

第三十九条　小学应参照学校卫生设施方案，力求充实关于卫生及运动之设备。

第四十条　小学关于图书仪器教具等设备，应力求充实。

第四十一条　小学应备有关于教学训育等各种重要簿籍图表。

第四十二条　小学设备标准由教育部另定之。

第八章　成绩考查

第四十三条　小学儿童学业成绩考查，除平时考查外，并分别举行临时试验，学期试验，毕业试验。

第四十四条　临时试验由教员于每月月终举行之，每学期内至少须举行三次。

第四十五条　学期试验由教员于学期终举行之。但将届毕业之一学期免除学期试验，而以平时成绩为学期成绩。

第四十六条　毕业试验由小学校长会同各科教员于修业期满时举行之。

第四十七条　小学儿童学业成绩计算方法，体育考查方法，及儿童升级留级办法，由省市教育行政机关订定，呈请教育部核准备案。

第四十八条　小学儿童之操行成绩，以公民训练之成绩为准。

第九章　入学及毕业

第四十九条　小学儿童入学年龄为六足岁，但有特别情形者，得展缓至九足岁。

第五十条　小学各学级遇有缺额，在每学期开学后两个月内，应随时收受插班生。

第五十一条　小学儿童因身体或家庭之特殊情形，得请求休学一学期或一学年，期满复学。

第五十二条　小学儿童因身体或家庭之特殊情形，经学校调查属实者，得准予转学或退学。

第五十三条　小学儿童修业期满试验成绩及格，依照《小学法》第十五条之规定，由学校给予毕业证书。

第十章　学费及其他费用

第五十四条　小学不收学费，但得视地方情形依照《小学法》第十六条之规定，呈请主管教育行政机关核准酌量征收之。

前项征收学费之小学，应设置百分之四十以上之贫寒儿童免费学额。

第五十五条　小学不得以收费免费为编制学级标准。

第五十六条　小学必需之学习用品等，得由学校发给，或由学校或地方教育行政机关组织消费合作社，以极低廉之价格售诸儿童。

第五十七条　小学除有特别情形呈经主管教育行政机关特别核准得向较殷实之儿童家庭募集图书建筑临时捐外，不得向儿童收任何费用。

第十一章　教职员

第五十八条　小学设校长一人，每学级设级任教员一人，并得酌量情形添设专科教员。但平均每两学级之教员人数，应以三人为度。

第五十九条　小学应单独或联合设校医或看护。其有六学级以上者，得酌设事务员，但须呈请主管教育行政机关核准。

第六十条　小学教职员应在学校或学校所在之区域内居住。

第六十一条　小学校长综理全校事务，除担任教学外，并指导教职员分掌校务及训教事项。

第六十二条　凡具下列资格之一者，得为级任教员或专科教员：

一、师范学校毕业者；

二、旧制师范学校本科或高级中学师范科或特别师范科毕业者；

三、高等师范学校或专科师范学校毕业者；

四、师范大学或大学教育学院教育科系毕业者。

第六十三条　小学级任及专科教员无前条所列资格之一者，应受主管教育行政机关所组织之小学教员检定委员会之检定。

《小学教员检定规程》及《小学教员检定委员会组织规程》另定之。

第六十四条　具有六十二条资格之一或经检定合格教员服务二年以上具有成绩者，得为小学校长。

第六十五条　小学教员由校长依《小学法》第十二条之规定，于学年开始一月前聘任之。初聘以一学年为原则，以后续聘任期满为二学年。聘定后应即呈报主管教育行政机关备案。遇有不合格者，主管教育行政机关得令原校更聘。

第六十六条　小学因地方特殊关系，无从延聘第六十二条所规定资格或已受检定之教员时,得以具有《小学教员检定规程》所规定之试验检定资格之一者为代用教员,但应呈请主管教育行政机关核准。具有第六十二条资格之一或经检定合格之教员服务未满二年者遇该地方合格校长不敷任用时,得任为代理校长。

第六十七条　具有第六十条资格之一或经检定合格之小学教员,得申请主管教育行政机关予以登记。

前项登记之申请,主管教育行政机关不得拒绝。

第六十八条　经登记之小学教员,主管教育行政机关应于每学年开始两个月前公布其姓名学历经历一次,但遇人数过多时,得分期公布之。

小学聘请教员,除因特殊情形经由主管教育行政机关许可者外,应以登记公布者为限。

第六十九条　主管教育行政机关为调整师资起见,得遵照《修正师范学校规程》第九十三条之规定,将所属师范学校毕业生分配于各地方,由小学校长尽先聘用之。

第七十条　小学教员经校长聘定后,中途如有自请退职情事,须商请校长同意或得有替人后,方得离校。

第七十一条　小学教职员之俸给,应根据其学历及经验而为差别,但至少应以学校所在地个人生活费之两倍为标准。

第七十二条　小学教职员俸金以月计者,每年作十二个月计算。

第七十三条　小学教职员在校时间每日八小时。任课时间每日至多二百四十分钟。

第七十四条　小学女教职员在生产时期内,应予以六个星期之休息。其代理人之俸金,应由学校呈请主管教育行政机关另行支给。

第七十五条　小学教员继续在一校任职满十年得休假一年,从事研究考查,将其成绩送由原校转呈主管教育行政机关。前项休假教员仍支原俸,但以不兼任任何有给职务者为限。

第七十六条　小学教职员之俸给等级表年功加俸办法,由省市教育行政机关规定呈请教育部备案施行。

第七十七条　小学教职员养老金及恤金办法,依照国民政府公布之

《学校教职员养老金及恤金条例》办理。

第七十八条 小学教职员不随校长或主管教育行政人员之更迭为进退。非有下列情形之一者不得解职：

（一）违犯刑法证据确凿者；
（二）行为不检或有不良嗜好者；
（三）任意旷废职务者；
（四）成绩不良者；
（五）身体残疾或身有痼疾不能任事者。

第七十九条 小学教员非有第七十八条各款情形之一而被解职者，得声叙理由呈请主管教育行政机关查明纠正。

第八十条 小学教员因故解职后，应由校长声叙理由呈报主管教育行政机关存案备查。

第八十一条 小学教员进修确有成绩者，应予加俸或其他奖励。其进修及奖励办法，由各省市教育行政机关订定办法呈请教育部核准施行。

第八十二条 幼稚园主任及教员之任用待遇及保障，适用本章各条之规定。

第十二章　辅导研究

第八十三条 小学教员应参加本校及本地关于教育研究之组织，研究儿童生活所表现之事实及教训方法。

第八十四条 小学有教员五人以上者，应组织教育研究会，研究改进校务及教学训育等事项。以本校全体教员为会员，每月至少开会一次，以校长为主席。

第八十五条 小学在一学区内，应联合组织本区小学教育研究会，研究改进本区小学教育。以学区内全体小学教员及本区教育委员为会员，每两个月至少开会一次，以主管教育行政机关所指定之本区小学校长或教育委员为主席。

第八十六条 小学在直隶于行政院之市或县市内，应联合组织联合全市或全县市小学教育研究会，研究改进本地方小学教育。以主管教育行政机关所指定之各学区小学代表等为会员,每半年至少开会一次,以市县教育行政长官或督学为主席。

第八十七条　小学在五县市至七县市内,应组织省分区小学教育研究会,研究改进本省分区小学教育。以省教育厅所指定之各县市小学代表为会员,每年至少开会一次,以省立师范学校校长或附属小学校长或省立小学校长或省督学为主席。

第八十八条　小学在全省应组织全省小学教育研究会,研究改进全省小学教育。以省教育厅所指定之省分区小学代表及省教育厅厅长、主管科长、督学等为会员,每两年至少开会一次,以省教育厅厅长或其代表为主席。

第八十九条　教育部得召集全国各省市小学代表及初等教育主管人员开全国小学教育研究会,研究改进全国初等教育。其规程于召集该项研究会时另定之。

第九十条　各省得由省教育厅指定省分区内之省立小学或省立师范学校附属小学为该省分区之中心小学。各市县教育行政机关得指定各学区内之一小学为中心小学。

前项中心小学,应充分以研究所得供给该省分区或该学区内之小学参考实施。

第九十一条　幼稚园主任及教员及与小学教育有关系之教育人员,均得参加小学教育之研究。

第九十二条　各种小学教育研究会,应由各级教育行政机关负辅导之责。

第九十三条　省市以下小学教育研究会组织规程,由省市教育行政机关订定,呈请教育部备案。

第十三章　附则

第九十四条　本规程于必要时,得由教育部修改之。

第九十五条　本规程自中华民国二十五年〔1936〕七月二十四日修正公布施行。

乡村小学学校卫生设施暂行标准

甲　目标

一、以教育方法，培养儿童的卫生观念。

二、利用简单的卫生设施，以保障儿童的健康。

三、以儿童健康生活为中心，推动民众的健康。

乙　组织　各校应以一个曾受卫生训练的教员，在县健康教育委员会指导之下，负责主持学校卫生事宜，关于卫生的技术工作，应由当地卫生机关加以辅导。

丙　经费　各校应将学校卫生经费列入预算。必要时得酌向学生收取卫生费，但至多每学生每学期不得超过一角。凡在学生四十名以下的学校，应有开办费五元，全年经常费十二元，四十名以上一百名以下的加倍。

丁　工作范围

一、健康教育　各校教员对于儿童的健康教育，应根据部颁《小学公民训练标准》，《低中年级常识和高年级自然课程标准》，注意儿童卫生知能的发展、习惯的养成、态度的训练，并联络家庭以促进儿童的健康，同时充分利用一切卫生设施，以增进健康教育的效能。

二、健康检查　各校应在可能范围，请托当地卫生机关实施儿童健康检查。

三、预防接种　各校新生入学时必须施种牛痘，同时应请托当地卫生机关施行预防接种。

四、简易治疗　曾受卫生训练的教员，应给儿童施行下列简单治疗；在可能范围内，并得设法普及于本地的一般民众：

(1) 眼病；

(2) 癣疥及脓疮；

(3) 头癣；

(4) 皮肤外伤；

(5) 皮肤溃疡；

(6) 晕厥。

五、卫生设备

———— 309

(1) 记录用表：种痘记录，整洁记录，简易治疗记录，日记及月报（另附）。

(2) 药品及器械：根据各地情形而定。以简单经济实用安全为原则（另附细单）。

(3) 卫生习惯图（卫生署出版）。

(4) 法定九种传统病小丛书（卫生署出版）。

(5) 其他参考书籍。

以上（1）（2）两项必须设备，余可视本校财力，酌量设置。

十、修正民众学校规程
（二十八年〔1939〕五月十七日教育部公布）

第一条　民众学校应遵照《中华民国教育宗旨及其实施方针》与社会教育目标，授与失学民众以公民之基本训练及简单之知识与技能。

第二条　民众学校分为两级：初级班得单独设立，高级班须与初级班合并设立。

第三条　民众学校以一保或数保单独设立一所为原则，亦得与小学合并办理之。各级行政机关、教育机关、民众团体、工厂、商店及私人，均得设立民众学校，惟须受当地主管教育行政机关之管辖。

第四条　单独设立之公立民众学校，以所在地地名名之，一地有类别相同之公立民众学校二校以上时，得以数字之顺序别之。私立民众学校，应采用专有名称，不得以地名为校名。

第五条　民众学校之设立、变更及停办，应呈报主管教育行政机关核准备案。

第六条　凡超过义务教育年龄（十二足岁）之失学民众，应由办理失学民众补习教育机关，依《各省市失学民众强迫入学办法》之规定，分期督令入民众学校。其修毕民众学校初级班课程或具相当程度者，得入高级班。

第七条　民众学校学级之编制，以学习能力为标准，但于必要时得依年龄、职业、性别，分班教学。

第八条　民众学校每班学额以五十人为度，在城市不得少于四十人，在乡村不得少于三十人。人口稀少，学额不足时，应实施巡回教学办法，分设巡回教学班。

第九条　民众学校在人口密集、失学民众较多之地方，每年至少办两期，单独设立者每期至少办两班。

第十条　单独设立之民众学校，其班数仅有一班者，设校长兼教员一人，两班以上者得增设教员，但以每一班增设教员一人为原则。

第十一条　民众学校教员，以具有小学教育资格或曾受民众教育师资训练者充任之。

第十二条　县市立民众学校校长由县市教育行政机关任用之，各级行政机关、教育机关、民众团体、工厂、商店及私立之民众学校校长，由设立者任用之，呈报主管教育行政机关备案。民众学校教员由校长聘任之。

第十三条　民众学校初级班学生受课总时数，不得少于二百小时；高级班学生受课总时数，不得少于三百小时。民众学校每日教学时间，以两小时为原则，得在日间或晚间行之。

第十四条　民众学校学科，初级班为国语（包括公民及常识等）、算术（珠算或笔算）、音乐、体育等；高级班为国语（包括公民及常识等）、算术、音乐、体育及有关职业科目。各科分量，分配如下：

各科百分数＼级别　科目	初级	高级
国语	66	50
算术	18	12
音乐	8	8
体育	8	8
职业科目		22

施行自卫训练者，得不设体育。

第十五条　民众学校课程，应依照教育部所规定之课程标准。

第十六条　民众学校教科书，应采用教育部编辑或审定者。民众学校为适应环境需要，得另编补充读本。

第十七条　民众学校学生修业终了成绩及格者，由学校给予学业成绩证明书。

第十八条　民众学校学生修业终了后，应斟酌情形，予以继续教育（如同学会、读书会、青年励志团等）。

第十九条　民众学校须于每班开始教学一个月内，造具教职员履历俸给表，连同学生名册、教学时间表、教育用书表等，呈报主管教育行政机关备案。

第二十条　民众学校须于每班修业终了一个月内，将各生姓名、性别、年龄、籍贯及学业成绩等，造册呈报主管教育行政机关备案。

第二十一条　民众学校应于每年度开始前一个月内造具事业进行计划及经费预算书，呈报主管教育行政机关查核备案。

第二十二条　单独设立之民众学校，得斟酌地方需要，举办下列各种简单社会教育事业：

一、举办通俗演讲；

二、置备通俗图书，公开阅览；

三、编写壁报，传播时事消息；

四、办理民众体育及卫生事宜；

五、办理礼俗改良，提倡正当娱乐；

六、接受民众教育馆之指导，办理生计教育；

七、协助民众教育馆之巡回施教工作；

八、办理其他有关社会教育事业。

第二十三条　民众学校经费，以就地筹措为原则，亦得由县市教育行政机关统筹补助之。

第二十四条　民众学校不收学费及其他费用，经费充裕时，并得供给贫寒学生所用之书籍及文具。

第二十五条　各县市教育行政机关，得指定联合小学区内民众学校一所为中心民众学校。前项中心民众学校，应充分以研究所得，供给该学区内之民众学校参考实施。

第二十六条　民众学校应接受省县市立民众教育馆之辅导。

第二十七条　本规程得由教育部于必要时修改之。

第二十八条　本规程自公布之日施行。

十一、保国民学校设施要则
（二十九年〔1940〕四月教育部公布）

第一条　本要则依照《国民教育实施纲领》第三章之规定订定之。

第二条　为普及国民教育起见，各保设国民学校，称某保国民学校。

第三条　国民学校以每保设立一所为原则。保之人口稠密而面积不及四方里者，或一村一街之自然单位不可分离者，得就二保或三保联合设立一所，称某某保联立国民学校，保之面积过于辽阔而村落疏散者，其国民学校得分设班级于各村落，或依照实施巡回教学办法，设置巡回教学班，施行巡回教学。已设有中心学校及中心学校周围距离三里以内之保，不另设国民学校，其应就学之儿童及民众，应入中心学校小学部及民教部肄业。

第四条　国民学校应设在保办公处所在地，其校舍须以与保办公处邻近为原则。

第五条　国民学校设置小学部与民教部。

小学部依照初级小学之编制，自一年级起至四年级止，设置四个以上之学级，收受保内六足岁至十二足岁之学龄儿童，分别施以四年或二年或一年之小学教育，并得附设幼稚园或幼稚班。

民教部应设置初级成人班及初级妇女班至少各一班，依照《修正民众学校规程》规定尽先收受自十五足岁至三十五足岁之失学民众，施以初级补习教育，并得酌设高级成人班及妇女班，收受初级成人班或妇女班毕业学生，施以高级补习教育，小学部及民教部均得视当地实际情形，分别酌收超过十二足岁至未满十五足岁之失学儿童施以教育。

第六条　国民学校小学部应于儿童入学时，依其年龄智力等，分别编制学级，每级学额以五十人为度，视地方情形采用二部编制或复式单级等编制。民教部得依其职业、性别分班教学，每班学额以五十人为度。

第七条　国民学校小学部应于日间上课，其课程及教学时数，应依照《小学课程标准》办理。

民教部视季节选择适当时间上课，其课程及教学时数，应依照《修正民众学校规程》办理。

第八条　国民学校之经费，以保自筹为原则，其筹集办法另订之。

第九条　国民学校小学部不收学费，其必需之学习用品，得由学校联合当地合作机关以廉价售诸儿童。

民教部不收学费，其应用之课本，由学校呈请县（市）府拨发之。

第十条　国民学校设校长一人，主持全校校务，在教育经济较为发达之区，应由县政府遴选有《修正小学规程》第六十四条规定资格，或检定合格人员专任之。

人才经济困难地方，校长得暂兼任保长或副保长，保长或副保长之具有小学校长资格者亦得暂兼校长。

第十一条　国民学校校长暂兼任保长者，应增设专任教员一人兼教导主任，襄助校长处理校务。

第十二条　国民学校教员由校长遴选具有《修正小学规程》第六十二条规定之资格及检定合格者聘任之。

人才经济困难之地方，得依照《修正小学规程》第六十六条之规定，聘任代用教员。

第十三条　国民学校教员得于教学工作时间外，兼办保办公处事务。

第十四条　国民学校应斟酌地方需要，依照《修正民众学校规程》第二十三条之规定，举办各种社会教育事业。

第十五条　国民学校应每学期开始后一个月内，将本校组织及经费设备概况，教职员名册，入学儿童名册，入学民众名册等报告乡（镇）公所，汇报主管教育行政机关备案。

第十六条　国民学校之经费、编制、训育、设备、成绩考查、教职员等项,除本规程各条之规定外,均遵照《修正小学规程》及《修正民众学校规程》之规定。

第十七条 本要则自公布之日施行。

十二、乡（镇）中心学校设施要则
(二十九年〔1940〕四月八日教育部公布)

第一条 本要则依照《国民教育实施纲领》第三章之规定订定之。

第二条 乡（镇）应设置中心学校一所,称某乡（镇）中心学校,除为所在保办理国民教育外,并为本乡（镇）各保国民学校毕业生升学之所,兼负辅导各保国民学校之责。

第三条 中心学校应设在乡（镇）公所所在地,其校舍须以与乡（镇）公所邻近为原则。

第四条 中心学校设置小学部与民教部:

小学部依照小学之编制,自一年级起至六年级止,设置六个以上之学级,收受乡（镇）内六足岁至十二足岁之学龄儿童,分别施以六年、四年或二年或一年之小学教育,并得附设幼稚园或幼稚班。

民教部依照《修正民众学校规程》之规定,设置高级成人班及高级妇女班,收受乡（镇）内已受初级补习教育之民众,施以高级补习教育,并应设置初级成人班及初级妇女班,收受学校所在地之失学民众,施以初级补习教育。上项高初级成人班及妇女班,应尽先收受自十五足岁至三十五足岁之男女分别施教。

小学部及民教部,均得视当地实际情形,分别酌收超过十二足岁至未满十五足岁之失学儿童施以教育。

第五条 中心学校小学部应于儿童入学时,依其年龄智力等分别编制学级,每级学额以五十人为度。

第六条 民教部得依其职业性别分班教学,每班学额以五十人为度。

中心学校小学部应于日间上课,其课程及教学时数,应照《小学课程标准》及《短期小学课程标准》办理。民众部视季节选择适当时间上课,其课程及教学时数应依照《修正民众学校规程》办理。

第七条 中心学校之经费,其相当于国民学校部分之薪给、办公设备等费,由保自行筹集,其余经费由县(市)政府支给之。

第八条 中心学校小学部不收学费,其必需之学习用品,得由学校联合当地合作机关以廉价售诸儿童。

民教部不收学费,其应用之课本,由学校呈请县(市)政府拨发之。

第九条 中心学校设校长一人,主持全校校务,并负辅导改进本乡(镇)内各保国民学校之责,在经济教育较为发达之区,应由县政府遴选具有《修正小学规程》第六十四条规定资格之人员专任之。

人才经费困难地方,校长得暂兼任乡(镇)长或副乡(镇)长,乡(镇)长或副乡(镇)长之具有小学校长资格者,亦得暂兼校长。

第十条 中心学校应专设教导主任一人,除主管本校教导事宜外,并应协助校长,辅导各保国民学校关于教导之一切改进事项。

第十一条 中心学校教员由校长遴选具有《修正小学规程》第六十二条规定之资格及检定合格者聘任之。

人才经济困难之地方,得依照《修正小学规程》第六十六条之规定,聘任代用教员。

第十二条 中心学校教员,得于教学工作时间外,兼办乡(镇)公所事务。

第十三条 中心学校为辅导各保国民学校起见,应办理下列各事项:

(1) 召集各保国民学校校长会议讨论各校应兴应革事宜,是项会议,每月应举行一次。

(2) 督促各保国民学校教员研究改进教材教学及训育等事项,每三个月召集各校教员举行研究会一次,讨论关于教学及训育等问题,并举行某种成绩展览会或讲演会等。

(3) 由中心学校教员或各保国民学校教学方法优良之教员,轮流担任示范教学,以供各校教员观摩,并举行批评会,以讨论教学方法之改进,是项示范教学,每三个月至少举行一次。

(4) 由中心学校校长择定科目,规定日期,延聘教育专家讲演教育问题，以资各校依照改进。

（5）由中心学校选购各种教学参考图书及教师进修用书，巡回递送各校，供给教员阅览。

（6）其他有关小学教育及民众教育之辅导事项。

第十四条　中心学校应斟酌地方需要，依照《修正民众学校规程》第二十三条之规定，举办各种社会教育事业。

第十五条　中心学校应于学期开始后一个月内，将本校组织及经费设备概况，教职员名册，入学儿童名册，入学民众名册，呈报主管教育行政机关备案。

第十六条　中心学校之经费、编制、训育、设备、成绩考查、教职员等项，除本规程各条之规定外，均遵照《修正小学规程》及《修正民众学校规程》之规定。

第十七条　本要则自公布之日施行。

十三、中学法
（国民政府公布，二十一、二十二和二十四）

第一条　中学应遵照《中华民国教育宗旨及其实施方针》，继续小学之基础训练，以发展青年心身，培养健全国民，并为研究高深学术及从事各种职业之预备。

第二条　中学分初级中学、高级中学，修业年限各三年。

初级中学、高级中学得混合设立之。

第三条　中学由省或直隶于行政院之市设立之，但按照地方情形有设立中学之需要而无妨碍小学教育之设施者，得由县市设立之。

私人或团体亦得设立中学。

第四条　中学由省市或县设立者，为省立、市立或县立中学。由两县以上合设，为某某县联立中学，由私人或团体设立者，为私立中学。

第五条　中学之设立变更及停办，由省或直隶于行政院之市设立者，应由省市教育行政机关呈请教育部备案。

其余呈由省市教育行政机关核准转呈教育部备案。

第六条　中学之教育科目及课程标准,由教育部定之。

中学应视地方需要,分别设置职业科目。

第七条　中学教科图书,应采用教育部编辑或审定者。

第八条　中学设校长一人,综理校务。省立中学,由教育厅提出合格人员经省政府委员会议通过后任用之。直隶于行政院之市立中学,由市教育行政机关选荐合格人员呈请市政府核准任用之,县市立中学,由县市政府选荐合格人员呈请教育厅核准任用。除应担任本校教课外,不得兼任他职。前项中学校长之任用,均应由省市教育行政机关按期汇案呈请教育部备案。

私立中学校长,由校董遴选合格人员聘任之,并应呈请主管教育行政机关备案。

第九条　中学教员,由校长聘任之,应为专任,但有特殊情形者,得聘请兼任教员。其人数不得超过教员总数四分之一,中学职员,由校长任用之,均应呈请主管教育行政机关备案。

第十条　中学校长、教员之任用规程,由教育部定之。

第十一条　高级中学入学资格,须曾在公立或已立案之私立初级中学毕业,其在初级中学毕业生人数过少之地方,得招收具有同等学力者,但不得超过录取总额五分之一。初级中学入学资格,须曾在公立或已立案之私立小学毕业或具有同等学力者,均应经入学试验及格。

第十二条　初级或高级中学生修业期满,成绩及格,由学校给予毕业证书。

第十三条　《中学规程》由教育部定之。

第十四条　本法自公布日施行。

十四、修正中学规程
(二十四年〔1935〕六月二十一日教育部公布)

第一章 总纲

第一条 本规程根据《中学法》第十三条之规定订定之。

第二条 中学为严格训练青年心身，培养健全国民之场所，依照《中学法》第一条之规定，以实施下列各项之训练：

一、锻炼强健体格；

二、陶融公民道德；

三、培育民族文化；

四、充实生活知能；

五、培植科学基础；

六、养成劳动习惯；

七、启发艺术兴趣。

第三条 中学分初级中学及高级中学，修业年限各三年，初级中学、高级中学合设者称中学，单设者称初级中学或高级中学。

第四条 初级中学学生在学年龄之标准，为十二足岁至十五足岁；高级中学学生在学年龄之标准，为十五足岁至十八足岁。

第五条 公立初级中学及高级中学得分别附设简易师范科及特别师范科。

第二章 设置及管理

第六条 省市（指行政院直辖市）立中学之设立，变更及停办，应先由省市教育行政机关拟具计划或理由呈报教育部核准后办理。县市立及联立中学之设立，变更及停办，应先由主管教育行政机关拟具计划或理由呈报省教育厅核准后办理，并由厅报部备案。私立中学之设立，变更及停办，应依照《私立学校规程》所规定程序经由省市教育行政机关核准后办理，并转报教育部备案。

公私立中学之设立，变更及停办，不依照前项规定程序办理者，上级教育行政机关得撤销之。

公私立专科以上学校附属中学之设置及管理与公私立中学同。

第七条 省立中学以所在地地名名之,县市立中学径称某某县市立中学。一地有立别相同之公立中学二校以上时,得以数字之顺序别之,或以区域较小之地名为校名,联立中学称某某县联立中学,私立中学应采用专有名称,不得径以地名为校名。

第八条 公立初级中学及高级中学之分别附设简易师范科及特别师范科,以具有下列条件为限:

一、原有中学各年级已办齐,教学设备均完善者;

二、确有需要者;

三、经费系另行增筹,且足敷办理者;

四、经主管教育行政机关事先核准者。

第九条 公私立中学应于每学年第一学期开始后一个月内,开具下列各项径呈或转呈各该省市主管教育行政机关备案:

一、本学年新生、各级插班生、复学生、休学生、退学生及各级学生名册;

二、本学年校长教职员学历、经历、职务、俸给、专任或兼任事项;

三、本年度经费预算;

四、本学年学则、校舍及设备之变更事项;

五、前学年各级学生学业成绩表;

六、前年度决算或收支项目。

前项第二款事项应由省市教育行政机关汇报教育部,其第一、三、四、五、六各款事项并应造简表送部。

第十条 公私立中学应于第二学期开始后一个月内,开具下列各项径呈或转呈各该省市主管教育行政机关备案:

一、本学期新生、各级插班生、复学生、休学生及退学生名册;

二、本学期新任教职员学历、经历、职务、俸给、专任或兼任事项,去职教职员姓名及去职原因;

三、上学期各级学生成绩表。

前项第二款事项,应由省市教育行政机关汇报教育部,其第一及第二款事项并应造简表送部。

第十一条 公私立中学每届办理毕业,应于期前二个月造具应届毕业学生履历及历年各项成绩表,径呈或转呈省市教育行政机关核准后,举行毕业考试,或参加毕业会考。

第十二条 公私立中学每届办理毕业,应于期后一个月内造具毕业生毕业成绩表,径呈或转呈省市教育行政机关转报教育部备案。

第十三条 公私立中学每学期应由省市教育行政机关派遣督学视察指导,至少一次,并将其视察及建议事项于视察完毕一个月内呈报教育部备核。

第三章 经费

第十四条 省市立中学之开办、经常、临时各费由省市款支给之,县立或联立中学经费由县或联立各县县款支给之,私立中学经费由其校董会支给之。

第十五条 县立中学如确因地方贫瘠及成绩优良得受省款补助,私立中学非确属成绩优良不得受公款补助。

第十六条 公款补助县立私立中学之标准,由省市教育行政机关规定呈报教育部备案。

第十七条 中学经常费之支配,俸给至多不得超过百分之七十,设备费至少应占百分之二十,办公费至多不得超过百分之十,其预算款式另定之。

第十八条 中学经费之开支,应力求撙节核实,并须将全部收支情形由经费稽核委员会为公开及缜密之审核,其审核办法由省市教育行政机关订定,呈报教育部核准施行。

第四章 编制

第十九条 初级中学及高级中学学生,依课程进度,各分为一年级,二年级及三年级。

第二十条 每学级学生以五十人为度,但至少须有二十五人。

第二十一条 中学各学科,除体育及军事训练得采用其他分组方法教学外,均不得合班教学。

第二十二条 中学学生,以男女分校或分班为原则。

第二十三条 新开办之中学,第一年不得招收二年级以上学生,第二年不得招收三年级学生。

第五章 课程

第二十四条 初级中学之教学科目为公民、体育、童子军、卫生、国文、英语、算学、植物、动物、化学、物理、历史、地理、劳作、图画及音乐。

第二十五条 高级中学之教学科目为公民、体育、卫生、军事训练（女生习军事看护）、国文、英语、算学、生物学、化学、物理、中外历史、中外地理、论理、图画及音乐。

第二十六条 需要蒙、回、藏语或第二外国语之特殊地方所设立中学,其高级部之教学科目得减去卫生、论理、图画及音乐。

第二十七条 中学为适应地方需要及实验教育起见,得设置职业科目,但须先将设置科目及设备状况呈报教育部核准。

第二十八条 《中学课程标准》另定之。

第二十九条 中学教科书须采用教育部编辑或审定者,教职员自编教材须适合部定课程标准,并须于每学期终将全部教材送呈主管教育行政机关审核,转报教育部备案。

第三十条 各科教学应活用教本,采用地方性及临时补充之教材,并须注重实验及实习。

中学除外国语教本外,一律采用中文本教科书,不得用外国文书籍。

中学教员一律用国语为教授用语。

第三十一条 教员对于学生性情应注意考察,并须启发其观察思考之能力及自动研究之精神。

第三十二条 中学最后年级学生得利用假期为参观旅行,但不得妨碍课业时间,其费用由学生自行担负。

第六章 训育

第三十三条 中学训育应遵照《中华民国教育宗旨及其实施方针》所规定，陶融青年"忠孝、仁爱、信义、和平"之国民道德，并养成勇毅之精神与规律之习惯。

第三十四条 根据实施方针所规定劳动实习，中学学生除劳作科作业外，凡校内整理、清洁、消防及学校附近之修路、造林、水利、卫生、识字运动等项，皆须分配担任，学校工人须减至最低限度。

第三十五条 中学校长及全体教员均负训育责任，须以身作则，采用团体训练及个别训练，指导学生一切课内课外之活动。

第三十六条 中学每一学级设级任一人，择该级一专任教员任之，掌理各该级之训育及管理事项。

第三十七条 校长及专任教员，均以住宿校内为原则，与学生共同生活。

第三十八条 中学学生宿舍，须有教员住宿，负管理之责。

第三十九条 中学学生应照《学生制服规程》规定，一律穿着制服。

制服之重制，须视一般学生穿着损坏情形，不得于每学期或每学年令学生新制。

第四十条 中学学生旷课及怠于自修或劳动作业等情，应于操行成绩内减算。

第四十一条 中学之训育标准另定之。

第四十二条 中学学生训育管理及奖惩办法，由各省市教育行政机关规定大纲呈报教育部核定施行。各中学于其学则内根据是项大纲订定详细规则，呈请主管教育行政机关核定施行。

第七章 设备

第四十三条 中学校址须具有相当之面积，且其环境须适合道德及卫生条件。

第四十四条 中学应具备下列各重要场所：

一、普通课室；

二、特别课室（物理、化学、生物、图画、音乐等教学用）；

三、工场（尽先设置木工金工场），农场合作社或家事实习室（视所设劳作科种类及学校环境，备一种或数种）；

四、运动场（如属可能，应备体育馆）；

五、图书馆或图书室；

六、仪器、药品、标本、图表室；

七、体育器械室；

八、自习室；

九、会堂；

十、学生成绩陈列室；

十一、课外活动作业室；

十二、办公室（职员同室办公，并不得占用校内优良屋宇）；

十三、学生寝室；

十四、教职员寝室（如属可能，应备教职员住宅）；

十五、膳堂；

十六、浴室；

十七、贮藏室；

十八、校园；

十九、其他。

第四十五条　校舍之建筑，须坚固、朴实、适用，并应采用本国材料。

第四十六条　各科教学之仪器、药品、标本、图表、机械、器件等，须具备足数各科教学之用。前项设备中之仪器、标本、图表等，其有能自制者，应尽量由教员学生共同制作。

第四十七条　中学图书馆之图书，须足供教员及学生参考阅览之用；其常供学生参考者，尤须备具多数复本。

第四十八条　中学应具备下列各表簿：

一、关于中学之法令统计等项；

二、学则（包含学校一切章程、规则、办法等）；

三、各年级课程表，每学期各班每周教学时间表，各班教科用图书一览表；

四、教职员履历表、担任学科及教学时间表、教学进度预计簿、教学进度记录簿；

五、学生学籍簿、出席簿、请假簿、操行考查簿、奖惩登记簿、学业成绩表、身体检查表；

六、图书目录、仪器、标本、器械、药品目录；

七、财产目录；

八、预算表、决算表、各项会计表簿；

九、学校日记簿、各级日记簿；

十、各项会议记录；

十一、其他。

第四十九条　中学设备标准另定之。

第八章　成绩及考查

第五十条　中学学生成绩分学业、操行及体育成绩三项（童子军成绩应并入体育成绩中计算）。

第五十一条　考查学业成绩分下列四种：

一、日常考查；

二、临时试验；

三、学期考试；

四、毕业考试或毕业会考。

中学学生毕业会考规程另定之。

第五十二条　日常考查之方式如下，各科依其性质酌用之：

一、口头问答；

二、演习练习；

三、实验实习；

四、读书报告；

五、作文；

六、测验；

七、调查采集报告；

八、其他工作报告；

九、劳动作业。

第五十三条　临时试验，由各科教员随时于教学时间内举行，不得预先通告学生，每学期每科至少举行二次以上。

第五十四条　学期考试，于学期终各科教学完毕时，就一学期内所习课程考试之。考试前得停课一日至二日，备学生复习。

第五十五条　毕业考试，于三学年修满后，就初中或高中所习全部课程考试之。考试前得停课三日至四日，备学生复习，其参加毕业会考之学生，得免除毕业考试。

第五十六条　各科日常考查成绩与临时试验成绩合为各科平时成绩。日常考查成绩在平时成绩内占三分之二，临时试验成绩占三分之一。

第五十七条　各科平时成绩与学期考试成绩合为各科学期成绩。平时成绩在学期成绩内占五分之三，学期考试成绩占五分之二。

中学第三学年第二学期得免除学期考试，而以各科平时成绩作为学期成绩，但参加毕业会考之学生，仍须举行最后学期考试。

第五十八条　每学生各科学期成绩之平均，为该生之学期成绩，每学生一、二两学期学期成绩之平均，为该生之学年成绩。

第五十九条　每学生各学年成绩平均与其毕业考试成绩合为该生之毕业成绩，各学业成绩平均在毕业成绩内占五分之三，毕业考试成绩占五分之二。

第六十条　学生操行成绩或体育成绩不及格者，不得进级或毕业。

第六十一条　每学期各科缺席时数达该科教学总时数三分之一以上之学生，不得参与该科之学期考试。

第六十二条　无学期成绩之学科或成绩不及格之学科在三科以上之学生，或仅二科无学期成绩或不及格，但其科目在初中为国文、英语、算学、劳作四科中之任何二科，在高中为国文、英语、算学、物理、化学五科中之任何二科之学生，均应留级一学期，连续留级以二次为限，如本校无相当学级,可发给转学证书。

第六十三条 无学期成绩之学科或成绩不及格之学科仅有一科之学生,或虽有二科无学期成绩或不及格,但其科目非如前条所规定者之学生,均应令于次学期仍随原学级附读;一面设法补习各该科目,经补行学期考试成绩及格后,准予正式进级,如仍不及格,应于次学年仍留原年级肄业。但此项补考,以二次为限,连续留级亦以二次为限。如仍不能进级,发给修业证书,令其退学。

第六十四条 毕业考试成绩内不及格学科在三科以上,或仅二科不及格,但其科目在初中为国文、英语、算学、劳作四科中之任何二科,在高中为国文、英语、算学、物理、化学五科中之任何二科之学生,均应令留级一学年(有春季始业班级之学校得留级一学期)。但此项留级,以二次为限,如仍不能毕业,发给修业证书,令其退学。

第六十五条 毕业考试成绩内有一科不及格,或虽有二科不及格,但其科目非如前条所规定者之学生,均应令补行考试二次;如仍不能及格,应照前条办法办理。

第六十六条 操行及体育成绩考查办法另定之。

第六十七条 学业成绩计算方法,由各省市教育行政机关规定,呈报教育部核准施行。各中学为实验教育起见,得于主管教育行政机关规定计算方法外,采用其他方法,但须经转呈教育部核准施行。

第九章 学年学期及休假日期

第六十八条 学年度始于八月一日,终于次年七月三十一日。

第六十九条 一学年分为两学期,八月一日至次年一月三十一日为第一学期或上学期,自二月一日至七月三十一日为第二学期或下学期,春季始业之学级,以本学年第二学期为上学期,下学年第一学期为下学期。

各省应指定地点适当之省立中学数校兼办春季始业学级。

第七十条 中学之休假日期另定之。

第七十一条 中学除法令规定之休假日期外,不得休假,每星期六下午,并不得停止授课。

第十章 入学、转学、休学、复学、退学及毕业。

第七十二条 初级中学入学资格为小学毕业，高级中学入学资格为初级中学毕业，均须经入学试验。

中学收受同等学力新生之比额，高中至多不得超过录取总额百分之二十，初中至多不得超过百分之三十，应由各省市教育行政机关斟酌地方情形规定，呈报教育部备案。

初中入学试验不得考试外国语。

第七十三条 中学学生于学期或学年终了考试成绩及格，如必须转学他校或有第六十二条规定情形，请求学校发给转学证书。

第七十四条 中学第二学期以上之学级如有缺额，得于学期或学年开始前收受插班生，此项插班生须有其他中学学期衔接之转学证书或成绩单，仍须经编级试验。

第七十五条 中学学生因身体或家庭之特殊情形，得请求休学一学期或一学年。

第七十六条 休学期满之学生得请求复学，编入与原学期或学年衔接之学级肄业。

第七十七条 中学学生因身体或家庭之特殊情形，经保证人证明确属理由正当者，得请求学校准予退学。

第七十八条 经学校开除学籍之学生，不得发给转学证书及修业证书。

第七十九条 学生修业年限期满，毕业成绩及格，或经会考成绩及格者，准予毕业，由学校给予毕业证书。

第十一章 征收费用及奖学金额

第八十条 中学征收学生费用种类如下：（一）学费；（二）图书费；（三）体育费。前项图书费专为添购图书馆学生必需参考之图书；体育费专为供给学生运动、远足、旅行及卫生消耗，均不得移作别用。

第八十一条 私立中学备有宿舍者，对寄宿之学生得酌收寄宿费。

第八十二条 公立中学所征收之学费，应于每学期中造具清册，专案呈报主管教育行政机关，分别解缴国、省、市、县金库，图书费、体育费，应分别造具收支清单，于每学期中公布之，并造具清册连同单据粘存簿专案报销。

第八十三条　私立中学所征收之学费、寄宿费，为其全部收入之一部分，统收统支，图书费、体育费，应分别造具收支清单，于每学期中公布之，并造具清册连同单据粘存簿专案报销。

第八十四条　中学学生用书及工作材料，应由学生自备，或由学校或所在地教育行政机关组织学生消费合作社廉价发售，如由学校代办时，应按实价向学生征收。

前项工作材料必需采用国货，尤以本地产品为主。

第八十五条　中学学生制服应采用国货；如由学校代办时，应按实价向学生征收，中学学生膳食如由学校代办，应核实收支。

第八十六条　各省市中学征收第八十条所规定各种用费之实数，应由各省市教育行政机关视地方生活程度分别酌量规定呈报教育部备案，但公立中学每一学期征收该条规定各费之总数，在生活程度较高地方与生活程度较低地方，各不得超过下列标准：

地方别＼学校别＼数别	初级中学	高级中学
生活程度较高地方	10元	16元
生活程度较低地方	7元	10元

前表规定之总数内，图书费及体育费约共占四分之一，国立专科以上学校之附属中学征收学生费用，应依照所在地之省市教育行政机关规定中学征收费用标准办理。

第八十七条　县立中学征收各费，由县教育行政机关酌量规定，但不得超过主管教育厅之规定标准。

第八十八条　各地私立中学征收各费，至多不得超过省市主管教育行政机关规定公立中学征收各费之一倍。

第八十九条　私立中学如征收寄宿费，在生活程度较高地方，每学期至多不得超过八元；生活程度较低地方，每学期至多不得超过四元。

第九十条　私立中学寄宿学生中途退学者，其所缴寄宿费，应酌量退还。

第九十一条　公私立中学除照规定征费外，不得征收任何费用。

第九十二条　中学应设置奖学金额，公立中学之奖学金额，由省、市、县教育行政机关规定办法，分别径呈或转呈教育部备案；私立中学之奖学金额，由各校自行规定，转呈教育部备案。

第十二章　教职员及学校行政

第九十三条　中学设校长一人，综理校务，并须担任教学，其时间不得少于专任教员教学时间最低限度二分之一，并不得另支俸给。

第九十四条　公私立中学各科教员，由校长开具合格人员详细履历，径呈或转呈省市教育行政机关核准后，由学校备具聘书，于学年开始十二月或学期开始前一月送达受聘教员，遇有不合格人员，主管教育行政机关应令原校更聘。

第九十五条　教员之初聘任期以一学年为原则，以后续聘任期为二学年。

第九十六条　中学各学科均应聘请专任教员，如一学科之教学时数不足聘请一专任教员时，得与性质相近之学科时数合并，聘请专任教员，但如事实上确有困难情形，得聘请兼任教员，但以限于音乐、图画、劳作等科为原则，专任教员不得在校外兼任任何职务。

第九十七条　六学级以下之中学，其专任教员人数，平均每学级不得超过二人，七学级以上之中学，其专任教员人数，平均每两学级不得超过三人。

第九十八条　中学之兼任教员人数，不得超过全体教员人数之四分之一。

第九十九条　初级中学专任教员每周教学时数为十八至二十四小时，高级中学专任教员每周教学时数为十六至二十二小时。

兼任主任及训育职务之专任教员,其每周教学时数得酌减,但不得少于规定最低限度三分之二,并不得另支体给。

第一百条 专任及兼任教员均应轮值指导学生自习。

第一百零一条 专任教员每日在校时间至少七小时。

第一百零二条 中学设教导主任一人,协助校长处理教务、训育事项。六学级以上之中学,经主管教育行政机关之核准,得设教务、训育主任各一人,协助校长分别处理教务、训育事项。

六学级以上之中学,得设事务主任一人,掌理教务及训育以外之事务。

第一百零三条 中学设校医一人,会计一人,图书馆、仪器、药品、标本及图表管理员二人至三人。六学级以下之中学,设事务员及书记二人至四人;七学级以上之中学,每增二学级,平均得增设事务员或书记一人。

第一百零四条 中学各主任皆由专任教员兼任,校医由校长聘任,其余职员由校长任用,均应呈报省市教育行政机关备案。

省及直辖市立中学会计由省市教育行政机关指派充任。

第一百零五条 中学设置下列二种委员会:

(一)训育指导委员会,由校长、各主任、各教员及校医组织之,以校长为主席,负一切指导学生之责,每月开会一次。

(2)经费稽核委员会,由专任教员公推三至五人组织之,委员轮流充当主席,负审核收支账目及单据之责,每月开会一次。

第一百零六条 中学举行下列四种会议:

(一)校务会议 以校长、全体教员、校医及会计组织之,校长为主席,讨论全校一切兴革事项,每学期开会一次或二次。

(二)教务会议 以校长及全体教员组织之,校长为主席,校长缺席时,教导主任或教务主任为主席,讨论一切教学及图书设备购置事项,每月开会一次。

(三)训育会议 以校长、各主任、各级任及校医组织之,校长为主席,校长缺席时,教导主任或训育主任为主席,讨论一切训育及管理事项,每月开会一次或二次。

(四)事务会议 以校长、各主任及全体职员组织之,校长为主席,校长缺席时,事务主任为主席,讨论一切事务进行事项,每月开会一次。

第一百零七条 初级中学校长须品格健全,才学优良,且合于下列规定资格之一者:

(一)国内外师范大学、大学教育学院,教育科系毕业或其他院系毕业而曾习教育学科二十学分,均经于毕业后从事教育职务二年以上著有成绩者;

(二)国内外大学本科,高等师范本科或专修科毕业后,从事教育职务二年以上著有成绩者;

(三)国内外专科学校或专门学校本科毕业后,从事教育职务四年以上著有成绩者。

第一百零八条 高级中学校长须品格健全,才学优良,除具有前条规定资格之一外,并须合于下列资格之一者:

(一)曾任国立大学文、理或教育学院或科系教授或专任讲师一年以上者;

(二)曾任省及直辖市教育行政机关高级职务二年以上著有成绩者;

(三)曾任初级中学校长三年以上著有成绩者。

第一百零九条 有下列情形之一者不得任用为中学校长:

(一)违犯刑法证据确凿者;

(二)曾任公务员交代未清者;

(三)曾任校长或教育行政职务成绩平庸者;

(四)患精神病或身有痼疾不能任事者;

(五)行为不检或有不良嗜好者。

第一百一十条 高级中学教员须品格健全,其所任教科为其所专习之学科,且合于下列规定资格之一者:

(一)经高级中学教员考试或检定合格者;

(二)国内外师范大学毕业者;

(三)国内外大学本科,高等师范本科或专修科毕业后,有一年以上之教学经验者;

(四)国内外专科学校或专门学校本科毕业后,有二年以上之教学经验者；

（五）有价值之专门著述发表者。

第一百一十一条　初级中学教员须品格健全，其所任教科为其所专习之学科，且合于下列规定资格之一者：

（一）经初级中学教员考试或检定合格者；

（二）具有高级中学教员规定资格之一者；

（三）国内外大学本科，高等师范本科或专修科毕业者；

（四）国内外专科学校或专门学校本科毕业后，具有一年以上之教学经验者；

（五）与高级中学程度相当学校毕业后，曾任中等学校教员有三年以上之教学经验，于所任教科确有成绩者；

（六）具有精练技能者（专适用劳作教员）。

第一百一十二条　有下列情形之一者，不得任用为中学教员：

（一）违犯刑法证据确凿者；

（二）成绩不良者；

（三）旷废职务者；

（四）怠于训育及校务者；

（五）患精神病或身有痼疾而不能任事者；

（六）行为不检或有不良嗜好者。

第一百一十三条　中学教员继续在一校任职满九年后，得休假一年，从事研究考查，并须将成绩送由学校，径呈省市教育行政机关，或呈由县市教育行政机关转呈省教育厅备核。

前项休假教员应仍支原俸，但以不兼任任何有给职务者为限。

第一百一十四条　各省市教育行政机关，应为中学教员力谋进修便利订定办法，呈请教育部核准施行。

第一百一十五条　中学教员之检定，任用及保障，另以规程定之。

第一百一十六条　省市县立中学教员俸给等级表、年功加俸办法，由各主管教育行政机关规定，径呈或转呈教育部核准施行。

私立中学参照各省市公立中学情形，于其校章中规定之。

前项教员俸给等级表之最低级,应参照地方情形,以确能维持适当生活为标准。

第一百一十七条　中学女教职员在生产时期内,应予以六个星期之休息假,其代理人之俸给,应由学校呈请主管教育行政机关另行支给。

第一百一十八条　中学校长视专任教员进三级至五级支俸,由主管教育行政机关或校董会定之。

第一百一十九条　中学教职员养老金及恤金办法,照国民政府公布之《学校教职员养老金及恤金条例》办理。

第十三章　附则

第一百二十条　本规程得由教育部于必要时修改之。

第一百二十一条　本规程于中华民国二十四年〔1935〕六月二十一日修正公布施行。

十五、国立中学课程纲要
(民国二十七年〔1938〕二月二十五日教育部颁发)

壹、总纲

一、国立中学课程分精神训练,体格训练,学科训练,生产劳动训练,及特殊教学与战时后方服务训练五项。

二、学科训练集中于每日上午,生产劳动训练及特殊教学与战时后方服务训练排列于下午,精神及体格训练,均分别于晨间及下午举行之。

贰、精神训练

三、依据《中华民国教育宗旨及其实施方针》,以实施三民主义教育为训育之最高原则,以实践新生活为其入手方法。

四、每晨举行升旗礼(四月至九月晨五时半举行,十月至三月晨六时半举行），下午举行降旗礼（四月至九月下午五时半举行，十月至三月下午五时举行），全校员生均须一律参加。升降旗后，由校务委员、校长、各主任轮流训话，每次约以三十分钟为限。

五、每周日曜日上午七时举行总理纪念周，就总理遗教、三民主义、建国方略、建国大纲、军事及政治经济上重要事项，国际现势及我国与各国之关系，由主要教职员或特聘专门人员分别为有系统之讲述。各日曜日应充分利用，作为会操、旅行、劳动或服务日。

六、初中实施童子军管理，高中实施军事管理，学生须一律着制服。

七、各级学生约以十人至五十人为一组，分成若干组，每组设导师一人，由该校教职员分别担任，指导学生之思想、学业、行动等。

八、导师及教职员须与学生共同生活，实践新生活规律。

叁、体格训练

九、初中各年级实施童子军训练，高中各年级实施军事训练，其时间支配于下午。

十、每晨升旗训话后，举行早操跑步，下午练习运动，均作为体育正课之一部分，严格且普遍实施。

十一、利用环境，多为爬山、游泳、露营及远足等练习，以养成坚强体魄与军事训练之基本技能。

十二、田径赛及球类等之课外运动，可酌依体育课程标准实施，但设备及运动服装，须力避浪费金钱。

肆、学科训练

十三、为实施总纲所举各项训练以适应国家需要起见，初高中师范及职业各科之教学科目及时数，应依照下列规定分别变更之。

十四、各科主要学科之教学时间，每周至多不得超过二十四小时，均应排列于上午。

十五、各科教学目标及教材内容，除遵照课程标准之规定外，应视实际需要尽量补充与国防生产有关之教材。

十六、初中上午之教学科目为（1）公民、（2）国文、（3）算学、（4）历史、（5）地理、（6）自然、（7）英文；下午之教学科目为（1）体育及童子军、（2）劳作与生产劳动、（3）音乐、（4）图画。

公民科须于三民主义、建国方略、建国大纲、国民天职、国家民族之认识，本国政治经济及社会情况、国际现势及我国与各国之关系等项，特别注意。

历史地理须注重本国部分，外国史地可酌量减少。历史教学须于本国史上过去之光荣、抗战民族英雄及甲午以来日本侵略中国之史实等项，特别注重。地理须注意历代疆域之沿革、总理实业计划、现时国防形势与各战区地域之认识。对于学校所在地方及学生家乡之乡土情形，亦应比照研究。

自然科可采用混合制，并以观察、实验与学理互相参证。

英文应注重基本训练，为学生将来阅读西书之准备。

体育与童子军可合并教学，上操之外，应注重军事化之精神。

劳作与生产劳动训练合并实施，在可能范围内，应使学生学习木工及种植。

音乐可略去乐理，注重歌唱；在集合时，须练习军歌及激发志气陶冶性情之歌唱。

图画应注重基本练习及自然写生；在可能范围内，应令学生学习初步机械画及图案画。

十七、高中上午之教学科目为（1）公民、（2）国文、（3）算学、（4）英文、（5）历史、（6）地理及地质、（7）物理、（8）化学、（9）生物；下午之教学科目为（1）体育与军事训练、（2）工艺与农艺、（3）音乐、（4）图画及测绘。

公民、国文、历史、地理、音乐各科教学注重之点，同于初中。

地质于基本知识外，须注重当地之地质及矿产。

化学于基本知识外，须注意农业化学、肥料及矿物等。

物理于基本知识外，须注意机械之简单原理及水力学、水利学等。

生物须注重当地主要农产及畜牧之概况与改进。

工艺于可能范围内应学习翻砂打铁及金工。当地手工业应注意学习及改良。

农艺应就当地情形注意实地种植及研究改良。

图画应注重应用及战时宣传品之练习。初步测量绘图工作，应在可能范围内，使学生学习之。

十八、师范科教学总时数须酌量减少，其主要学科之教学时间，应比照高中，排列于上午。公民、国文、历史、地理各科教学注重之点与高中同。教育学科可酌量并合，并得略减其时数，民众教育应作为必修科，下午课程，应比照高中尽量排列。

伍、生产劳动训练

十九、国立中学各科各年级学生均须受生产劳动训练，其初中劳作科教学，可并入此项训练。

二十、生产劳动训练须令每一学生就农业及工业范围内尽量学习，务求确实娴熟，以期养成劳动习惯，增进生产能力。

二十一、农业生产训练须就作物、畜牧、园艺、育蚕、酿造及农村合作等科，分别设施。

二十二、工业生产训练如一时无机械设备，得先就当地主要之手工业训练之。

二十三、凡校内之清洁整理及校外附近之环境卫生，均应由全校学生分组轮流担任。

二十四、生产劳动训练时间，除星期日得特别指定外，平均每日至少以一小时为度。

陆、特殊教学与战时服务训练

二十五、各年级学生除实施上列各项训练外，并应依照部颁《中等学校特种教育纲要》，《高中以上学校学生战时后方服务组织与训练办法大纲》，及《中国童子军战时后方服务训练办法大纲》，分别在教师指导下，施行特殊教学与战时后方服务训练。

二十六、凡施行战时后方服务分组训练时，各组教材内容含有专门知识技能者，宜延聘专门人员或当地关系机关之技术人员分别教学，并指导实习。

二十七、战时后方服务各组，得在教师指导下举行研究会及讨论会。

二十八、战时后方服务各组，在校外附近应举办义务教育及社会教育等服务工作，服务时须与当地有关机关取得密切联络。

二十九、战时后方服务各组除服务外，并应注意社会调查工作，俾于本国情形、民众生活、社会环境有正确之认识。

三十、前项特殊教学与后方服务及社会调查等工作，除星期日得特别指定外，平均每日约以一小时为度。

十六、师范学校法
（二十一年〔1932〕二月十七日国民政府公布）

第一条 师范学校，应遵照《中华民国教育宗旨及其实施方针》，以严格之身心训练，养成小学之健全师资。

第二条 师范学校，得附设特别师范科，幼稚师范科。

第三条 师范学校，修业年限三年，特别师范科修业年限一年，幼稚师范科修业年限二年或三年。

第四条 师范学校，由省或直隶于行政院之市设立之，但依地方之需要，亦得由县市设立，或两县以上联合设立之。

第五条 师范学校，由省市或县设立者，为省立市立或县立师范学校，由两县以上联合设立者，为某某县联立师范学校。

第六条 师范学校之设立、变更及停办由省或直隶于行政院之市设立者，应由省市教育行政机关，呈请教育部备案，由县市设立者，呈由省教育厅核准转呈教育部备案。

第七条 师范学校及其特别师范科、幼稚师范科之教学科目及课程标准实习规程，由教育部定之，师范学校应视地方需要，分别设置职业科目。

第八条 师范学校及其他特别师范科、幼稚师范科教科图书，应采用教育部编辑或审定者。

第九条　师范学校，得设附属小学，其附设幼稚师范者并得设幼稚园。

第十条　师范学校，设校长一人，总理校务，省立师范学校，由教育厅提出合格人员，经省政府委员会议通过任用之，直隶于行政院之市立师范学校，由市教育行政机关选荐合格人员呈请市政府核准任用之，县市立师范学校，由县市政府选荐合格人员，呈请教育厅核准任用，除应担任本校教课外，不得兼任他职。

前项师范学校校长之任用，均应由省市教育行政机关按期汇案呈请教育部备案。

第十一条　师范学校教员由校长聘任之，应为专任，但有特别情形者，得聘请兼任教员，其人数不得超过教员总数四分之一，师范学校职员，由校长任用之，均应呈请主管教育行政机关备案。

第十二条　师范学校校长、教员之任用规程，由教育部定之。

第十三条　师范学校及其幼稚师范科，入学资格，须在公立或已立案之私立初级中学毕业。特别师范科入学资格，应曾在公立或已立案之私立高级中学或高级职业学校毕业，均应经入学试验及格。

第十四条　师范学校及其特别师范科、幼稚师范科学生修业期满，实习完竣，成绩及格，由学校给予毕业证书。

第十五条　师范学校及其特别师范科、幼稚师范科，均不征收学费。

第十六条　《师范学校规程》及《师范学校毕业服务规程》，由教育部定之。

第十七条　本法自公布日施行。

十七、修正师范学校规程

(二十四年〔1935〕六月二十一日教育部修正公布)

第一章　总纲

第一条　本规程根据《师范学校法》第十六条之规定订定之。

第二条　师范学校为严格训练青年身心，养成小学健全师资之场所，依照《师范学校法》第一条之规定，以实施下列各项之训练：

（一）锻炼强健身体；

（二）陶融道德品格；

（三）培育民族文化；

（四）充实科学知能；

（五）养成勤劳习惯；

（六）启发研究儿童教育之兴趣；

（七）培养终身服务教育之精神。

第三条　师范学校得附设特别师范科及幼稚师范科；公立中学及高级中学内亦得附设特别师范科。

第四条　专收女生之师范学校称女子师范学校。

以养成乡村小学师资为主旨之师范学校得称乡村师范学校。

第五条　师范学校修业年限三年，幼稚师范科修业年限三年或二年，特别师范科修业年限一年。

第六条　各地方为急需造就义务教育师资起见，得设简易师范学校，或于师范学校及公立初级中学内附设简易师范科，其办法另章规定之。

第七条　师范学校之入学年龄为十五足岁至二十二足岁。

第二章　设置及管理

第八条　省市（指行政院直辖市）立师范学校之设立、变更及停办应先由省市教育行政机关拟具计划或理由，呈报教育部核准后办理。县市立及联立师范学校之设立、变更及停办，应先由主管教育行政机关拟具计划或理由，呈报省教育厅核准后办理，并由厅报部备案。师范学校不依照前项规定程序办理者，上级教育行政机关得撤销之。

第九条　师范学校应视地方情形，分设于城市或乡村，于可能范围内应多设在乡村地方。

第十条　各省教育厅得依各该省情形，将全省分划为若干师范区，每一师范区内得设师范学校及女子师范学校各一所。

前项师范学校招收学生,应先就区内各县招收。

第十一条　省立师范学校以所在地地名名之;县市立师范学校径称某某县市立师范学校;一地有立别相同之师范学校二校以上时,得以数字顺序别之,或以区域较小之地名为校名,联立师范学校称某某数县联立师范学校。

第十二条　师范学校应于每一学年第一学期开始后一个月内,开具下列各项径呈或转呈各该省市主管教育行政机关备案。

（一）本学年新生、各级插班生、复学生、休学生、退学生及各级学生名册;

（二）本学年校长教职员学历、经历、职务、薪俸、专任或兼任事项;

（三）本年度经费预算;

（四）本学年学则,校舍及设备之变更事项;

（五）前学年各级学生学业成绩表;

（六）前年度决算或收支项目;

（七）前学年毕业生服务及学校指导状况。

前项第二款事项应由省市教育行政机关汇报教育部,其第一、三、四、五、六、七各款事项,并应造简表送部。

第十三条　师范学校应于第二学期开始后一个月内,开具下列各项径呈或转呈各该省市主管教育行政机关备案。

（一）本学期新生,各级插班生,复学生,休学生及退学生名册;

（二）本学期新任教职员学历、经历、职务、俸给、专任或兼任事项,去职教职员姓名及去职原因;

（三）上学期各级学生成绩表。

前项第二款事项应由省市教育行政机关汇报教育部,其第一及第三款事项,并应造简表送部。

第十四条　师范学校每届办理毕业,应于期前二个月,造具应届毕业学生履历及历年各项成绩表,径呈或转呈省市教育行政机关核准后,举行毕业考试,或参加毕业会考。

第十五条　师范学校每届办理毕业,应于期后一个月内,造具毕业生毕业成绩表及分配服务办法，径呈或转呈省市教育行政机关转报教育部备案。

第十六条　师范学校每学期应由省市教育行政机关派遣督学视察指导，至少一次。并将其视察及建议事项，于视察完毕一个月内，呈报教育部备案。

第三章　经费

第十七条　省市立师范学校之开办，经常临时各费，由省市款支给之。县立或联立师范学校经费，由县或联立各县县款支给之。

第十八条　县立师范学校如确因地方贫瘠及成绩优良得受省款补助。

第十九条　省款补助县立师范学校之标准，由省教育厅规定，呈报教育部备案。

第二十条　师范学校经常费之支配，除学生膳食外，俸给至多不得超过百分之七十，设备费至少应占百分之二十，办公费不得超过百分之十；其预算款式另定之。

第二十一条　师范学校经费之开支，应力求撙节核实，并须将全部收支情形由经费稽核委员会为公开及缜密之审核，其审核办法，由省市教育行政机关订定，呈报教育部核准施行。

第四章　编制

第二十二条　师范学校学生除特别师范科学生外，依课程进度及各科年限，各分为一年级、二年级及三年级。

第二十三条　每学级学生以五十人为度，但至少须有二十五人。

第二十四条　师范学校各学科，除体育及军事训练得采用其他分组方法教学外，均不得合班教学。

第二十五条　师范学校学生，以男女分校或分班为原则。

第二十六条　新开办之师范学校，第一年不得招收二年级以上学生，第二年不得招收三年级学生。

第五章 课程

第二十七条 师范学校之教学科目，为公民、体育、军事训练（女生习军事看护）、卫生、国文、算学、地理、历史、生物、化学、物理、论理学、劳作、美术、音乐、教育概论、教育心理、小学教材及教学法、小学行政、教育测验及统计、实习等。乡村师范学校之教学科目，为公民、体育、军事训练（女生习军事看护及家事）、卫生、国文、算学、地理、历史、生物、化学、物理、论理学、劳作、美术、音乐、农业及实习、农村经济及合作、水利概要、教育概论、教育心理、小学教材及教学法、小学行政、教育测量及统计、乡村教育及实习。

第二十八条 三年制幼稚师范科之教学科目，为公民、体育及游戏、卫生、军事看护、国文、算学、历史、地理、生物、化学、物理、劳作、美术、音乐、论理学、教育概论、儿童心理、幼稚园教材及教学法、保育法、幼稚园行政、教育测验及统计及实习。二年制幼稚师范科之教学科目，为公民、体育及游戏、卫生、国文、算学、历史、地理、生物、理化、劳作、美术、音乐、教育概论、儿童心理、幼稚园教材及教学法、保育法、幼稚园行政及实习。

第二十九条 特别师范科招收高级中学毕业生者，其教学科目为国文、体育、图画、音乐、劳作、教育概论、教育心理、小学教材及教学法、小学行政、教育测验及统计、地方教育行政及教学、视导民众教育及乡村教育及实习。特别师范科招收高级职业学校毕业生者，其教学科目为公民、国文、体育、算学、图画、历史、地理、珠算、初中及小学应用农艺、初中及小学应用工艺、初中及小学应用家事、初中及小学应用商业、教育概论、教育心理、教学法、教育测验及统计、职业教育及实习。

第三十条 需要蒙、回、藏语或外国语之特殊地方所设立之师范学校，其课程得增加所需要之语言学科，酌减其他学科或教学时数。

第三十一条 为养成小学体育、劳作、美术及音乐等专科教员起见，各省市应指定省市立师范学校一、二校于施行一般训练外，分组修习专科科目。

——— 343

第三十二条 师范学校课程标准另订之。

第三十三条 师范学校教科书须采用教育部编辑或审定者，教员自编教材须适合部定课程标准，并须于每学期终将全部教材送呈主管教育行政机关审核，转报教育部备案。

第三十四条 各科教学应活用教本，采用地方性及临时补充之教材，并须注重实验及实习。师范学校，除外国语教本外，一律采用中文本教科书，不得用外国文书籍。师范学校教员一律用国语为教授用语。

第三十五条 教员须启发学生观察、思考及自动研究之能力，并须养成其教育者之精神。

第三十六条 师范学校学生实习时，应由其所实习之学科教员，教育学科教员及附属小学教员到场指导。

第三十七条 师范学校学生之实习场所，除自设之附属小学及幼稚园外，并得在附近小学及其他相当学校实习。

第三十八条 师范学校应随时利用余暇领导学生参观邻近小学，最后一学期并应为参观旅行。其时间以两周为限，费用由学校负担。

第六章 训育

第三十九条 师范学校训育应遵照《中华民国教育宗旨及其实施方针》所规定，"以最适宜之科学教育及最严格之身心训练，养成一般国民道德上，学术上最健全的师资。"

第四十条 根据实施方针所规定劳动实习，师范学校学生除劳作科作业外，凡校内整理、清洁、消防及学校附近之修路、造林、水利、卫生、识字运动等项，皆须分派担任。学校工人须减至最低限度。

第四十一条 师范学校校长，全体教员均负训育责任，须以身作则，采用团体训练，个别训练，指导学生一切课内课外之活动。

第四十二条 师范学校每一学级设级任一人，择该级一专任教员任之，掌理各该级之训育及管理事项。

第四十三条 校长及专任教员均以住宿校内为原则，与学生共同生活。

第四十四条 师范学校学生宿舍须有教员住宿，负管理之责。

第四十五条　师范学校学生应照《学生制服规程》规定，一律穿着制服。

制服之重制，须视一般学生穿着损坏情形，不得于每学期或每学年令学生新制。

第四十六条　师范学校学生旷课及怠于自修或劳动作业等情，应于操行成绩内减算。

第四十七条　师范学校训育标准另订之。

第四十八条　师范学校学生训育管理及惩奖办法，由各省市教育行政机关规定大纲，呈报教育部核准施行。各师范学校于其学则内，根据是项大纲订定详细规则，呈请主管教育行政机关核定施行。

第七章　设备

第四十九条　师范学校校址，须具有相当之面积，且其环境须适合道德及卫生条件。

第五十条　师范学校应具备下列各重要场所：

（一）普通课室；

（二）特别课室（物理、化学、生物、图画、音乐等教学用）；

（三）工场（尽先设置木工、金工场）、农场、合作社或家事实习室（视所设劳作科种类及学校环境，酌量设置）；

（四）运动场（如属可能，应备体育馆）；

（五）图书馆；

（六）仪器、药品、标本、图表室；

（七）体育器械室；

（八）自习室；

（九）会堂；

（十）学生成绩陈列室；

（十一）课外活动作业室；

（十二）办公室（教员同室办公，并不得占用校内优良屋宇）；

（十三）学生寝室；

（十四）教职员寝室（如属可能，应备教职员住宅）；

（十五）膳堂；

（十六）浴室；

（十七）储藏室；

（十八）校园；

（十九）其他。

第五十一条　校舍之建筑，须坚固、朴实、适用，并应采用本国式样与本国材料。

第五十二条　各科教学之仪器、药品、标本、图表、机械、器件须具备足数各科教学之用。前项设备中之仪器、标本、图表等，其有能自制者，应尽量由教员学生共同制作。

第五十三条　师范学校图书馆之图书，须足供教员及学生参考阅览之用，有常供学生参考者，尤须具备多数复本。

第五十四条　师范学校应具备下列各表簿：

（一）关于师范学校之法令，统计等项；

（二）学则（包含学校一切章程，规则，办法等）；

（三）各年级课程表，每学期各班每周教学时间表，各班教科用图书一览表；

（四）教职员履历表，担任学科及教学时间表，教学进度预计簿，教学进度记录簿；

（五）学生学籍簿、出席簿、请假簿、操行考查簿、奖惩登记簿、学业成绩表、身体检查表；

（六）图书目录、仪器、标本、器械、药品目录；

（七）财产目录；

（八）预算表、决算表、各项会计表簿；

（九）学校日记簿、各级日记簿；

（十）各项会议记录；

（十一）其他。

第五十五条　师范学校设备标准另订之。

第八章 成绩及考查

第五十六条 师范学校学生成绩，分学业、实习、操行及体育成绩四项。

第五十七条 考查学生成绩分下列四种：

（一）日常考查；

（二）临时试验；

（三）学期考试；

（四）毕业会考或毕业考试。

第五十八条 日常考查之方式如下，各科依其性质酌用之：

（一）口头问答；

（二）演习练习；

（三）实验实习；

（四）读书报告；

（五）作文；

（六）测验；

（七）调查采集报告；

（八）其他工作报告；

（九）劳动作业。

第五十九条 临时试验，由各科教员随时于教学时间内举行，不得预先通告学生，每学期每科至少举行二次以上。

第六十条 学期考试于学期终各科教学完毕时，就一学期内所习课程考试之，考试前得停课一日至二日备学生复习。

第六十一条 毕业考试于规定修业期满后，就全部课程考试之，考试前得停课三日至四日备学生复习。参加毕业会考之学生免除毕业考试。

第六十二条 各科日常考查成绩与临时试验成绩，合为各科平时成绩。日常考查成绩，在平时成绩内占三分之二，临时试验成绩占三分之一。

第六十三条 各科平时成绩与学期考试成绩，合为各科学期成绩。平时成绩在学期成绩内占五分之三，学期考试成绩占五分之二。师范学校最后一学期、第二学期得免除学期考试，而以各科平时成绩作为学期成绩。但参加毕业会考之学生，仍须举行最后学期考试。

第六十四条　每学生各科学期成绩之平均，为该生之学期成绩。每学生一、二两学期成绩之平均，为该生之学年成绩。

第六十五条　每学生各学年成绩平均与其毕业考试成绩合为该生之毕业成绩。各学年成绩平均在毕业成绩内占五分之三，毕业考试成绩占五分之二。

第六十六条　学生实习，操行或体育成绩不及格者，不得进级或毕业。

第六十七条　每学期各科缺席时数达该科教学总时数三分之一以上之学生，不得参与该科之学期考试。

第六十八条　无学期成绩之学科或成绩不及格之学科在三科以上之学生，或仅二科无学期成绩或不及格，但其科目为公民、国文、算学、理化、劳作及各种教育学科等科中之任何二科之学生，均应留级一学期，连续留级以二次为限，如本校无相当学级，可发给转学证书，转入其他师范学校，插入相当班次。

第六十九条　无学期成绩之学科或成绩不及格之学科，仅有一科之学生，或虽有二科无学期成绩或不及格，但其科目非如前条所规定者之学生，均应令于次学期仍随原学级附读；一面设法补习各该科目，经补行学期考试成绩及格，准于正式进级，如仍不及格，应令于次学年仍留原学级肄业，但此项补考以二次为限，连续留级亦以二次为限，如仍不能进级，发给修业证书，令其退学。

第七十条　毕业考试成绩内，不及格学科在三科以上，或仅二科不及格，但其科目为公民、国文、算学、理化、劳作及各种教育学科等科中之任何二科之学生，均应令留级一学年（有春季始业班级之学校得留级一学期），但此项留级以二次为限。如仍不能毕业，发给修业证书，令其退学。

第七十一条　毕业考试成绩内有一科不及格或虽有二科不及格，但其科目非如前条所规定之学生，均应令补行考试二次，如仍不能及格，应照前条办法办理。

第七十二条　实习、操行及体育成绩考查办法另定之。

第七十三条 学业成绩计算方法，由各省市教育行政机关规定。呈报教育部核准施行。各师范学校为实验教育起见，得于主管教育行政机关规定计算方法外，采用其他方法，但须经转呈教育部核准施行。

第九章 学年、学期及休假日期

第七十四条 学年度始于八月一日，终于次年七月三十一日。

第七十五条 一学年分为两学期，自八月一日至次年一月三十一日为第一学期或上学期。自二月一日至七月三十一日为第二学期或下学期。春季始业之学级以本学年第二学期为上学期，下学年第一学期为下学期。各省应指定地点适当之省立师范学校数校，兼办春季始业学级。

第七十六条 师范学校之休假日期另定之。

第七十七条 师范学校除法令规定之休假日期外不得休假，每星期六下午并不得停止授课。

第十章 入学、转学、休学、复学、退学及毕业

第七十八条 师范学校及幼稚师范科入学资格为初级中学毕业，特别师范科入学资格为高级中学或高级职业学校毕业，均须经入学试验及格。

师范学校、乡村师范学校、幼稚师范科及特别师范科入学试验，均应免试外国语。

第七十九条 师范学校学生于学期或学年终了考试成绩及格，如必须转学其他师范学校，或有第六十八条规定情形时，得请求学校发给转学证书。

第八十条 师范学校第二学期以上之学级如有缺额，得于学期或学年开始前收受插班生。此项插班生须有其他师范学校学期衔接之转学证书，或成绩单，仍须经编级试验。

第八十一条 师范学校最后一年不得招收插班生。

第八十二条 师范学校学生因身体或家庭之特殊情形得请求休学一学期或一学年。

第八十三条 休学期满之学生得请求复学，编入与原学期或学年衔接

349

之学级肄业。

第八十四条 经学校开除学籍之学生,不得发给转学证书及修业证书。

第八十五条 师范学校学生因身体或家庭之特殊情形,经保证人证明确属理由正当,并经调查属实者,得请求学校准予退学。

第八十六条 学生修业年限期满,毕业成绩及格,或经会考成绩及格者,准予毕业,由学校给予毕业证书。

第十一章 待遇及奖学金额

第八十七条 师范学校学生一律免收学费,各省市应斟酌情形免收学生膳费之全部或一部。向学生征收之膳费应核实收支,专案呈报。

第八十八条 师范学校学生入学时得征收保证金十元至五十元,毕业时应予发还,无故退学或被开除学籍者概不发还。

上项保证金由学校专款存储,不得挪用,其不发还之保证金,作添购图书之用,并应专案呈报主管教育行政机关备案。

第八十九条 师范学校不得征收图书及体育等任何费用,其学生用书、制服及一切工艺材料费,由学生自备,或由学校发给,或由学校或所在地教育行政机关组织学生消费合作社,廉价发售。如由学校代办时,应按实价向学生征收。

前项工作材料及制服必须采用国货,尤以本地产品为主。

第九十条 师范学校应设置奖学金额,由省、市、县教育行政机关规定办法,分别径呈或转呈教育部备案。

第九十一条 师范学校学生无故退学或被开除学籍者,应追缴其学费,如免膳费者并追缴其膳费。

第十二章 服务

第九十二条 师范学校毕业生服务年限须照其修业年限加倍计算。

第九十三条 师范学校每届毕业生应由省、市、县教育行政机关分配于各地方充任小学或相当学校教员。

第九十四条 师范学校及特别师范科毕业生得充任小学教员;幼稚师

范科毕业生得充任幼稚园及初级小学教员。

第九十五条　师范学校毕业生在规定服务期内，不得升学或从事教育以外之职务。违者除照第九十一条追缴学膳费外，如系升学，仍由其升入学校令其退学。但有特殊情形，经省、市教育行政机关核准者，得展缓其服务期限。

第十三章　教职员及学校行政

第九十六条　师范学校设校长一人，综理校务，并须担任教学。其时间不得少于专任教员教学时间最低限度二分之一，并不得另支俸给。

第九十七条　师范学校各科教员由校长开具合格人员详细履历径呈或转呈省、市教育行政机关核准后，由学校备具聘书，于学年开始前二月或学期开始前一月送达受聘教员。遇有不合格人员，主管教育行政机关应令原校更聘。

第九十八条　教员之初聘任期以一学年为原则，以后续聘任期为二学年。

第九十九条　师范学校各学科均应聘请专任教员。如一学科之教学时数不足聘请一专任教员时，得与性质相近之学科时数合并，聘请专任教员，但如事实上有困难情形，得聘请兼任教员，但以限于音乐、图画、劳作等科为原则。

专任教员不得在校外兼任任何职务。

第一百条　六学级以下之师范学校，其专任教员人数平均每学级不得超过二人，七学级以上之师范学校，其专任教员人数平均每两学级不得超过三人。

第一百零一条　师范学校之兼任教员人数，不得超过全体教员人数四分之一。

第一百零二条　师范学校及特别师范科之专任教员，每周教学时数为十六至二十二小时。

兼任主任及训育职务之专任教员，其每周教学时数得酌减，但不得少于规定最低限度三分之二，并不得另支俸给。

───── 351

第一百零三条　专任及兼任教员均应轮值指导学生自习。

第一百零四条　专任教员每日在校时间至少七小时。

第一百零五条　师范学校设教导主任一人，协助校长处理教务、训育事项。六学级以上之师范学校经主管教育行政机关之核准，得设教务、训育主任各一人，协助校长分别处理教务、训育事项。

六学级以上之师范学校得设事务主任一人，掌理教务及训育以外之事务。

第一百零六条　师范学校设校医一人，会计一人，图书馆、仪器、药品、标本及图表管理员二人至三人，六学级以下之师范学校设事务员及书记二人至四人，七学级以上之师范学校，每增二学级，平均得增设事务员或书记一人。

第一百零七条　师范学校各主任皆由专任教员兼任。校医由校长聘任，其余职员由校长任用，均应呈报省、市教育行政机关备案。省及直辖市立师范学校会计，由省、市教育行政机关指派充任。

第一百零八条　师范学校设置下列二种委员会：

（一）训育指导委员会　由校长、各主任、各教员及校医组织之，以校长为主席，负一切指导学生之责，每月开会一次。

（二）经费稽核委员会　由专任教员公推三人至五人组织之，委员轮流充当主席，负审核收支账目及单据之责。每月开会一次。

第一百零九条　师范学校举行下列四种会议：

（一）校务会议　以校长、全体教员、校医组织之，校长为主席，讨论全校一切兴革事项。每学期开会一次或二次。

（二）教务会议　以校长及全体教员组织之，校长为主席、校长缺席时，教导主任或教务主任为主席，讨论一切教学，实习及图书设备购置事项。每月开会一次。

（三）训育会议　以校长、各主任、各级任及校医组织之，校长为主席，校长缺席时，教导主任或训育主任为主席，讨论一切训育及管理事项，每月开会一次或二次。

（四）事务会议　以校长、各主任及全体职员组织之，校长为主席，校长缺席时,事务主任为主席,讨论一切事务进行事项。每月开会一次。

第一百一十条 师范学校校长须品格健全,才学优良,毕业于师范大学,大学教育学院,教育科系,或其他院系而曾习教育学科二十学分,或高等师范学校,且合于下列资格之一者:

(一) 曾任国立大学教育学院教授或专任讲师一年以上者;

(二) 曾任省及直辖市教育行政机关高级职务二年以上著有成绩者;

(三) 曾任高级中学校长一年或初级中学校长三年以上著有成绩者。

第一百一十一条 有下列情形之一者,不得任用为师范学校校长:

(一) 违犯刑法证据确凿者;

(二) 曾任公务员交代未清者;

(三) 曾任校长或教育行政职务成绩平庸者;

(四) 患精神病或身有痼疾不能任事者;

(五) 行为不检或有不良嗜好者。

第一百一十二条 师范学校教员须品格健全,其所任教科为其所专习之学科,并于初等教育具有研究,且合于下列规定资格之一者:

(一) 经师范学校教员考试或检定合格者;

(二) 国内外师范大学或大学教育学院,教育科系毕业者;

(三) 国内外大学本科,高等师范本科或专修科毕业后,有一年以上之教学经验者;

(四) 国内外专科学校或专门学校本科毕业后,有二年以上之教育经验者;

(五) 有有价值之专门著述发表者;

(六) 具有精练技能者(专适用于劳作科教员)。

第一百一十三条 有下列情形之一者,不得任用为师范学校教员:

(一) 违犯刑法证据确凿者;

(二) 成绩不良者;

(三) 旷废职务者;

(四) 怠于训育及校务者;

(五) 患精神病或身有痼疾不能任事者;

（六）行为不检或有不良嗜好者。

第一百一十四条　师范学校教员继续在一校任职满九年后得休假一年，从事研究考查，并须将成绩送由学校径呈省市教育行政机关，或呈由县市教育行政机关转呈省教育厅备核。

前项休假教员应仍支原俸，但以不兼任任何有给职务者为限。

第一百一十五条　各省市教育行政机关应为师范学校教员力谋进修便利，订定办法，呈报教育部核准施行。

第一百一十六条　师范学校教员之检定、任用及保障，另以规程定之。

第一百一十七条　师范学校教员俸给等级表，年功加俸办法，由各主管教育行政机关规定径呈或转呈教育部核准施行。

前项教员俸给等级表之最低级，应参照地方情形，以确能维持适当生活为标准。

第一百一十八条　师范学校女教职员生产时期内，应予以六个星期之休息假，其代理人俸给，应由学校呈请主管教育行政机关另行支给。

第一百一十九条　师范学校校长视专任教员进三级至五级支俸，由主管教育行政机关定之。

第一百二十条　师范学校教职员养老金及恤金办法，照国民政府公布之《学校教职员养老金及恤金条例》办理之。

第十四章　附属小学及幼稚园

第一百二十一条　师范学校为便利学生实习及实验初等教育起见，应设附属小学，并得附设幼稚园。

第一百二十二条　附属小学设校长一人，由师范校校长聘请合格人员，呈请主管教育行政机关备案。

第一百二十三条　附属小学及幼稚园，应设于师范学校附近。

第一百二十四条　附属小学应领导附近各县小学对教育问题研究及实验，以谋改进。

第一百二十五条　附属小学依照《小学法》及《小学规程》办理之。

第十五章　简易师范学校及简易师范科

第一百二十六条　简易师范学校及简易师范科，依本规程第六条之规定设置之。此项简易师范学校及简易师范科俟地方小学师资足数分配时，应即停止办理。

第一百二十七条　简易师范学校入学资格为小学毕业生，修业年限四年。简易师范科之入学资格为初级中学毕业生，修业年限一年。简易师范学校及简易师范科入学试验均应免试外国语。

第一百二十八条　简易师范学校以县、市设立为原则。

第一百二十九条　简易师范学校应于可能范围内设在乡村地方。设在乡村之简易师范学校得称简易乡村师范学校。

第一百三十条　简易师范学校之教学科目为公民、体育、卫生、国文、算术、地理、历史、植物、动物、化学、物理、劳作（农艺、工艺、家事）、美术、音乐、教育概论、教育心理、乡村教育及民众教育、教育测验及统计、小学教材及教学法、小学行政及实习。

简易乡村师范学校之教学科目为公民、体育、卫生、国文、算学、地理、历史、植物、动物、化学、物理、劳作（工艺）、美术、音乐、农业及实习、水利概要、农村经济及合作、教育概论、教育心理、小学教材及教学法、教育测验及统计、乡村教育、小学行政及实习。

第一百三十一条　简易师范科之教学科目为体育、国文、算学、地理、历史、自然、劳作（农艺）、图画、音乐、教育概论、教育心理、小学教材及教学法、小学行政及实习。

第一百三十二条　简易师范学校及简易师范科之课程标准另定之。

第一百三十三条　简易师范学校及简易师范科得缩短休假日期。

第一百三十四条　简易师范学校及简易师范科学生之实习，如无附属小学及幼稚园者，得在附近公私立小学及幼稚园实习之。

第一百三十五条　简易师范学校及简易师范科学生毕业后，充任简易小学、短期小学及初级小学教员。简易师范学校及简易师范科学生毕业后，服务期满，成绩优良，可入师范学校及幼稚师范科肄业，但仍须经入学试验及格。

第一百三十六条　简易师范学校设校长一人，主持校务，并担任教课，其时间不得少于专任教员教学时间最低限度二分之一。

简易师范学校及简易师范科之专任教员，每周教学时数为十八至二十四小时。

第一百三十七条　简易师范学校设教导主任一人，校医一人，会计一人，事务员及书记二人至四人，由校长分别聘任及任用，呈报主管教育行政机关备案。

第一百三十八条　简易师范学校校长须品格健全，才学优良，于初等教育具有研究，且合于下列规定资格之一者：

（一）国内外师范大学，大学教育学院，教育科系毕业，或其他院系毕业而曾习教育学科二十学分，均经于毕业后从事教育职务二年以上著有成绩者；

（二）国内外大学本科或高等师范本科毕业后，从事教育职务三年以上著有成绩者；

（三）国内外高等师范专修科专科学校或专门学校本科毕业后，从事教育职务四年以上著有成绩者。

第一百三十九条　简易师范学校教员须品格健全，于初等教育具有研究，其所任教科为其所专习之学科，且合于下列规定资格之一者：

（一）经师范学校教员考试或检定合格者；

（二）国内外师范大学或大学教育学院教育科系毕业者；

（三）国内外大学本科、高等师范本科、专修科、专科学校或专门学校本科毕业后，有一年以上之教学经验者；

（四）与高级中学程度相当学校毕业后曾任中等学校教员，有三年以上之教学经验，于所任教科确有研究成绩者；

（五）有有价值之专门著述发表者；

（六）具有精练技能者（专适用于劳作科教员）。

第一百四十条　有本规程第一百一十一条及第一百一十三条情形者，不得任用为简易学校校长及教职员。

第一百四十一条 除本章所特别规定外,本规程其余部分均适用于简易师范学校及简易师范科。

第十六章 附则

第一百四十二条 本规程得由教育部必要时修改之。

第一百四十三条 本规程于中华民国二十四年〔1935〕六月二十一日修正公布施行。

十八、职业学校法

(二十一年〔1932〕十二月七日国民政府公布)

第一条 职业学校应遵照《中华民国教育宗旨及其实施方针》,以培养青年生活之知识与生产之技能。

第二条 职业学校分为初级职业学校、高级职业学校。

第三条 职业学校之设立,以单科为原则,但有特别情形时得设数科。

第四条 初级职业学校,招收小学毕业生,或从事职业而具有相当程度者,修业年限一年至三年。

高级职业学校,招收初级中学毕业生,或具有相当程度者,其修业年限为三年。招收小学毕生或具有相当程度者,其修业年限为五年或六年。

职业学校招收学生,均应经入学试验及格。

第五条 职业学校得酌量情形,附设各种职业补习班。

第六条 职业学校按所设科别,称高级或初级某科职业学校,其兼设二科以上者,称高级或初级职业学校,合设两级者,称职业学校。

第七条 职业学校由省或直隶于行政院之市设立之,但依地方之需要得由县市设立或两县以上联合设立之。私人或团体亦得设立职业学校。

第八条 职业学校由省市或县设立者为省立市立或县立职业学校,由两县以上合设者为某某县联立职业学校,由私人或团体设立者为私立职业学校。

第九条 职业学校之设立、变更或停办,其由省或直隶于行政院之市

357

设立者，应由省市教育行政机关呈请教育部备案。其余呈由省市教育行政机关核准转呈教育部备案。

第十条　职业学校之教学科目，设备标准，课程标准及实习规程，由教育部定之。

第十一条　职业学校设校长一人，综理校务，省立职业学校，由教育厅提出合格人员，经省政府委员会议通过后任用之，直隶于行政院之市市立职业学校由市教育行政机关选荐合格人员，呈请市政府核准任用之，县市立职业学校，由县市政府选荐合格人员，呈请教育厅核准任用，均不得兼职。

前项职业学校校长之任用，均应由省市教育行政机关，按期汇案呈请教育部备案。

私立职业学校校长由校董会遴选合格人员聘任之，并应呈请主管教育行政机关备案。

第十二条　职业学校教员由校长聘任之，应为专任，但有特别情形者得聘请兼任教员。职业学校职员由校长任用之。均应呈请主管教育行政机关备案。

第十三条　职业学校校长教员之任用规程，由教育部定之。

第十四条　职业学校学生修业期满，实习完竣，成绩及格，由学校给予毕业证书。

第十五条　职业学校以不征收学费为原则。

第十六条　职业学校规程由教育部定之。

第十七条　本法自公布日施行。

十九、修正职业学校规程
（二十四年〔1935〕六月二十九日教育部公布）

第一章　总纲

第一条　本规程依据《职业学校法》第十六条之规定订定之。

第二条 职业学校为实施生产教育之场所，依照《职业学校法》第一条之规定，以实施下列各项之训练：

一、锻炼强健体格；

二、陶融公民道德；

三、养成劳动习惯；

四、充实职业知能；

五、增进职业道德；

六、启发创业精神。

第三条 职业学校分为初级职业学校、高级职业学校。

第四条 初级职业学校，授与青年较易之生产知识与技能，以养成其从事职业之能力。

第五条 高级职业学校，授与青年较高深之生产知识与技能，以养成其实际生产及管理能力，并培养其向上研究之基础。

第六条 初级职业学校入学资格，须曾在小学毕业或具有相当程度，年在十二足岁至十八岁者，修业年限一年至三年，遇必要时得酌量缩短之。

第七条 高级职业学校入学资格，须（一）曾在初级中学毕业或具有相当程度，年在十五足岁至二十二岁者，修业年限除法令别有规定者外均为三年；（二）曾在小学毕业，或具有相当程度年在十二足岁至二十岁者，修业年限五年或六年。

第八条 职业学校以就某业中之一科单独设置为原则（如工艺中之陶瓷、制革、染织、丝织、棉织、毛织等，农业之牧畜、森林、蚕桑等），但经主管教育行政机关之特别核准，得兼设同一业之数科或得合设数业（如农、工、商、家事等）。

第九条 职业学校之单设一科者，称初级或高级某科职业学校，兼设二科者，称初级或高级某某科职业学校，兼设二科以上者，称初级或高级某科职业学校，合设数科者称初级或高级职业学校，合设初高两级者称职业学校。

第十条 职业学校得视地方需要，附设职业补习班或职业补习学校。

第十一条 各地初级职业学校，在尚未充分设置以前，得暂就小学附设职业班,视地方需要情形设置科目,其办法另订之。

第二章 设置及管理

第十二条 初级职业学校以县立、市立为原则,其设立、变更及停办,应先由县市主管教育行政机关,根据学校所在地及附近之经济、教育、实业原料等实际状况,将计划或理由呈请教育厅核准后办理,并转呈教育部备案。前项之初级职业学校得因地方特别情形,由两县或数县联合设立之。

第十三条 高级职业学校以省或直隶于行政院之市设立为原则,其设立、变更及停办,应由省市教育行政机关,根据学校所在地及附近之经济、教育、实业原料等实际状况,将计划或理由呈请教育部核准后办理。前项之高级职业学校,得因地方特别情形,经教育厅呈请教育部核准后,由县市设立之。

第十四条 社团或工厂、商店、农场等职业机关或私人,均得设立职业学校,但须依照《私立学校规程》所规定之程序,并将计划或理由呈请省市教育行政机关核准后,始得办理,并呈报教育部备案。

公私立专科以上学校附设职业学校之设置与管理,与公私立职业学校同。

第十五条 省立职业学校,以所在地地名名之,县市立职业学校径称某某县市立某某职业学校,一地有立别相同之公立职业学校二校以上时,得以数字之顺序别之,或以区域较小之地名为校名,联合职业学校,称某某数县联立某某职业学校,私立职业学校应采用专有名称,不得以地名为校名。

第十六条 公私立职业学校应于每学期开始后一个月内,将下列各项径呈或转呈各该省市主管教育行政机关备案:

一、本学期校长教职员学历、经历、职务、俸给、专任或兼任事项(遇必要时得仅呈新旧教职员之变更事项);

二、本学期新生、插班生、复学生、休学生、退学生及各级学生名册;

三、本学期经费预算、学则、校舍及设备之变更事项;

四、前学期各级学生学业成绩表;

五、毕业生服务状况；

六、前学期经费收支项目，实习出品数量及销售状况。

前项第一款事项应由省市教育行政机关汇报教育部。其第二、三、四、五、六各款事项，并应造简表送部。

第十七条　公私立职业学校应于每届办理毕业时期前二个月内，造具应届毕业学生履历及历年各项成绩表，呈请主管教育行政机关核准后，举行毕业考试。并于每届办理毕业后一个月内，造具毕业生毕业成绩表，呈请主管教育行政机关转报教育部备案。

第三章　经费

第十八条　省市立职业学校之开办、经常、临时各费，由省市款支给之，县市立或联立职业学校经费由县市款或联立各县县款支给之，私立职业学校经费，由校董会支给之。

第十九条　职业学校各科各业开办费，须以能具有相当建筑物及充分设备为原则，其标准另订之。

第二十条　初级及高级职业学校单科一学级之每年经常费，应参照当地省立初级及高级中学，各以增加百分之五十为原则。

第二十一条　职业学校每年扩充设备费，至少须占经常费百分之二十。

第二十二条　县立私立职业学校如系经费支绌，得视其办理成绩，由省市酌给补助金，其补助标准，并得较高于补助中学之标准。

前项补助金之用途，以供给指定之职业设备及职业学科教员俸给为限。

第二十三条　前条补助标准，由省市教育行政机关规定呈请教育部备案。

第二十四条　职业学校每年须有实习材料费，其款额视职业性质定之，如学校已有营业收入时，得减去实习材料费之一部或全部。

第二十五条　职业学校学生实习或营业所得之盈余，应列入预算之内。

第四章　设备

第二十六条　职业学校校址，宜择选宜于所设学科之地点：

一、各项农业职业学校，应设在农村；

二、各项工业职业学校，应设在有是项职业，可资发展及改良之地方，或富有是项职业之原料，可供制造，或有是项工厂可供实习之地方；

三、各项商业职业学校，应设在商业较繁盛之都市；

四、其他各科职业学校之校址，均须以适合所设学科之环境而便于实习者为原则。

第二十七条　职业学校须有充分实习场所、图书、机械、仪器、标本、工作模型、消防设备等。前项设备中之仪器、标本、机械、工具、模型及校具等，其有能自制者，应尽量由教员学生共同制作。

第二十八条　职业学校须具备下列各项重要表簿：

一、关于职业学校之法令统计等项；

二、学则（包含学校一切章程、规则、办法等）；

三、各年级课程表，各班每周教学时间表，教科用图书一览表；

四、教学进度预计表，实习方案；

五、学籍簿，出席缺席登记簿，操行考查簿，学业成绩表，身体检查表；

六、图书、机械、工具、仪器、标本等目录；

七、产品登记簿，产品销售登记簿，营业概况簿；

八、财产目录。

九、预算表，决算表，各项会计表簿；

十、各项会计记录；

十一、其他。

第二十九条　职业学校必须之场所如下：

一、课室；

二、实验室（包括仪器、药品、标本等室）；

三、实习场所；

四、营业及推广部合作社；

五、货样及成绩陈列室；

六、运动场及体育器械室；

七、图书室；

八、营业室及货品室；

九、成绩陈列室；

十、办公室；

十一、浴室；

十二、其他。

第三十条　职业学校各科之设备标准另定之。

第五章　编制

第三十一条　职业学校学生依课程进度，分为各年级。

第三十二条　职业学校每学级学生人数视实习设备之容量而定，以十五人至四十人为度。

第三十三条　职业学校之实习及实习学科，得视教学便利，合级上课。

第三十四条　职业学校学生，以男女分校或分班为原则。

第六章　科别及课程

第三十五条　初级职业学校暂分为下列各科：

一、关于农业者　如普通农作（稻、棉、麦作等）、蚕桑、森林、畜牧、养殖、园艺及其他；

二、关于工业者　如藤竹工、木工、板金工、电镀、简易机械工、电机、电气装置及修理、钟表修理、汽车驾驶及修理、摄影、印刷、制图、染织、丝织、棉织、毛织、陶瓷、简易化学工业及其他；

三、关于商业者　如普通商业、簿记、会计、速记、打字、广告及其他；

四、关于家事者　如烹饪、洗濯、造花、缝纫、刺绣、理发、育婴、佣工及其他；

五、关于其他职业者　视地方需要，酌量设立。

第三十六条　高级职业学校分为下列各科：

一、关于农业者　如农业、森林、蚕桑、畜牧、水产、园艺及其他；

363

二、关于工业者 如机械、电机、应用化学、染织、丝线、棉织、毛织、土木、建筑、测量及其他；

三、关于商业者 如银行、簿记、会计、文书、速记、保险、汇兑、运输及其他；

四、关于家事者 如缝纫、刺绣、护士、助产及其他；

五、关于其他职业者 视地方需要，酌量设立。

第三十七条 职业学校每周教学四十至四十八小时，以职业学科占百分之三十，普通学科占百分之二十，实习占百分之五十为原则，但商业等科得酌减实习时间。

前项教学时间之百分比，得视各科性质，以各学年或各学期全部教学时间计算之。

第三十八条 职业学校每日教学及实习时间之起讫，得由学校酌量规定，呈请主管教育行政机关核准。

第三十九条 职业学校之教学科目及课程标准，由教育部另定之。

第七章 实习

第四十条 职业学校之实习场所，应视环境及实际情形采用下列方式：

一、由学校自设农场、工厂、商店等及其他可供学生实习之场所；

二、由学校与同性质之农场、工厂、商店等联络工作，供给学生实习之场所；

三、由学校指定广大场所，学生自行计划、组织、经营、耕种、收获或其他工作。

第四十一条 职业学校每次实习时间，以继续三小时或四小时为度。

第四十二条 职业学校各科之教学，应以先实习后讲授为原则。

第四十三条 职业学校实习方式，分下列三种：

一、个别实习 如划区耕种，点件制作，指定事件等；

二、分组实习 如同级或异级学生分组合作；

三、共同实习 如同级或异级学生合作。

第四十四条 实习时间须依照预定工作方案，次第实施，并记录其实习经过。

第四十五条　实习教材之分配，应先基本练习，次应用练习。

第四十六条　实习教材之应用练习，应以正确精细含有商品代价为主，但须避免过度之重复。

第四十七条　实习时，教员应实际参加工作及指导。

第四十八条　职业学校应就每级学生修业期间最后之暑假，举行假期作业，将平时所学习之各种技术方法，为最有效之总练习。

第八章　训练

第四十九条　职业学校应注意学生之职业知能，职业道德，公民训练，体格锻炼，劳动习惯及创业精神之培养。

第五十条　初级职业学校应注意学生熟练技术能力之培养。

第五十一条　高级职业学校应注意学生熟练技术、经营及管理能力之培养。

第五十二条　职业学校之训练，应适合将来实际职业环境。

第五十三条　职业学校学生训育标准另定之。

第九章　成绩考查及毕业

第五十四条　考查学业成绩分下列三种：

一、临时试验　由教员随时举行之，每学期至少二次；

二、学期考试　于学期终举行之；

三、毕业考试　于修业期满时举行之。

第五十五条　学生平时成绩，由日常作业成绩（如实习、制图、报告、计划等）与临时试验成绩合并计算，日常作业成绩占平时成绩三分之二，临时试验成绩占三分之一。

第五十六条　学生各科学期成绩，由各科平时成绩与学期考试成绩合并计算。平时成绩占学期成绩三分之二，学期考试成绩占三分之一。每学生各科学期成绩之平均，为该学生之学期成绩。

第五十七条　学生毕业成绩，由各学期成绩平均与毕业考试成绩合并计算，各学期成绩平均占毕业成绩三分之二，毕业考试成绩占三分之一。

第五十八条　实习学科得免除各种试验，其成绩即以平时成绩累积计算之。

第五十九条　学生实习、操行或体育成绩不及格者，不得进级或毕业。

第六十条　职业学校学生修业期满，成绩及格，由学校发给毕业证书，并得由校分配至职业机关见习。

第六十一条　操行成绩考查办法及学业成绩计算方法，由省市教育行政机关规定，呈请教育部核准施行。

第十章　学年学期及休假日期

第六十二条　学年度始于八月一日，终于次年七月三十一日。

第六十三条　一学年分为两学期，自八月一日至次年一月三十一日为第一学期或上学期，自二月一日至七月三十一日为第二学期或下学期，春季始业之学级，以本年第二学期为上学期，下学年第一学期为下学期。

第六十四条　职业学校之休假日期另定之。

第六十五条　职业学校在规定假期中，为实习需要，应停止放假或缩短变更假期，实施假期作业。

第六十六条　职业学校假期作业办法，由省市教育行政机关参照地方情形拟定，呈报教育部核准施行。

第六十七条　职业学校实施假期作业，学生须一律参加，其成绩并入平时成绩内计算。

第十一章　纳费及待遇

第六十八条　职业学校以不收学费为原则，但遇必要时，得呈请主管教育行政机关核准征收，公立初级职业学校每学期以四元为度，私立者以六元为度，公立高级职业学校以八元为度，私立者以十二元为度。

第六十九条　职业学校得根据实际情形，酌量征收最低额之实习材料费，初级职业学校每学期不得过四元，高级职业学校每学期不得过八元，均须列入预算之内。但征收学费之职业学校，其实习材料费，学期不得超过学费额之半，均须列入预算内，并呈请主管教育行政机关核准。

第七十条　职业学校除依照第六十八条及第六十九条征收费用外，不得征收任何费用。

第七十一条　职业学校应联络职业机关组织职业介绍部，介绍毕业生就业。

第七十二条　职业学校对于毕业生所就职业发生困难问题时，应随时予以指导。

第七十三条　职业学校出品，如经发售，成本以外之盈余，得提成奖给成绩优良或一般学生，以资鼓励。

第十二章　教职员

第七十四条　职业学校设校长一人，综理校务，并担任教学，其时间不得少于专任教员教学时间最低限度二分之一，并不得另支兼俸。

第七十五条　职业学校教员，由校长开具合格人员详细履历，呈请主管教育行政机关核准后，由学校聘任。

第七十六条　职业学校教员应以专任为原则，但遇有特别情形时，得呈经主管教育行政机关之核准，酌聘兼任教员，惟人数不得超过专任教员四分之一。

前项专任教员，均须兼任训育事宜，并以住宿校内为原则。

第七十七条　初级职业学校专任教员，每周教学时数为十八至二十四小时，但担任实习学科者，应为二十六小时至三十小时，高级职业学校专任教员，每周教学时数为十六至二十二小时，担任实习学科者，应为二十四小时至二十八小时。兼任主任或训育员之专任教员，其教学时间得酌减，但不得少于规定最低限度三分之二，亦不得另支兼俸。

第七十八条　职业学校设教导主任一人，学级较多者，经主管教育行政机关之核准，得分设教务、训育主任各一人。

第七十九条　专任教员每日在校时间每日至少七小时。

第八十条　职业学校设实习主任一人。

第八十一条　职业学校设科较多者得设事务主任一人。职业学校营业主任由事务主任兼任之。

第八十二条 职业学校之兼设数科者，得设科主任若干人。

第八十三条 职业学校各主任，均由专任教员兼充之。

第八十四条 职业学校应设校医一人，并得视其事务之繁简，酌设事务员及书记若干人，但其人数不得超过教员人数四分之一。

第八十五条 职业学校职员，由校长任用，呈报主管教育行政机关备案。

第八十六条 公立职业学校会计，由主管教育行政机关指派充任。

第八十七条 职业学校举行下列四种会议：

一、校务会议 以校长、全体教员，校医及会计组织之，校长为主席，讨论全校一切兴革事项，每学期开会一次或二次。

二、教务会议 以校长及全体教员组织之，校长为主席，校长缺席时，教导主任或教务主任为主席，讨论一切教学，实习及图书设备购置事项，每月开会一次。

三、训育会议 以校长、各主任及校医组织之，校长为主席，校长缺席时，教导主任或训育主任为主席，讨论一切训育及管理事项，每月开会一次或二次。

四、事务会议 以校长、各主任及全体职员组织之，校长为主席，校长缺席时，事务主任为主席，讨论一切事务进行事项，每月开会一次。

第八十八条 职业学校设置下列三种委员会：

一、训育指导委员会 由校长、主任、专任教员及校医组织之，以校长为主席，负一切指导学生之责，每月开会一次或二次。

二、职业指导推广委员会 由校长，主任及实习科教员组织之，以校长为主席，负指导毕业生及推广职业知能之责，每学期开会一次或二次。

三、经费稽核委员会 就专任教员中公推三人或五人组织之，由委员轮流充当主席，负审核收支账目及实习出品销售情形之责，每月开会一次。

第八十九条 初级职业学校校长，须品格健全，对于所任学校同性质之学科，确有专长，且具有下列资格之一者：

一、职业师资训练机关毕业后，从事职业教育一年以上著有成绩者；

二、国内外大学毕业后，从事职业教育一年以上著有成绩者；

三、国内外专科学校，专门学校或高等师范专修科毕业后，从事职业教育二年以上著有成绩者；

四、具有专门技能或热心职业教育曾任教育机关职务二年以上者。

第九十条　高级职业学校校长，须品格健全，对于所任学校同性质之学科，确有专长，除具有前条规定资格之一外，并合于下列资格之一者：

一、曾任公私立专科以上学校教员二年以上者；

二、曾任规模较大职业机关高级职务二年以上著有成绩者；

三、曾任初级职业学校校长三年以上著有成绩者；

四、曾任高级职业学校教员四年以上著有成绩者。

第九十一条　有下列情事之一者，不得充任校长：

一、违犯刑法证据确凿者；

二、曾任公务员交代不清者；

三、曾任校长或职业机关成绩平庸者；

四、患精神病或身有痼疾不能任事者；

五、行为不检或有不良嗜好者。

第九十二条　高级职业学校职业学科教员，须品格健全，对于所任教科有专长学识，且合于下列资格之一者：

一、职业师资训练机关毕业后，有一年以上之职业经验者；

二、国内外大学专科学校、专门学校或高等师范专修科毕业后，有二年以上之职业经验者；

三、有专门之职业技能，曾任职业机关相当职务四年以上著有成绩者。

普通学科教员依照高级中学教员资格之规定办理。

第九十三条　初级职业学校职业学科教员，须品格健全，对于所任教科有专长学识，且合于下列资格之一者：

一、具有高级职业学校教员规定资格之一者；

二、国内外大学专科学校、专门学校或高等师范专修科毕业后，有一年以上之职业经验者；

三、高级职业学校或与高级职业学校程度相当学校毕业后，有二年以上之职业经验著有成绩者,普通学科教员依照初级中学教员资格之规定办理。

第九十四条 有下列情事之一者,不得充任教员:
一、违犯刑法证据确凿者;
二、成绩不良者;
三、旷废职务者;
四、患精神病或身有痼疾不能任事者;
五、行为不检或有不良嗜好者。

第九十五条 各省市教育行政机关,应随时派遣职业学校教员,分往各地职业机关参观或学习。

第九十六条 职业学校校长及教员之任用、待遇及保障,另以规定之。

第十三章 附则

第九十七条 本规程得由教育部于必要时修正之。

第九十八条 本规程自中华民国二十四年〔1935〕六月二十八日修正公布施行。

二十、大学组织法
(民国十八年〔1929〕七月二十六日国民政府公布同日施行二十三年〔1934〕四月二十八日修正)

第一条 大学应遵照十八年〔1929〕四月二十六日国民政府公布之《中华民国教育宗旨及其实施方针》,以研究高深学术,养成专门人才。

第二条 国立大学由教育部审察全国各地情形设立之。

第三条 由省政府设立者为省立大学,由市政府设立者为市立大学,由私人或司法人设立者为私立大学。

前项大学之设立、变更及停办,须经教育部核准。

第四条　大学分文、理、法、教育、农、工、商、医各学院。

第五条　凡具备三学院以上者，始得称为大学。不合上项条件者，为独立学院，得分两科。

第六条　大学各学院各科得分若干学系。

第七条　大学各学院及独立学院得附设专修科。

第八条　大学得设研究院。

第九条　大学设校长一人，综理校务。国立、省立、市立大学校长简任，除担任本校教课外，不得兼任他职。

第十条　独立学院设院长一人，综理院务，国立者，由教育部聘任之，省立、市立者，由省、市政府请教育部聘任之，不得兼职。

第十一条　大学各学院各设院长一人，综理院务，由校长聘任之。独立学院各科各设科主任一人，综理各科教务，由院长聘任之。

第十二条　大学各学系各设主任一人，办理各该系教务，由院长商请校长聘任之；独立学院各系主任由院长聘任之。

第十三条　大学各学院教员，分教授、副教授、讲师、助教四种，由院长商请校长聘任之。

第十四条　大学得聘兼任教员，但其总数不得超过全体教员三分之一。

第十五条　大学设校务会议，以全体教授、副教授所选出之代表若干人及校长、各学院院长，各学系主任组织之，校长为主席。

前项会议，校长得延聘专家列席，但其人数不得超过全体人数五分之一。

第十六条　校务会议审议下列事项：

一、大学预算；

二、大学学院学系之设立及废止；

三、大学课程；

四、大学内部各种规则；

五、关于学生试验事项；

六、关于学生训育事项；

七、校长交议事项。

第十七条 校务会议得设各科委员会。

第十八条 大学各学院设院务会议,以院长、系主任及事务主任组织之,院长为主席,计划本院学术设备事项,审议本院一切进行事宜。

各学系设系教务会议,以系主任及本系教授、副教授、讲师组织之,系主任为主席,计划本系学术设备事项。

第十九条 大学职员及事务员,由校长任用之。

第二十条 大学入学资格,须曾在公立或已立案之私立高级中学或同等学校毕业经入学试验及格者。

第二十一条 大学修业年限,医学院五年,余均四年。

第二十二条 大学学生修业期满,考核成绩及格,由大学发给毕业证书。

第二十三条 本法第三条第二项及第十三条至第二十二条之规定,独立学院备用之。

第二十四条 私立大学或私立独立学院校董会之组织及职权,由教育部定之。

第二十五条 大学或独立学院之规程,由教育部遵照本法另定之。

第二十六条 本法自公布日施行。

大学规程(十八年〔1929〕八月十四日教育部公布)

第一章 总纲

第一条 大学依《大学组织法》第四条之规定,分文、理、法、教育、农、工、商、医各学院;独立学院依《大学组织法》第五条第二项之规定得分两科。

第二条 大学依《大学组织法》第五条第一项之规定,至少须具备三学院,并遵照《中华民国教育宗旨及其实施方针》。大学教育注重实用科学之原则,必须包含理学院或农、工、医各学院之一。

第三条 大学或独立学院入学资格须曾在公立或已立案之私立高级中

学或同等学校毕业，经入学考试及格者。大学或独立学院得酌收特别生；其具有前项学校毕业资格于第一年内补受入学试验及格者，得改为正式生。

第四条　大学或独立学院转学资格，须学科程度相同，有原校修业证明书，于学年或学期开始以前经试验及格者。但未立案之私立大学或独立学院学生不得转学于公立或立案之私立大学或独立学院。大学各学院或独立学院各科最后一年级，不得收转学生。

第二章　学系及课程

第五条　大学各学院或独立学院各科依《大学组织法》第六条之规定得分若干学系。

第六条　大学文学院或独立学院文科分中国文学、外国文学、哲学、史学、语言学、社会学、音乐学及其他各学系。

大学理学院或独立学院理科分数学、物理学、化学、生物学、生理学、心理学、地理学、地质学及其他各学系，并得附设药科。

大学法学院或独立学院法科分法律、政治、经济三学系，但得专设法律学系。大学或独立学院之有文学院或文科，而不设法学系或法科及设法学院或法科而专设法律学系者，得设政治、经济二学科与文学院或文科。

大学教育学院或独立学院教育科，分教育原理、教育心理、教育行政、教育方法及其他各学系，大学或独立学院之有文学院或文科而不设教育学院或教育科者，得设教育学系于文学院或文科。

大学农学院或独立学院农科，分农学、林学、兽医、畜牧、蚕桑、艺园及其他各学系。

大学工学院或独立学院工科，分土木工程、机械工程、电机工程、化学工程、造船学、建筑学、采矿冶金及其他各学系。

大学商学院或独立学院商科，分银行、会计、统计、国际贸易、工商管理、交通管理及其他各学系。

大学医学院及独立学院医科不分系，各学系遇必要时得再分组。

第七条　大学各学院或独立学院各科学生（医学院除外）从第二年起应认定某学系为主系，并选定他学系为辅学系。

第八条　大学各学院或独立学院各科除党义、国文、军事训练及第一第二外国文为共同必修课目外，须为未分系之一年级生设基本课目。

各学院或各科之课目分配及课程标准另定之。

第九条　大学各学院或独立学院各科课程，得采学分制。但学生每年所修学分须有限制，不得提早毕业。

聪颖勤奋之学生，除应修学分外，得于最后一学年选习特种科目，以资深造，试验及格时，由学校给予特种奖状。

第三章　经费及设备

第十条　大学各学院或独立学院各科开办费及每年经常费之最低限度（开办费包含建筑费、设备费等）暂定如下表：

院别或科别	文学院或文科	理学院或理科	法学院或法科	教育学院或教育科	农学院或农科	工学院或工科	商学院或商科	医学院或医科
开办费	100,000元	200,000元	100,000元	100,000元	150,000元	300,000元	100,000元	200,000元
每年经常费	80,000元	150,000元	80,000元	80,000元	150,000元	200,000元	80,000元	150,000元

凡性质相类之学院或科同时并设者，其开办费得酌减之。各学院或各科第一年之经常费，至少各有额定数目三分之二。

第十一条　大学或独立学院须有相当校地、校舍、运动场、图书馆、实验室、实习室及图书仪器、标本模型等设备。

大学各学院或独立学院之设备标准另定之。

第十二条　大学或独立学院每年扩充设备费，至少应占经常费百分之十五。

第四章 试验及成绩

第十三条 大学试验分下列四种：

一、入学试验；

二、临时试验；

三、学期试验；

四、毕业试验。

第十四条 入学试验由校务会议组织招生委员会于每学年开始以前举行之，各大学因事实上之便利，得组织联合招生委员会。

第十五条 临时试验由各系教员随时举行之；每学年内，至少须行一次。临时试验成绩，须与听讲笔录，读书札记，及练习、实习、实验等成绩，分别合并核计，作为平时成绩。

第十六条 学期试验由院长会同各系主任及教员于每学期之末举行之，学期试验成绩，须与平时成绩合并核计，作为学期成绩。

第十七条 毕业试验由教育部派校内教授、副教授及校外专门学者组织委员会举行之，校长为委员长，每种课目之试验，须于可能范围内有一校外委员参与，遇必要时，教育部得派员监试。

毕业试验即为最后一学期之学期试验，但试验课目须在四种以上，至少须有两种包含全学年之课程。

第十八条 毕业论文须于最后一学年之上学期开始时，由学生就主要课目选定研究题目，受该课教授之指导自行选述，在毕业试验期前提交毕业试验委员会评定。

毕业论文得以译著代之。

第十九条 毕业论文或译著认为有疑问时，得举行口试。

毕业论文或译书成绩，须与毕业试验成绩及各学期成绩合并核计，作为毕业成绩。

第二十条 农、工、商各学院学生，自第二学年起，须于暑假或寒假期内在校外相当场所实习若干时期，无此项实习证明书者，不得毕业。实习程序由各该学院自定，但须呈经教育部核准。

第二十一条　本章各条之规定，独立学院准用之。

第五章　专修科

第二十二条　大学各学院或独立学院各科，得分别附设师范、体育、市政、家政、美术、新闻学、图书馆学、医学、药学及公共卫生等专修科。

第二十三条　各专修科以党义、军事训练、国文、外国文为共同必修课目。各专修科之课目分配及课程标准另定之。

第二十四条　专修科入学资格，须在高级中学或同等学校毕业，经入学试验及格者。

第二十五条　专修科之修学年限为二年或三年，但医学专修科于三年课目修毕后须再实习一年。

第二十六条　专修科学生修业期满，考核成绩及格，由大学或学院给予毕业证书。

第二十七条　专修科得适用第十三条至第十七条之规定。

第六章　附则

第二十八条　私立大学或私立独立学院除适用本规定外，并须遵照《私立学校规程》办理。

第二十九条　本规程由教育部根据《大学组织法》第二十五条之规定，制定公布之。

第三十条　本规程自公布日施行。

增订大学行政组织十二项

一、大学设教务、训导、总务三处，分别设教务长、训导长及总务长各一人，秉承校长分别主持全校教务、训导及总务事宜。

教务长及总务长均由教授兼任，训导长及训导员资格俟呈请中央核定后另行公布。

二、教务处得分设注册、出版等组及图书馆。各组及图书馆各设主任一人,及组员或馆员若干人。

三、训导处得分设生活指导、军事管理、体育卫生等组,各组设主任一人,并分别设训导员、军事教官、医士、护士及体育指导员若干人。大学各学院如因距离辽远,得呈准设立训导分处,各分处得设主任一人。

四、总务处得分设文书、庶务等组,各组设主任一人,及组员若干人。

五、大学设会计室,置会计主任一人,佐理员及雇员若干人,由国民政府主计处任命,依法受大学校长之指挥,办理本校岁计会计事宜。

上项会计人员之任用办法,省私立大学暂不适用。

六、大学校长室得设秘书一人。

七、大学农学院附设农场、林场,工学院附设工厂,及医学院附设医院,得各设主任一人,须由教授或副教授兼任,分别秉承各学院院长掌理各该场、厂及医院事务,并分别设技术员、事务员及护士等各若干人。

八、大学设校务会议,以全体教授、副教授所选出之代表若干人(每十人至少选举代表一人),及校长、教务长、训导长、总务长、各学院院长、各系科主任、会计主任组织之,校长为主席,讨论全校一切重要事项。

前项会议,校长得延聘专家列席,但其人数不得超过全体人数五分之一。

九、大学设教务会议,由教务长、各学院院长、各系科主任及教务处各组馆主任组织之,教务长为主席,讨论一切教务事项。

十、大学设训导会议,由校长、训导长、教务长、主任导师、全体导师及训导处各组主任组织之,校长为主席,讨论一切训导事项。

十一、大学设总务会议,由总务长及总务处各组主任组织之,总务长为主席,讨论一切关于总务事项。

十二、大学设图书出版及其他各种委员会。其章程由各校拟订后呈报本部备案。

二十一、专科学校组织法
(十八年〔1929〕七月二十六日国府公布)

第一条 专科学校应遵照民国十八年〔1929〕四月二十六日国府公布

之《中华民国教育宗旨及其实施方针》以教授应用科学,养成技术人材。

第二条 国立专科学校由教育部审察全国各地情形设立之。

第三条 专科学校由省政府或市政府设立者,为省立或市立专科学校,由私人或私法人设立者,为私立专科学校。

前项专科学校之设立、变更及停办,须经教育部核准。

第四条 专科学校设校长一人,综理校务。

国立专科学校校长由教育部聘任之;省立或市立专科学校校长,由省市政府请教育部聘任之。

第五条 专科学校设校务会议,其规则由学校自定,呈请教育部核准。

第六条 专科学校教员分专任、兼任两种,由校长聘任之,但兼任教员总数不得超过全体教员三分之一。

第七条 专科学校职员及事务员由校长任用之。

第八条 专科学校入学资格,须曾在公立或已立案之私立中学毕业,或具有同等学力经入学试验及格者。

第九条 专科学校修业年限为二年或三年。

第十条 专科学校学生修业期满,考试及格,由学校给与毕业证书。

第十一条 私立专科学校校董会之组织及职权,由教育部定之。

第十二条 专科学校之规程由教育部遵照本法另定之。

第十三条 本法自公布日施行。

二十二、修正教育部组织法

(二十九年〔1940〕十一月十六日国府公布)

第一条 教育部管理全国学术及教育行政事项。

第二条 教育部对于各地方最高级行政长官执行本部主管事务,有指示监督之责。

第三条 教育部就主管事务,对于各地方最高级行政长官之命令或处分,认为有违背法令或逾越权限者,得请由行政院院长提经行政院会议议决后,停止或撤销之。

第四条　教育部置下列各司：

一、总务司，二、高等教育司，三、中等教育司，四、国民教育司，五、社会教育司，六、蒙藏教育司。

第五条　教育部于必要时，得设置各委员会，其组织另以法律定之。

第六条　教育部经行政院会议及立法院之议决，得增设裁减各司及其他机关。

第七条　总务司掌下列各事项：

一、关于收发、分配、撰拟、缮校、保存文件事项；二、关于部令之公布事项；三、关于典守印信事项；四、关于本部所属机关人员之任免、奖惩事项；五、关于编印公报及发行事项；六、关于本部官产官物之保管事项；七、关于款项之出纳规划事项；八、关于本部庶务及其他不属各司事项。

第八条　高等教育司掌下列各事项：

一、关于大学教育及专门教育事项；二、关于国外留学及国际文化事项；三、关于各种学术机关之指导事项；四、关于学位授予事项；五、关于其他高等教育事项。

第九条　中等教育司掌下列各事项：

一、关于中学教育事项；二、关于师范教育事项；三、关于职业教育事项；四、关于地方教育机关之设立及变更事项；五、关于其他中等教育事项。

第十条　国民教育司掌下列各事项：

一、关于小学教育事项；二、关于失学民众教育事项；三、关于幼稚园教育事项；四、关于其他国民教育事项。

第十一条　社会教育司掌下列各事项：

一、关于家庭教育及补习教育事项；二、关于学校办理社会教育事项；三、关于低能及残废者之教育事项；四、关于文化团体之指导事项；五、关于民众教育馆事项；六、关于图书及保存文献事项；七、关于公共体育场事项；八、关于音乐、戏剧、电影、播音及其他美化教育事项；九、关于其他社会教育事项。

第十二条　蒙藏教育司掌下列各事项：

一、关于蒙藏地方教育之调查事项；二、关于蒙藏地方各种教育事业之具体事项；三、关于蒙藏教育师资之培养事项；四、关于蒙藏子弟入学之奖励事项；五、关于其他蒙藏教育事项；六、关于其他边疆教育事项。

第十三条　学校所用图书仪器及其他教育用品，由教育部审查核定，其办法由教育部定之。

第十四条　教育部部长综理本部事务，监督所属职员及各机关。

第十五条　教育部政务次长、常务次长，辅助部长处理部务。

第十六条　教育部设秘书六人至八人，分掌部务会议，编制报告及长官交办事务。

第十七条　教育部设参事三人至五人，撰拟审核关于本部之法案命令。

第十八条　教育部设司长六人，分掌各司事务。

第十九条　教育部设督学八人至十六人，视察员十六人至二十四人，视察及指导全国事宜。

第二十条　教育部设科长十八人至二十四人，科员一百人至一百四十人，承长官之命，分掌各科事务。

第二十一条　教育部设技士二人至四人，承长官之命，办理技术事务。

第二十二条　教育部长特任，次长、参事、司长、秘书二人及督学四人简任，其余秘书、督学、科长荐任，科员、视察员、技士委任。

第二十三条　教育部因事务上之必要，得酌用雇员。

第二十四条　教育部设会计长一人，统计主任一人，办理岁计、会计、统计事务，受教育部部长之指挥监督，并依《国民政府主计处组织法》之规定，直接对于主计处负责。会计处与统计室需用佐理人员名额，由教育部及主计处就本法所定荐任委任人员及雇员名额中，会同决定之。

第二十五条　《教育部处务规程》，以部令定之。

第二十六条　本法自公布日施行。

二十三、修正教育部各司分科规程

（三十年〔1941〕一月二十八日教育部公布）

第一条　本部各司掌管事项，依本规程之规定分科处理之。

第二条　各司分科办事,其科额由部长按照各司科事务之繁简酌定之。

第三条　总务司置第一、第二、第三、第四四科。

第一科掌下列各事项：

一、关于文件之收发、分配及撰拟缮校事项；

二、关于部令之公布事项；

三、关于印信之典守事项；

四、关于档案之保管事项；

五、关于公报之编辑发行及其他部编刊物之发行事项。

第二科掌下列各事项：

一、关于本部官产官物之登记及保管事项；

二、关于本部之购置印刷及设备事项；

三、关于本部之建筑及修缮事项；

四、关于本部警卫及工役之管理事项；

五、关于本部消防及卫生事项。

第三科掌下列各事项：

一、关于本部人员之任免、升降、迁调事项；

二、关于本部所属机关学校人员任免手续之办理事项；

三、关于本部人员考绩及奖惩之纪录事项；

四、关于本部及所属机关学校应行铨叙人员之查催及转送审查事项；

五、关于本部及所属机关学校主要人员动态之登记事项；

六、关于本部职员之抚恤及教育人员养老金恤金事项；

七、关于本部及所属机关学校主要人员履历之调查登记事项；

八、关于本部及所属机关学校人事管理之建议事项；

九、关于本部及所属机关学校人员名录之汇编事项。

第四科掌下列各事项：

一、关于本部经费之筹划分配事项；

二、关于本部所属机关学校经费之调节分配事项；

三、关于本部及所属机关学校款项之收支保管事项；

四、关于本部所属机关学校缴解款项之核收及转解事项；

五、关于本部现金票据、证券、存款、折据等件保管及移转事项；

六、关于本部现金出纳账、银行往来账、现金分户账之登记事项；

七、关于现金收支表册之编造事项；

八、关于其他有关财务事项。

第四条　高等教育司置第一、第二、第三、第四四科。

第一科掌下列各事项：

一、关于专科以上学校之设立及变更事项；

二、关于专科以上学校之组织及行政事项；

三、关于高等教育经费之计划及支配事项；

四、关于专科以上学校之建筑设备事项；

五、不属于本司其他各科与高等教育有关之事项。

第二科掌下列各事项：

一、关于专科以上学校学生之学籍事项；

二、关于专科以上学校毕业生资格之审核事项；

三、关于专科以上学校学生学业成绩之履核事项；

四、关于专科以上学校毕业生之实习及服务指导事项；

五、关于专科以上学校学生之免费公费及奖学金事项。

第三科掌下列各事项：

一、关于专科以上学校之训育事项；

二、关于专科以上学校之课程及教材事项；

三、关于专科以上学校教员之资格审查及任用待遇事项；

四、关于专科以上学校之体育卫生及军事训练事项；

五、关于学术研究及奖励事项；

六、关于学术机关团体之指导事项；

七、关于学位授予事项。

第四科掌下列各事项：

一、关于国外留学事项；

二、关于国外学术机关团体之联络事项；

三、关于国外教授之交换讲学及学生之交换留学事项；

四、关于国际出版品之交换事项；

五、关于其他沟通国际文化事项；

六、关于侨民高等教育事项。

第五条　中等教育司置第一、第二、第三三科。

第一科掌下列各事项：

一、关于地方教育机关之设立及变更事项；

二、关于中学之设立及变更事项；

三、关于中学之训育事项；

四、关于中学之课程教材及设备事项；

五、关于中学教育经费之规划及支配事项；

六、关于中学用图书仪器及其他教育用品之审查核定事项。

七、关于中学教员之任用待遇事项；

八、关于中学教员之检定进修及临时训练事项；

九、关于中学之体育及卫生事项；

十、关于中学之军事训练及童子军教育事项；

十一、关于中学学生免费公费及奖学金事项；

十二、关于侨民中学教育事项。

第二科掌下列各事项：

一、关于师范学校之设立及变更事项；

二、关于师范学校之训育事项；

三、关于师范学校之课程教材及设备事项；

四、关于师范学校经费之规划及支配事项；

五、关于师范学校用图书仪器及其他教育用品之审查核定事项；

六、关于师范学校教员之任用待遇事项；

七、关于师范学校教员之检定进修及临时训练事项；

八、关于师范学校之体育卫生事项；

九、关于师范学校之军事训练及童子军教育事项；

十、关于师范学校辅导地方教育事项；

十一、关于师范毕业生之服务及指导事项；

十二、关于师范生之待遇及奖学金事项；

十三、关于其他国民教育师资训练事项；

十四、关于侨民师范教育事项。

第三科掌下列各事项：

一、关于职业学校之设立及变更事项；

二、关于职业学校之训育事项；

三、关于职业学校之课程教材及设备事项；

四、关于职业教育经费之规划及支配事项；

五、关于职业学校用图书仪器及其他教育用品之审查核定事项；

六、关于职业学校教员之任用待遇事项；

七、关于职业学校教员之检定进修及临时训练事项；

八、关于职业学校之体育卫生事项；

九、关于职业学校之军事训练及童子军教育事项；

十、关于职业学校学生之免费公费及奖学金事项；

十一、关于短期职业训练及职业补习学校事项；

十二、关于职业指导事项；

十三、关于推进职业教育与其他有关机关团体之合作事项；

十四、关于侨民职业教育事项。

第六条 国民教育司置第一、第二、第三三科。

第一科掌下列各事项：

一、关于国民教育之计划设施事项；

二、关于学龄儿童失学民众之调查及入学事项；

三、关于地方教育机关与地方自治机关之联系事项；

四、关于中心学校、国民学校教员之登记及任用待遇事项；

五、关于中心学校、国民学校教员之检定事项；

六、关于私塾之整理事项；

七、关于侨民小学教育事项；

八、其他有关国民教育之行政事项。

第二科掌下列各事项：

一、关于中心学校、国民学校及幼稚园之课程教材、训育及设备事项；

二、关于中心学校、国民学校及幼稚园用图书仪器及其他教育用品之审查核定事项；

三、关于中心学校、国民学校及幼稚园教员之进修事项；

四、关于中心学校、国民学校及幼稚园之体育及卫生事项；

五、关于中心学校、国民学校及幼稚园教学方法之改进及测验事项。

第三科掌下列各事项：

一、关于国民教育实施状况之视导事项；

二、关于办理国民教育成绩考核事项；

三、关于国民教育经费之规划及支配事项；

四、关于国民教育经费用途之考核事项；

五、关于各省市国民教育基金之筹集事项。

第七条 社会教育司置第一、第二、第三三科。

第一科掌下列各事项：

一、关于社会教育行政计划及经费之计划支配事项；

二、关于民众教育馆事项；

三、关于注音符号及识字运动事项；

四、关于民众读物事项；

五、关于补习教育及巡回教育事项；

六、关于低能残废等特殊教育事项；

七、关于社会教育人员之训练登记及任用待遇事项；

八、关于文化团体之指导事项；

九、关于侨民社会教育事项。

第二科掌下列各事项：

一、关于图书馆、博物馆事项；

二、关于体育场及民众运动场事项；

三、关于音乐、戏剧、艺术及其他美化教育事项；

四、关于文献古物之保存事项；

五、关于通俗讲演、改良风俗及民众教育事项；

六、关于国民历事项；

七、关于各级学校办理社会教育事项；

八、关于家庭教育事项。

第三科掌下列各事项：

一、关于播音教育事项；

二、关于电影幻灯教育事项；

三、关于电化教育教材编辑事项；

四、关于电化教育推广事项；

五、关于民众科学教育事项。

第八条 蒙藏教育司置第一、第二两科。

第一科掌下列各事项：

一、关于蒙藏暨其他边疆各种教育事业之计划兴办及管理事项；

二、关于蒙藏暨其他边疆教育之调查及督导事项；

三、关于蒙藏暨其他边疆教育经费之规划及支配事项；

四、关于蒙藏暨其他边疆教育师资之培养事项；

五、关于蒙藏暨其他边疆学校教员之任用待遇及登记检定进修事项；

六、关于蒙藏暨其他边疆子弟入学升学补习指导及奖励事项；

七、关于蒙藏暨其他边疆教育之实验事项；

八、关于其他蒙藏及边疆教育行政事项。

第二科掌下列各事项：

一、关于蒙藏暨其他边疆教育法案之翻译事项；

二、关于蒙藏暨其他边疆教育图书之编译及审查事项；

三、关于蒙藏暨其他边疆地方乡土教材之搜集研究及编译事项；

四、关于蒙藏暨其他边疆语文之研究整理及沟通事项；

五、关于蒙藏暨其他边疆语文图书之印刷保管及分配事项；

六、关于蒙藏暨其他边疆地方学术之考查事项；

七、关于其他有关蒙藏暨边疆教育之编译及研究事项。

二十四、县各级组织纲要

（二十八年〔1939〕九月十九日国民政府公布）

（甲）总则 （一）县为地方自治单位，其区域以其现有之区域，县之废置及区域之变更，应经国府之核准。（二）县按面积、人口、经济、文化、交通等状况，分为三等至六等，由各省府划分报内政部核定之。（三）地方自治之实施办法，以命令定之。（四）县以下为乡（镇），乡（镇）内之编制为保甲，县之面积过大，或有特殊情形者，得分区设署，凡教育、警察、卫生、合作、征收等区域，应与前项区域合一。（五）县为法人，乡（镇）为法人。（六）中华民国人民无论男女，在县区内居住六个月以上，或有住所达一年以上，年满二十岁者，为县公民，有依法行使选举、罢免、创制、复决之权，有下列情形之一者，不得有公民资格：(1) 褫夺公权者，(2) 亏欠公款者，(3) 曾因赃私处罚有案者，(4) 禁治产者，(5) 吸食鸦片或其他代用品者。

（乙）县政府 （七）县设县政府，置县长一人，其职权如下：(1) 受省政府之监督，办理全县自治事项；(2) 受省政府之指挥，执行中央及省委办事项，前项执行中央及省委办事项应于公文纸上证明之。（八）县政府设民政、财政、教育、建设、军事、地政、社会各科，设科之多寡及其职掌之分配，由各省政府依县之等次及实际需要拟订，报内政部备案。（九）县政府设秘书、科长、指导员、督学、警佐、科员、技士、技佐、事务员、巡官，其名额官等俸级及编制，由省政府以县之等次及实际需要拟订，与内政部核定之。（十）县长，县行政人员之考试、甄审、训练、任用、考核、罢免依法律之规定。（十一）县政府设县政会议，每一星期开会一次，议决下列事项：(1) 提出于县参议会之案件，(2) 其他有关县政之重大事项，县政会议规则由内政部定之。（十二）县行政会议，在县参议会未成立前，仍将举行。（十三）县政府组织规程，由各省省政府订定，报内政部转呈行政院核定，县政府组织规程所无之机关，不得设置。（十四）县政府办事规则，由各省政府定之，报内政部备案。

387

（丙）县参议会　（十五）县设县参议会，由乡（镇）民代表会，选举县参议会组织之，每乡（镇）选举一人，并得酌加一人，依法成立之职业团体代表，为县参议员，但不得超过总额十分之三。（十六）县参议会暂不选举县长。县参议会之议长，以由县参议会自选为原则。（十七）县参议会之组织、职权及选举方法另定之。

（丁）县财政　（十八）下列各款为县收入：(1) 土地税之一部（在《土地法》未实施之县各种属于县有之田赋附加全额），(2) 土地呈报后正附溢额田赋之全部，(3) 中央拨划补助县地方之印花税分三成，(4) 土地改良物税（在《土地法》未实施之县为房捐），(5) 营业税之一部（在未依营业税法改定税率以前为屠宰税全额及其他营业税百分之二十以上），(6) 县公产收入，(7) 县公营业收入，(8) 其他依法许可之税捐。（十九）所有国家事务及省事务之经济，应由国库及省库支给，不得责令县政府就地筹拨开支，凡经费足以自给之县，其行政费及事业费由县库支给，收入不敷之县，由省库酌量补助，人口稀少，土地尚未开辟之县，其所需开发经费除省库拨付外，不足之数由国库补助。（二十）县政府应建设上之需要，经县参议会之决议，及省府之情形，得依法寄集县公债。（二十一）县之财政均由县政府统收统支。（二十二）在县参议会未成立时县预算及决算，应先经县行政会议审定，再由县长呈送省政府核准，在县参议会成立后，县预算及决算应先送交县参议会议决，再由县长呈送省政府核定之，但有必要时，得由县长先呈送省政府核准施行，再送县参议会。（二十三）县仓库之设置及会计稽核，依法令之规定办理之。

（戊）区　（二十四）区之划分以十五乡（镇）至三十乡（镇）为原则。（二十五）区署为县政府补助机关，代表县政府督导各乡（镇），办理各项行政及自治事务，在未设区署之区，由县政府派员指导。（二十六）区署设区长一人，指导员两人至五人，分掌民政、财政、建设、教育、军事等事项，均为有给职，非甄选训练合格人员不得委用。（二十七）区署所在地得设警察所，受区长之指挥，执行地方警察任务。（二十八）区得设建设委员会，聘请区内声望素著之人士担任委员，为区内乡村建设之研究、设计、协力、建议之机关，由区长担任主席。

(己)乡（镇）　（二十九）乡镇之划分以十保为原则，不得少于六保多于十五保。(三十）乡（镇）之划分及保甲编制由县政府拟定，呈请省政府核准施行，汇报内政部备案。(三十一）乡（镇）设乡（镇）公所，置乡（镇）长一人，划乡（镇）长一人至两人，由乡（镇）民代表会就公民会中具有下列资格之一者选举之：(1)经自治训练及格者，(2)普通考试及格者，(3)曾任委任职以上者，(4)师范学校或初中以上学校毕业者，(5)曾办地方公益事务著有成绩者。乡（镇）长选举实施日期，另以命令定之。(三十二）乡（镇）公所设民政、警卫、经济、文化四股，各股设主任一人，干事若干人，须有一人专办户籍，由副乡（镇）长及乡（镇）中心学校教员分别担任，并应酌设专任之事务员，经费不充裕地方各股得酌量合并。(三十三）乡（镇）长及副乡（镇）长之任期为二年，连选得连任。(三十四）乡（镇）长乡（镇）中心学校校长，及乡（镇）壮丁队队长暂以一人兼任之，在经费、教育发达之区域，乡（镇）中心学校校长，以专任为原则。(三十五）乡（镇）自治举办之事项，应经乡（镇）务会议议决。(三十六）乡（镇）务会议由乡（镇）长主席，各股主任干事均应出席，与所议事项有关之保甲得列席。(三十七）乡（镇）长副乡（镇）长及乡（镇）公所职员之训练办法另定之。

(庚)乡（镇）民代表会　(三十八）乡（镇）民代表会之代表，由保民大会选举之，每保代表二人。(三十九）乡（镇）民代表会之主席，如乡（镇）长由乡（镇）民代表会选出者，得由乡（镇）长兼任之。(四十）乡（镇）民代表会之组织职权，及代表之选举方法，另定之。

(辛)乡（镇）财政　(四十一）乡（镇）财政收入如下：(1)依法赋与之收入，(2)乡（镇）公有财产之收入，(3)乡（镇）公营事业之收入，(4)补助金，(5)经乡（镇）民代表会决议征收之临时收入，但须经县政府之核准。(四十二）乡（镇）应兴办造产事业，其办法另定之。(四十三）乡（镇）设乡（镇）财产保管委员会，其章程另定之。(四十四）乡（镇）财政之收支，由乡（镇）公所编制概算，并由县政府审核编入县政概算。

(壬)保甲　(四十五）保之编制以十甲为原则，不得少于六甲多于十五甲。(四十六）在人口稠密的地方，如一村或一街为自然单位，不可分离时，得就二保或三保联合成立国民学校、合作社及仓储等机关，推举保长一人为首席保长，以总其成，但壮丁队仍须分保编队训练。（四十七）保设保办公处，置保长一人，副保长一人，由保民大会就公民中具有下列资格之一者选举，由乡（镇）公所报告县政府备案：(1)师范学校或初级中学毕业或有同等之学力者，(2)曾任公务人员或在教育文化机关服务一年以上著有成绩者，(3)曾经训练及格者，(4)曾办地方公益事务者，在未办理选举以前，保长、副保长由乡（镇）公所推定，呈请县政府委任。（四十八）保长、副保长任期二年，连选得连任。（四十九）保长、保国民学校校长、保壮丁队长一人兼任之，在经济教育发达之区域，国民学校校长以专任为原则，乡镇中心小学、保国民学校之名称，得沿用现行法令之规定。（五十）保办公处设干事二人至四人，分掌民政、警卫、经济、文化各事务，由副保长及国民学校教员分别担任之，在经费不充裕区域，得仅设干事一人。（五十一）保长、副保长及保办公处职员之训练办法另定之。（五十二）保甲大会，每户出席一人，其组织及职权另定之。（五十三）保甲之编制，以十户为原则，不得少于六户，多于十五户。（五十四）保甲置保甲长一人，由户长会议选举，由保办公处报告乡（镇）公所备案，甲长之训练另定之。（五十五）甲设户长会议，必要时并得举行甲居民会议。（五十六）保之编制原有名称为村、街、墟、场等者，得仍其旧。但递应渐改称为保，以归划一。（五十七）关于保甲之各种章则另定之。（五十八）保甲户口之编置另定之。

附则　（五十九）本纲要自公布之日施行。（六十）本纲施行后各项法令与本纲要抵触之部分，暂行停止适用。

二十五、修正浙江省县政组织规程
（省政府委员会第一二四五次会议通过）

第一条　本规程依照《县各级组织纲要》第十三条之规定订定之。

第二条　本省各县等次，依照《县各级组织纲要》第二条之规定，分为六等。

第三条　县政府设县长一人,由民政厅提出法定合格人员,经省政委员会议决依法任用,其职权如下:

一、受省政府之指挥,执行中央及省委办事项;

二、受省政府之监督,办理全县自治事项;

前项执行中央及省委办事项,于公文纸上注明之。

第四条　县政府设置下列科室:

一、秘书室;

二、民政科;

三、财政科;

四、教育科;

五、建设科;

六、兵役科;

七、社会科;

八、粮政科;

九、户政科;

十、合作指导室;

十一、会计室。

办理地政县份增设地政科,游击区县份增设警佐室。

第五条　县政得依法令规定,设置各种委员会及其他机构。

第六条　县政府设秘书主任一人,秘书一人或二人,科长七人,户政室主任一人,合作指导室主任一人,科员八人至二十四人,督学一人至三人,技士一人或二人,技佐一人至三人,指导员八人至二十人(包括保甲指导员、户政指导员、义教视导员、国民教育指导员、合作指导员等在内),事务员八人至二十四人,除秘书主任得为荐任外均委任,书记八人至二十四人。

县政府会计室　设会计主任一人,一等佐理员一人至三人,均委任,二等佐理员二人至四人,均委任待遇,雇员一人至三人。

设置地政科县份,于第一规定名额外,增设科长一人,技士一人至二人,科员一人至三人,事务员一人或二人。办理土地税县份,增设估计员一人，均委任，并得视业务之进展，呈准设置测量队组及登记处，其组织通则另定之。

设置警佐室县份，设警佐、督察员、训练员各一人，巡官二人，均委任。

第七条　县政府依照《县长及地方行政长官兼军法官暂行办法》第九条之规定，设置军法承审员一人至四人，军法书记员一人至四人，均委任。

第八条　凡因事业需要或情形特殊县份，其县政府员额除照第六条、第七条之规定外，得呈准省政府，酌量增减之。游击区县政府得由县长视战斗环境之要求，呈准省政府（行署）将第四条规定之科室及第六条、第七条规定之员额，酌予变更。

第九条　县政府委任人员之任用，除法令别有规定外，均由县长遴选合格人员，呈请省政府核转依法审查委任之。其有异动时，须叙具事实理由，呈请核准。

第十条　县政府应依照《县各级组织纲要》第十一条之规定，按期举行县政会议。

第十一条　县政府办事规则另定之。

第十二条　本规程自呈奉核准之日施行。

二十六、训令办理县各级教育行政应行注意事项
（二十九年〔1940〕七月六日教育部公布）

查《县各级组织纲要》颁行后，为配合此项制度，藉收政、教、卫合一实效起见，国民教育之实施，刻不容缓；欲期国民教育推行尽利，则县各级教育行政组织及人员，必须予以调整，始克事权分明，政无不举。兹订定办理县各级教育行政应行注意事项分别指饬如下：

（一）县长对于教育行政之任务如下：

（1）遵照教育法令及中央暨省教育计划，推行全县教育文化；

（2）拟具全县推行教育计划，普及全县国民教育；

（3）整理或增筹全县教育经费，并依照法令保障、管理、支配、动

用之；

（4）依照法令，选用奖惩所属教育行政人员及学校校长及其他教育文化机关主管人员；

（5）奉行中央及省颁教育命令，并执行其所委办事项。

（二）县长办理教育行政，如有违背法令，挪用县预算内之教育经费及办事不力等情形，省教育厅应即会同民政厅提请省政府予以惩处。

（三）县政府对全县教育行政，应设专科办理。原为建教合科者，应尽先设法分科；原设县教育局者，遵照行政院令，暂缓裁撤。

（四）县政府主管教育科设科长一人，其人选任用手续及职掌等，依照如下之规定：

（1）资历：除合于"《县行政人员任用条例》第三条之规定"资格外，须具有《修正小学规程》第六十四条所规定之资格，且办理教育著有成绩，或大学毕业，办理教育三年以上，著有成绩，并须能力丰富，品行端正，熟悉本省地方教育情形。

（2）任用手续：由县长遴选三人，呈由省教育厅审核后，转请省政府委任，必要时，任用后不随县长进退，并不得由县长调任他职，非有重大过失，经县长呈明省教育厅请由省政府核准，不得免职。

（3）职掌：秉承县长办理全县教育行政及支配全县教育经费。签请任免县各级公立学校校长及其他教育文化机关主管人员。

（五）县政府主管教育科，应视实际需要，设置科员若干人，秉承科长办理主管事项，必要时得分股办事。科员人选任免手续，依照如下之规定：

（1）资历：除合于"《县行政人员任用条例》第四条之规定"资格外，须具有《修正小学规程》第六十二条所规定之资格，且办理教育著有成绩；或大学毕业，从事教育一年以上，著有成绩，并须品行端正。

（2）任用手续：由县长依照上项规定遴选三人呈报省教育厅转请省政府委任之。

（六）县政府设置督学若干人，主持全县教育督学事宜，秉承县长省督学，并依本师范学校区省立师范学校校长之辅导，视导全县教育。督学人选及任用手续应比照第四项关于科长之规定。督学任务另定之。

（七）县政府主管教育科，每月应举行科务会议一次，以科长为主席，督学、科员、各区教育指导员均须出席，商讨下列事项：

(1) 上级机关教育法令之实施；

(2) 本县教育单行规章之拟订；

(3) 本县教育行政计划之实施；

(4) 所属学校校长及其他教育文化机关主管人员及教职员奖惩之核拟；

(5) 教育经费之筹措及分配。

（八）督导会议，每半年至少举行一次，以科长或督学为主席，督长、督学、各区教育指导员及指定之科员，均须出席，商讨下列事项：

(1) 全县教育辅导研究方案及方法之拟订；

(2) 视察标准及视导要项之拟订；

(3) 视导时间及视导工作之支配；

(4) 其他关于视导事项。

（九）县教育行政人员之考核奖惩办法，由教育厅订定，呈由省政府核转教育部备案施行。

（十）区长办理全区教育行政，其任务如下：

(1) 秉承县政府推行全区教育文化事业；

(2) 秉承县政府督促各乡（镇）增筹教育基金。

（十一）区署设教育指导员一人，其人选及任用手续，依照第五条关于科员之规定，办理下列事项：

(1) 遵照县定计划，推进区内教育文化；

(2) 遵照县督学之指示，视察、指导区内学校及其他教育文化机关，改进其设施及方法；

(3) 受县政府主管教育科及学校之委托，领发教育经费；

(4) 其他有关本区教育文化事宜。

（十二）各区每三个月得举行区教育会议一次，以指导员为主席，各乡（镇）文化股主任，干事及中心学校校长，均须出席，商讨区内教育文化之推行及改进事宜。

（十三）乡（镇）公所文化股设主任一人，干事若干人，由县主管教育科签请县长指定副乡（镇）长及乡（镇）中心学校教员分别兼任之，受县教育主管科长、乡（镇）长之指挥，办理本乡（镇）下列各事宜：

(1) 调查统计全乡（镇）学龄儿童及失学民众；

(2) 筹设学校并筹集教育基金；

(3) 劝导或强迫学龄儿童及失学民众入学；

(4) 其他关于全乡（镇）教育文化事宜。

（十四）乡（镇）每三个月应举行乡（镇）教育会议一次，以乡（镇）中心学校校长为主席，文化股主任、保国民学校校长及各保保办公处文化干事，均须出席商讨乡（镇）内国民教育之普及等事宜。

（十五）保办公处设文化干事一人，由县政府主管教育科签请县长指定副保长或国民学校教员兼任之，受区教育指导员及乡（镇）文化股主任暨保长之指挥，办理本保下列事宜：

(1) 调查统计本保学龄儿童及失学民众；

(2) 筹设学校并筹集教育基金；

(3) 劝导或强迫学龄儿童及失学民众入学；

(4) 其他关于全保教育文化事宜。

上列各项，在《县行政人员任用条例》未修正确定前，应由该厅遵照将现时所属各县教育行政机构及人员，予以切实之调整；并将办理情形，具报备核，此令。

二十七、小学教员待遇规程

（二十九年〔1940〕五月十八日教育部公布）

第一条　全国保国民学校、乡（镇）中心学校及其他小学、幼稚园教员（以下简称小学教员）之待遇，除《修正小学规程》别有规定外，应依照本规程办理。

第二条　小学教员薪给，每年均以十二个月计算，按月十足以国币发给，不得折欠；其最低薪额除依照《修正小学规程》至少应以当地个人食、衣、住三者所需生活费之两倍为标准外，并应视下列各点分别增加其薪额：

一、资历高下；

二、职务繁简；

三、任期久暂；

四、成绩优否。

上项薪给之支配及实施办法另订之。

第三条 小学教员职务之支配，除兼任校长由各省教育厅核定担任小学教学时数外，其标准如下：

一、单级编制之保国民学校校长担任小学教学时间，至少相当于一学级总时间之二分之一，但至多不得超过三分之二。

二、二学级至四学级之保国民学校或乡（镇）中心学校校长担任小学教学时间，至少相当于一学级总时间三分之一，但至多不得超过二分之一。

三、五学级至八学级之乡（镇）中心学校校长担任小学教学时间，至少相当于一学级总时间六分之一，但至多不得超过四分之一。

四、九学级以上之中心学校校长得不担任教学。

五、级任教员除兼任一部分校务外，至多担任小学一学级总时间三分之二之教学；专科教员除兼任一部分校务外，至多担任相当于小学一学级总时间四分之三之教学。

第四条 小学教员遇有下列事项请假时仍领原薪，代课教员之薪给由校另行支给之：

一、本人婚嫁得给假二星期。

二、父母或配偶丧得给假一个月。

三、女教员得给假二个月。

四、在一县市区域内连续服务满十年者，得休假一年；如未休假，发给双薪一年。

五、在一县市区域内连续服务满十五年者，每年得给假二星期。

第五条 乡村小学教员呈经主管教育行政机关之核准，得接受儿童家庭关于食宿之供给，其办法另定之。

第六条 现任小学教员对于常备兵役，及其他公共服役，予以缓役或免役。

第七条 小学教员之子女，除肆业小学者一律免学费外，肆业中等以上学校者，其免费标准如下：

一、肆业于本县（市）或其他服务所在县（市）立中等学校者，免其学费。

二、服务满五年者，其子女肆业于公立中等学校，均免其学费。

三、服务满十年者，其子女肆业于公立中等学校，免其学宿费；肆业于国立或省立专科学校，或大学，免其学费。

四、服务满二十年者，其子女肆业于国立或省立专科学校，或大学，免其学宿费。

上项教员子女免费办法另定之。

第八条 小学教员服务年期长久，成绩优良者，应予以年功加俸，其办法另定之。

第九条 小学教员服务成绩特别优异者，主管教育行政机关，应给予相当奖励，其办法另定之。

第十条 小学教员服务满五年，具有某种学科之特长，经证明确实者，得于修进后聘为初级中学教员，担任其所特长学科之教学，其办法另定之。

第十一条 小学教员有下列服务成绩，志愿升学，经主管教育行政机关之核准，得于其考入学校后补助或贷以半数之升学费用：

一、在一校连续服务满五年者；

二、服务满三年曾受本规程第九条之奖励，或著有有价值之著作者。

第十二条 小学教员应由主管教育行政机关提倡并协助储金，以备不时之需，其办法另定之。

第十三条 小学教员养老金及抚恤金，依照《学校教职员养老及恤金条例》办理。

第十四条 本规程第二、五、六、七、八、九、十、十一、十三各条待遇之享受，以合于《修正小学规程》第六十二条及第六十四条所规定资格，或经检定合格者为限。

第十五条 保国民学校及乡（镇）中心学校民教部合格教员之待遇，除另有规定外，适用本规程之规定。

第十六条　本规程经呈奉行政院核准后公布施行。

二十八、教育部视导规程
(三十年〔1941〕六月三十日教育部公布)

第一条　本部依《修正教育部组织法》第十九条之规定，设督学八人至十六人，视察员十六人至二十四人，视察及指导全国教育事宜，并得酌派部员协同办理。

第二条　有简任或荐任文官资格，且曾任教育职务二年以上著有成绩者，得任用为简任或荐任督学；有委任文官资格，且曾任教育职务二年以上著有成绩者，得任用为视察员。

第三条　督学视察员应视察及指导之事项如下：

一、关于教育法令推行事项；

二、关于学校教育事项；

三、关于社会教育事项；

四、关于教育经费事项；

五、关于地方教育行政事项；

六、关于其他与教育有关事项；

七、关于部次长特命视察与指导事项。

第四条　视察与指导分定期与特殊两种：定期视导，又分分区与分类两种，每年一度行之；特殊视导依部次长临时命令行之。

第五条　分区分类视导，各派督学一人会同视察员若干人分别办理。

第六条　督学视察员视导之区域及期间，与其任务之分配，由部次长核定施行。

第七条　督学视察在未出发前，应就第三条第一款至第六款所举事项，随时研究讨论，拟订标准，制成表册，并加具说明，会同各有关司处会室呈请部次长核定。

第八条　督学视察员到达视导目的地时，应注意下列各项：

一、每至一地，应与当地主管教育行政机关及其他与教育有关人员接洽讨论，并得参加各种教育集会，藉知当地教育过去之历史、现在之实况，及将来之计划。

二、各种教育计划是否适合当地需要及其实施状况是否与原定计划相符，应分别查核指导。

三、地方教育经费有无整理增加妥当办法与筹画，及其支配之是否适当，应详查报核。

四、调阅地方教育视导人员报告，应就其成绩最优劣者加以覆核；必要时会同地方教育视导人员及设有师范学院地方之辅导人员，对于成绩低劣者，指导其改进办法，并将成绩优良学校之事实尽量介绍。

五、视导完毕后，应约集当地主管教育行政机关，及其他与教育有关各人员开会商讨一切改进事宜。

六、关于各地教育实际材料及重要统计等，应随时搜集寄部参考。

第九条　督学视察员视导时，应阐扬三民主义，宣达国家教育政策，及中央政情。出发前，由视导室陈请部次长商请有关各部会长官予以指示，并供给有关各项资料，以资参考。

第十条　督学视察员视导时，遇有违反教育法令事件，应随时纠正报部备核。

第十一条　督学视察员视导时，为执行职务，得查点学生名额，及试验学生成绩，遇必要时并得变更授课时间。

第十二条　督学视察员视导学校，或其他教育机关时，得调阅各项簿籍表册。

第十三条　督学视察员视导所至，得借住教育机关或公共场所，但不得受其供应。

第十四条　督学视察员视导情形，应于视导终了时缮具详细报告，并附改进意见，及应行奖惩事项，送呈部次长核阅后，发交有关司处会室办理，遇有特殊事项，得随时专案呈报。

第十五条　遇有特殊情形，部长认为必要时，得聘任临时视察员，关于第八条至第十二条之规定，临时视察员皆适用之。

第十六条　督学视察员应置办公室，称为视导室，其办事细则另订之。

——399

第十七条　本规程自公布之日起施行。

二十九、省市督学规程
（二十年〔1931〕六月十六日教育部公布）

第一条　各省教育厅设督学四人至八人，由省政府荐任，行政院直辖市各市教育局设督学二人至四人，由市政府荐任或委任，承主管长官之命，视察及指导各该管区域内教育事宜。

第二条　有下列资格之一者得任为督学：

一、国内外大学教育学院或文学院教育学系毕业，曾任教育职务二年以上著有成绩者；

二、国内外专科以上学校毕业，曾任教育职务三年以上著有成绩者；

三、高中师范科或师范学校毕业，曾任教育职务七年以上著有成绩者。

第三条　督学应视察及指导之事项如下：

一、关于教育法令之推行事项；

二、关于地方教育行政事项；

三、关于地方教育经费事项；

四、关于学校教育事项；

五、关于社会教育事项；

六、关于义务教育事项；

七、关于地方教育人员服务及考成事项；

八、关于主管教育行政长官特命视察或指导事项。

第四条　督学视察地方教育，除定期视察外，遇有特别事故时，得由主管教育行政长官临时派往视察。

第五条　督学在定期视察出发前，应就第三条所列各项拟定标准，制定表格，并加具说明，呈请主管教育行政长官核定。

第六条　督学视察各学校及其他教育机关时，得调阅各项簿册。

第七条　督学得随时至各校检查学生名额及试验学生成绩。

第八条　督学为执行职务遇必要时，得临时变更学校授课时间。

第九条　督学视察时，遇有违反法令事件，应随时纠正之。

第十条　督学视察所至，得召集当地现办教育人员开会征求意见及讨论进行方法。

第十一条　督学视察所至，得借住教育机关或公共处所，但不得受其供应。

第十二条　督学关于第三条视导之事项，应详细报告主管教育行政长官，并由各该主管教育行政长官摘要汇送教育部。

第十三条　督学不得兼任学校或其他机关职务。

第十四条　督学视察区域及期间，与其任务之分配，由各该主管教育行政长官订定施行。

第十五条　督学办事细则及俸给旅费，应由各该主管教育行政长官订定，呈报教育部备案。

第十六条　各省市主管教育行政长官，遇必要时，得聘任专门视察员，关于第六条至第十二条之规定，专门视察员皆适用之。

第十七条　本规程自公布日施行。

三十、训育纲要（二十八、二十九、二十五）

中华民国教育所需之训育，应依据建国之三民主义与理想之人生标准（人格）而实施。

（一）训育之意义

在于陶冶健全之品格，使之合乎集体生存（民生）之条件。训育之功能，为显示智育与体育之目的与意义，使之用得其当，以提高人生之价值，而为完成知识技能的教学效果之保证，其实践则在使德、智、体三育能相互为用，以完成健全品格之基础。

训育之目的在培养实践道德之能力 ─── 好学──智──求真──知 ｜ 力行──仁──博爱──情 ｜ 知耻──勇──自强──意 ─── 三方面之发展与完整

（二）道德之概念

401

"生存为进化之中心,民生为人类历史进化之中心",道德为人类行为轨范之一,道德之产生,实起于民生(集体生存)之要求,"生活的目的,在增进人类全体之生活,生命之意义,在创造宇宙继起之生命。"

团体生活之训练——促进人类全体之生活
进取精神之培养——创造宇宙继起之生命——完成理想的人生
科学观念之启迪——促进民族文物之彰明

道德之内容
- 修己:一养心(格致正诚),二养身(勤四体、节饮食、慎起居),三治生(勤劳、俭朴、创造、服务)。
- 善群:齐家、治国、平天下。

党员守则十二条,可以为现代道德之标准,为修己善群之始基。

(三)训育之目标

建国之道
- (一)教——道(文化建设)——自信信道(诚)——高尚坚定的志愿,与纯一不移的共信——成德
- (二)管——事(政治建设)——自治治事(仁)——礼义廉耻的信守,与组织管理的能力
- (三)养——人(经济建设)——自育育人(知)——刻苦俭约的习性,与创造服务的精神
- (四)卫——国(军事建设)——自卫卫国(勇)——耐劳健美的体魄,与保民卫国的智能

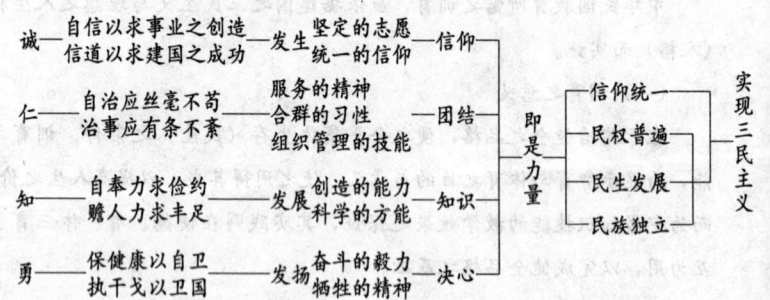

达材

诚——自信以求事业之创造 信道以求建国之成功——发生 坚定的志愿 统一的信仰——信仰
仁——自治应丝毫不苟 治事应有条不紊——服务的精神 合群的习性 组织管理的技能——团结
知——自奉力求俭约 赡人力求丰足——发展 创造的能力 科学的方能——知识
勇——保健康以自卫 执干戈以卫国——发扬 奋斗的毅力 牺牲的精神——决心

即是力量——信仰统一 民权普遍 民生发展 民族独立——实现三民主义

(四)训育之实施

甲　小学

一、应根据总理遗教,幼童军训练法,新生活规律,及小学公民训练

标准，以制定训练儿童之具体方案。

二、注意训育与教学之合一，并顾到生活及环境之实际情形，以谋学校与家庭社会之联系。

三、小学全体教职员应共负训练的责任，务使随时随地注意儿童各种活动，直接间接引用小学公民训练规律和条目，指导儿童遵守。

四、由历史地理之研究，及各种纪念会之举行，以启发儿童爱国家民族之精神，并培育其热忱、负责、急公、好义诸美德。

五、讲述国耻及民族先烈故事，以激发儿童雪耻图强之勇气，与忠勇牺牲之精神。

六、由总理……言行之阐述，以树立儿童对领袖之尊崇与信仰，并培育其忠贞、服从、贡献、牺牲诸美德。

七、由日常生活中实际知识之授与，以引起儿童好学兴趣及探讨科学之习惯，并培育其勤勉、精细、虚心、审问、慎思、明辨、有恒诸美德。

八、由劳作教学、游戏运动及课外作业之实施，以启发儿童生产劳动之兴趣，并培养其敏捷、活泼、勤劳、敬业之精神。

九、由消费合作的训练及储蓄等事项之指导，以养成儿童节俭的习惯与互助合作的精神。

十、由学校卫生及幼童军之训练，以养成整齐、清洁、刻苦、耐劳之习惯。

十一、举行消防、急救、警报、灯火管制、交通管制、避难练习等特种训练，使儿童明白战时的状态，以便有所准备。

十二、由音乐、美术等之研究，以陶冶儿童情操，并使多与自然界接触，以养成其审美观念。

十三、演习洒扫、应对、进退等，使儿童熟习对人、处事、接物的礼节，以养成孝顺、敬爱、友恭、敦睦之情谊。

十四、指导儿童组织级会及自治团体，使儿童演习民权初步，略知四权之运用。

十五、由团体运动、集会等训练，以养成儿童守时间、守规律的习惯。

十六、布置适合卫生环境，揭示有关公德之标语于公共场所，并指导

——— 403

实践方法，以养成儿童注意公共卫生爱护公物之美德。

附 小学公民训练标准（择要）

第一、目标

根据建国需要，发扬固有道德及民族精神，制定本标准，训练儿童以养成奉行三民主义的健全公民。

其目标如下：（1）关于公民的身体训练，（2）关于公民的道德训练，（3）关于公民的经济训练，（4）关于公民的政治训练。

第二、愿词及规律

（一）愿词（歌词）

我愿遵守中国公民规律，修养我的人品：使我身体强健，使我道德增进！我愿遵守中国公民规律，立定我的决心：为大众生产服务，为国家奋斗生存！我愿做一个中国的好公民，奉行三民主义，向大同的世界前进！前进！

（二）规律

中国公民是（1）强健的，（2）快乐的，（3）勤劳的，（4）节俭的，（5）诚实的，（6）敏捷的，（7）负责的，（8）忠勇的，（9）孝敬的，（10）仁爱的，（11）守礼的，（12）好义的，（13）廉洁的，（14）知耻的，（15）生产的，（16）互助的，（17）奉公守法的，（18）爱国爱群的，（19）拥护公理的，（20）信奉三民主义的。

乙 中等学校

一、讲解三民主义之意义及总理……之言行，以确定并加强青年对三民主义之信仰，并以童子军誓词、规律及青年守则，切实陶冶其国民应备之道德，发扬忠贞、公勇、服从、牺牲之精神。

二、对于青年之训导，横的方面，应以其全部实际生活为对象，而以本身为出发点，贯通家庭、社会、国家、世界各方面之联络；纵的方面，应顾及小学与中学训育事项之联系与衔接。

三、由家庭伦理观念之启发，以昭示青年对于家庭宗族之责任，并革除其依赖家庭之心理。

四、由历史、地理、公民科及时事之讲解，灌输民族意识，树立"民族至上、国家至上"之自信,使知如何爱护国家,复兴民族,以尽其对国国家民族之责任。

五、由体操、游戏、竞技、爬山、游泳等运动,以锻炼其强健体格,养成其敏捷活泼之习惯,并于其行动中训练其集体生活。

六、由劳作课程生产训练,举办各种合作事业、社会事业,以训练青年刻苦、耐劳、勤俭、有恒之习惯,协同互助之精神,与服务社会之热忱。

七、指导组织学生自治会及其他各种集会,以训练青年四权之运用。

八、由各科学术之自动研究及课余各项娱乐之指导,以养成潜心学问之兴趣;注重音乐歌唱,以陶冶优美之情操。

九、切实施行军事管理及童子军管理,以养成青年简单、朴素、整齐、清洁、严肃、敏捷之生活及负责任、守纪律诸美德。

十、师范学校并应指示教育救国之真义及中外大教育家献身教育事业的精神,以坚定其毕生尽瘁教育事业的志愿,与教育为怀的情操。

十一、职业学校并应特别注意建国方略中之物质建设一章之讲解,指示生产救国之真义,与国防产业之重要,以增进学生之创业精神与职业道德。

十二、女子学校并应特别指示妇女在家庭与社会上之地位,藉以培养其对于改善家事之热忱,以为改善社会之始基。

附《中等学校训育科目系统表》(改照纲目式排列如下)

诚知——明礼义、知廉耻。

仁——亲爱精诚。

勇——负责任、守纪律。

对于自己的责任:身体(健康、整齐、清洁、刻苦、耐劳。)品性(诚实、正直、弘毅、谦和、纯朴。)行为(敏捷、庄重、活泼、谨慎、礼节。)学问(勤勉、专精、虚心、审问、思辨。)服务(勤俭、忠实、愉快、敬业、有恒。)信仰(真诚、正确、专一、坚定、力行。)

对于家庭的责任:父母(孝顺),夫妇(敬爱),兄弟(友恭),子女(慈爱),宗族(敦睦互助),团体(乐群、合作),公众(秩序、协助)。

对于国家的责任:地方自治(热忱、负责、急公、好义);政府(奉公、守法、勤慎、廉洁）；国家（忠公、贞勇、建设、牺牲）；领袖（尊崇、信仰、服从、贡献）。

对于世界的责任：国际（公正、信义、和平）；人类（同情、自由、平等）；万物（博爱、创造、善用）。

忠孝、仁爱、信义、和平。

丙　专科以上学校

一、由民族历史文化的特性，研究各种学说主义之各自适合性，归纳其结论于三民主义创见于中国之必然性及其适应性之理由，使学生切实理解三民主义之真谛，并依据总理……之训示，确立三民主义的革命人生观。

二、军事教育、竞技运动等严格的训练，以锻炼强健的体魄及奋斗为国、坚忍图强之精神。

三、注重实际问题之调查与研讨，切实了解建国方略、建国大纲之内容，鼓励创作之志趣，以养成穷理尽性的学术研究精神与学以致用建国责任之自觉。

四、陶冶爱好自然的情绪及崇尚礼乐之美德，以养成优美刚健之风俗。

五、厉行节约运动，纠正浮华习气，以养成俭朴勤劳之平民生活。

六、对于学生自治团体及三民主义青年团之校内组织，予以适切之指导，以养成有组织、有规律之习惯及组织管理之能力。

七、鼓励并指导社会服务及劳动服务，使学生深入社会内层，从事民众知识之提高，与社会利弊之兴革，以养成工作劳动的习惯，服务社会的热忱与做事的责任心。

八、指导学生从事各种合作事业，以养成互助合作的精神及准备负荷对于社会国家以及世界人类之责任。

丁　社会教育机关

一、依据三民主义的精神与建国方略中社会建设之原理，养成公民应备的资格。

二、宣扬社会中忠孝、仁爱、信义、和平种种实例，以明八德之真义。

三、厉行新生活运动，以养成明礼义、知廉耻、负责任、守纪律之高尚的精神。

四、由职业之指导，以养成勤劳作业的习惯。

五、由理化常识之教学，以破除迷信，而养成科学的思想。

六、由公共事业之爱护，而积极参加养老、抚孤恤贫、防灾、互助等社会工作，以培养其服务心与公德心。

七、由尽力提倡业余各种运动及国术，以养成公民应有的健康体魄。

八、在教育馆、图书馆、博物馆、美术馆、公共体育场、国术馆、阅报社、公园、电影院、剧场等有关社会教育机关及事业，应随时地充分表现整齐、清洁、质朴、迅速的精神，并在思想上、行动上养成崇礼爱乐的美德，使之增进集体生活的习惯与组织管理的能力。

戊　边疆学校及华侨学校

一、边疆学校及边疆教育机关教育之实施，除参照内地各级学校及社会教育机关训育标准外，并应特别注意下列各点：

（一）以内地固有之语文文化，渐次陶冶边疆青年及儿童，力求语文与意志之统一。

（二）阐发国族精神，泯除其地域观念与狭义的民族观念所生之隔阂。

（三）注意讲解民族融合史及边疆与内地地理经济等之密切关系，以阐明国内整个民族意志与力量集中之必要。

（四）维持其宗教信仰，并随时利用科学学识，以破除其有碍于智育、体育进展之迷信习惯。

（五）由国际时事之讲解与团体生活之训练，以养成其爱国家民族之精神。

（六）引证内地及边疆之礼俗，说明其利弊，使其知对于社会国家及国际间应有之态度。

二、华侨学校训育标准，除适用国内各级学校训育标准外，并应特别注重下列各点：

（一）提示我国固有文化，以启发华侨学生之爱国思想，并培养其国民道德。

（二）注重本国历史地理之教学，以坚定其国家民族观。

（三）多讲国内时事，以激发其爱护国家之精神。

（四）指示侨民所在地，人民风俗习惯之优点及缺点，以使其知所取舍。

（五）引证我国及所在地之道德规律，以训练其对于个人、家庭、社会、国家及国际间应取之态度。

（六）提示祖国之需要与华侨之责任，使其明了未来之使命。

（自教育部：《教育部视导人员手册》第一辑）

参考书举要

(1) 西文部

Alexander, C., *Educational Research, Suggestions and Sources of Data with Specific Reference to Administration*, Bureau of Publications, Teachers College, Columbia University, New York.

Almack, J. C. (editor), *Modern School Administration—Its Problems and Progress*, Houghton Mifflin Co., Boston.

Almack & Busch, *Administration of Consolidated and Village Schools*, Houghton Mifflin Co., Boston.

Anderson, Barr and Busch, *Visiting the Teacher at Work*, D. Appleton & Co., New York.

Anderson, C. J. and Simpson, I. J., *The Supervision of Rural Schools*, 1932, D. Appleton & Co., New York.

Ayer, F. C. and Barr, A. S., *The Organization of Supervision*, 1928, D. Appleton-Century Co., New York.

Ayer, L. P., *The Cleveland School Survey*, The Survey Committee of the Cleveland Foundation, Cleveland, Ohio.

——409

Ayer, L. P., *An Index Number for State School System*, Department of Education Russell Sage Foundation, New York.

Bagley, W. C., *School Discipline*, The Macmillan Co., New York.

Bair, F. H., *The Social Understandings of the Superintendent of Schools*, Teachers College, Columbia University Contributions to Education, Bureau of Publications, Teachers College, Columbia University, New York.

Barr, A. S. & Burton, W. H., *An Introduction to the Scientific Study of Classroom Supervision*, D. Appleton-Century Co., New York.

Barr, A. S. & Burton, W. H., *The Supervision of Instruction*, D. Appleton & Co., New York.

Barr, A. S., Burton, W. H. & Brueckner, L. J., *Supervision, Principles and Practices in the Improvement of Instruction*, D. Appleton-Century Co., New York.

Barnes, C. C. & Others, Supervision in Social Studies, *Third Yearbook*, Department of Social Studies in the National Education Association, McKinley Publishing Co., New York.

Bennett, H. E., *School Efficiency — A Manual of Modern School Management*, Ginn & Co., Boston.

Betts, C. H., *Classroom Method and Management*.

Bobbitt, J., *How to Make a Curriculum*, Houghton Mifflin Co., Boston.

Bolton, F. E., Cole, T. R. & Jessup, J. H., *The Beginning Superintendent*, The Macmillan Co., New York.

Breed, F. S., *Classroom Organization and Management*, World Book Co., New York.

Briggs, T. H., *Improving Instruction: Supervision by Principals of Secondary School*, The Macmillan Co., New York.

Briggs, T. H., *Secondary Education*, the Macmillan Co., New

York.

　　Brown, E. J., *Everyday Problems in Classroom Management*, Houghton Mifflin Co., Boston.

　　Brown, E. J., *Secondary School Administration — Its Practice and Theory*, Houghton Mifflin Co., Boston.

　　Carpenter, W. W. and Rufi, J., *The Teacher and Secondary School Administration*, Ginn & Co., Boston.

　　Chamberlain, L. M., *The Teacher and School Organization*, Prentice-Hall, New York.

　　Charters, W. W., *Curriculum Construction*, The Macmillan Co., New York.

　　Cheng, R. Y., *The Financing of Public Education in China*, The Commercial Press, Shanghai.

　　Collings, *School Supervision in Theory and Practice*, Thomas Y. Crowell Co., New York.

　　Cook, D. H., Hamon, R. L. & Proctor, A. M., *Principles of School Administration, An Introductory Text*, Education Public Institution, Walnut St., Phila.

　　Cook, L. A., *Community Backgrounds of Education*, McGraw-Hill Inc., New York.

　　Cook, W. A., *Federal and State School Administration*, Thomas Y. Crowell Co., New York.

　　Cook, W. A., *High School Administration*, Warwick and York, Baltimore.

　　Counts, G. S., Current Practices in Curriculum Making in Public High School, National Survey for the Study of Education, *Twenty-sixth Yearbook*, Public School Publishing Co., Bloomington.

　　Cox, P. W. L. & Langfitt, R. E., *High School Administration and Supervision*, American Book Co., New York.

——— 411

Cubberley, E. P., *An Introduction to the Study of Education and to Teaching*, Houghton Mifflin Co., Boston.

Cubberley, E. P., *Public Education in the United States*, Houghton Mifflin Co., Boston.

Cubberley, E. P., *The Principal and His School*, Houghton Mifflin Co., Boston.

Cubberley, E. P., *Public School Administration* (Enlarged), Houghton Mifflin Co., Boston.

Cubberley, E. P., *State and County Educational Reorganization* (The Osscola Code), Houghton Mifflin Co., Boston.

Cubberley, E. P., *State School Administration*, Houghton Mifflin Co., Boston.

Cubberley, E. P. & Edliott, E. C., *State and County School Administration*, Source Book, The Macmillan Co., New York.

Deffenbaugh, W. E. and Zeigel, W. H., Selection and Appointment of Teachers, *National Survey of Secondary Education Monograph*, U. S. Office of Education, Washington, D. C..

Dewey, J., *Experience and Education*, Macmillan, New York.

Dewey, J., *Democracy and Education*, Macmillan, New York.

Dougherty, J. H., Gorman, F. H. & Phillips, C. A., *Elementary Schools Organization and Management*, The Macmillan Co., New York.

Douglass, A. A., *Modern Secondary Education*, Houghton Mifflin Co., Boston.

Douglass, H. R., *Organization and Administration of Secondary Schools*, Ginn & Co., Boston.

Douglass, H. R. and Boardman, C. W., *Supervision in Secondary Schools*, Houghton Mifflin Co., Boston.

Draper, E. M., *Principles and Techniques of Curriculum Making*, D. Appleton-Century Co., New York.

Dresslar, F. B., *School Hygiene*, the Macmillan Co., New York.

Dulton, S. T. and Sedden, D., *The Administration of Public Education in the U. S.*, the Macmillan Co., New York.

Edmohson, J. B., Bow, W. E. and Tassell, I. V., The Daily Schedule in the High School, U. S. *Bureau of Education Bulletion*, Washington, D. C.

Edmonson, J. B., Roemer, J. and Bacon, F. L., *Secondary School Administration*, The Macmillan Co., New York.

Eikenberry, D. H., Status of the High School Principal, U. S. *Bureau of Education Bulletin*, Washington, D. C..

Engelhardt, F., *Public School Organization and Administration*, Ginn and Co., Boston.

Engelhardt, F., Zeigel, W. H. and Billett, R. O., Administration and Supervision, Bulletin 1932, *National Survey of Secondary Education Monograph*, U. S. Department of Interior, Washington, D. C. 1933.

Engelhardt, N. L. and Alexander, C., *School Finance and Business Management Problems*, Bureau of Publications, Teachers College, Columbia University, New York.

Engelhardt, N. L. and Engelhardt, F., *Planning School-Building Programs*, Bureau of Publications, Teachers College, Columbia University, New York.

Engelhardt, N. L. and Engelhardt, F., *Public School Business Administration*, Ginn and Co., New York and Boston.

Engelhardt, N. L,, Reeves, C. E. and Womrath, G. F., *Standards for Public Shool Janitorial-Engineering Service*, Bureau of Publications, Teachers College, Columbia University, New York.

Finney, R. L., and Schafer, A. L., *The Adminstration of Village and Consolidated School*, Macmillan Co., New York.

Foster, C. R., *Extra-Curricular Activity in the High School*, John-

413

son Publishing Co., Richmond, Va.

Fostor, F. K., Status of Junior High School Pricipal, *U. S. Bureau of Education Bulletin*, Washington, D. C..

Fostor, H. H., *High School Administration*, The Century Co., New York.

Fostor, H. H., Making a Class Schedule in the Smaller High School, in *American School Board Journal*, July 1932, and August 1932.

Gates, A. I., *Psychology for the Students of Education*, The Macmillan Co., New York.

Gist, A. S., *The Administration of Supervision*, Charles Scribner's Sons, New York.

Goodier, F. T. & Miller, W. A., *Administration of Town and Village Schools*, Webster.

Graves, F. P., *The Administration of American Education*, The Macmillan Co., New York.

Harris, G. M., *Local Government in Many Lands*, P. S. King & Son Co., London.

Harris, P. E., *Changing Conceptions of School Discipline*, The Macmillan Co., New York.

Hawk, H. C., Personal Record File, *Junior-Senior High School Clearing House*, January 1935.

Heck, A. O., *Administration of Public Personnel*, Ginn and Co., Boston.

Henry, N. B. & Kerwin, J. G., *Schools and City Government: A Study of School and Municipal Relationships in Cities of 50,000 or More Population*, University of Chicago Press.

Hill, G. E., The Report Card in Present Practice, *Educational Method*, 1935.

Hodges, F. H. & Pauly, F. R., *Administration and Supervision of*

Modern Elementary Schools.

Hollister, H. A., *High School Administration*, D. C. Heath & Co., Boston.

Hopkins, L. T., *Curriculum Principles of Practices*, Benj H. S. Savborn & Co., New York.

Hunkins, R. V., Democratic School Administration: A Misnomer or Misconception, *Educational Administration and Supervision*, 1939.

Inglis, A., *Principles of Secondary Education*, Houghton Mifflin Co., Boston.

Johnson & Others, *Administration and Supervision of the High School*, Ginn and Co., Boston.

Johnsn & Others, *The Modern High School*, Charles Scribner's Sons, New York.

Jones, V., *Character and Citizenship Training in the Public School*, The University of Chicago Press.

Kandel, I. L., *Comparative Education*, Houghton Mifflin Co., Boston. (罗廷光、韦悫合译:《比较教育》,商务印书馆出版。)

Karchin, I. D., Qualification for the Elementary School Principalship in the Various State and in Cities Above 50,000, *National Elementary Principal*, 1937.

Kilpatrick, W. H., *Foundation of Method*, The Macmillan Co., New York. (俞庆棠、孟宪承合译:《教育方法原论》,商务印书馆出版。)

Kundsen, C. W., *An Introduction to Teaching*, Doubleday, Doran and Co., New York.

Koos, L. V., *The American Secondary High School*, Ginn and Co., Boston.

Koos, L. V., *The High School Principal*, Houghton Mifflin Co., Boston.

Kyte, G. C., *How to Supervise*, Houghton Mifflin Co., Boston.

Landis, E. H., *Supervision of Instruction in Junior High Schools* (Manuscript), Teachers College, Columbia University, New York.

Langfitt, R. E., *The Daily Schedule and High School Organization*, the Macmillan Co., New York.

Li, C. H., *Some Phases of Popular Control of Eduction in the U. S.*, The Commercial Press, Shanghai.

Lide, E. S., Procedures in Curriculum Making, *U. S. Bureau of Education Bulletin, National Survey of secondary Education*, Washington, D. C..

Lindsay, E. E., *Problems in School Administration — with Emphasis of Fiscal and Personnel Phases*, The Macmillan Co., New York.

Lumley, F. E., *Means of School Control*, The Century Co., New York.

Maxwell, C. R. & Kilzer, L. R., *High School Administration*, Doubleday, Doran & Co., New York.

McKnown, H. C., *Character Education*, McGraw-Hill Book Co., New York.

Melby, E. O., *Organization and Administration of Supervision*, Public School Publishing Co., Bloomington, Illinois.

Miller, R. A., *Humman Element in Supervision*, Columbia University, New York.

Moehlman, A. B., *The Elementary Principal in Public Relations*, Nation's School, April 1931.

Moehlman, A. B., *Public School Finance*, Rand McNally & Co., New York.

Moehlman, A. B., *Public School Plant Program*, Rand McNally & Co., New York.

Monroe, P., *Principles of Secondary Education*, The Macmillan Co., New York.

Morehouse, F. M., *The Discipline of the School*, D. C. Heath & Co., New York.

Morgan, M. E. & Cline, E. C., *Systematizing the Work of School Principals*, Professional and Technical Press, New York.

Morris, L. L., *The Single Salary Schedule — An Analysis and Evaluation*, Bureau of Publications, Teachers College, Columbia University, New York.

Morrison, J. C., A Modern Concept of the Elementary School Principal as Supervisor, *Education*, June 1933.

Mort, P. A., *The Individual Pupil*, American Book Co., New York.

Mort, P. R., *Individual Pupil Program*, Bureau of Publications, Teachers College, Columbia University, New York.

Mort, P. R., *State Support for Public Schools*, Bureau of Publications, Teachers College, Columbia University, New York.

Mort, P. R. & Cornell, F. G., *Adaptability of Public School Systems*, Columbia University, Teachers College.

Maxwell, C. R. & Kilzer, L. R., *High School Administration*, Doubleday, Doran & Co., New York.

Mueller, A. D., Public Relations and the Principal, *Nations Schools*, 1934.

Nash, J. B., *The Administration of Physical Education*, A. S. Barnes & Co., New York.

Newlon, J. T., Attitude of Teacher toward Supervision, *Proceedings of the National Education Association*.

Nutt, H. W., *Current Problems in the Supervision of Institution*, Johnson Publishing Co., New York.

Nutt, H. W., *The Supervision of Instruction*, Houghton Mifflin Co., Boston.

Otto, H. J., *Elementary School Organization and Administration*, D. Appleton-Century Co., New York.

Pendry, E. R. & Hartshome, H., *Organization for Youth* (Leisure Time and Character Building Procedure).

Perry, H. C., *Discipline as a School Problem*, Houghton Mifflin Co., Boston.

Pierce, P. A., *Origin and Development of the Public School Principalship*, University of Chicago Press, Chicago.

Pringle, R. W., *The Psychology of High School Discipline*, D. C. Heath & Co., Boston.

Reavis, W. C., Pierce, P. R. & Stullken, E. H., *The Elementary School — Its Organization and Administration*, The University of Chicago Press, Chicago, 1931-1938 (Revised).

Reeder, W. G., *The Fundamentals of Public School Administration*, The Macmillan Co., New York. （张文昌译：《学校行政原理与实际》，南国社。）

Reevis, *Pupil Adjustment*, D. C. Heath & Co., New York.

Rice, J. M., *The Public School System of the United States*, The Century Co., New York.

Robbins, C. L., *The School As a Social Institution*.

Robert & Draper, *The High School Principal as Administrator*, D. C. Heath & Co., New York.

Sears, J. B., *Classroom Organization and Control*, Houghton Mifflin Co., Boston (Revised).

Sears, J. B., *Sacraments School Survey*, Board of Education, Sacraments, California.

Sears, J. B., *The School Survey*, Houghton Mifflin Co., Boston.

Selby-Bigge, L. A., *The Board of Education*, G. P. Putnam's Sons, London & New York.

Smith, H. P., *Business Administration of Public Schools*, World Book Co., New York.

Smith, W. R., *Constructive School Discipline*. (范寓梅译:《建设的学校训育》。)

Smith, W. R., *Junior High School*, The Macmillan Co., New York.

Smith, W. R., *Introduction to Educational Sociology*, Houghton Mifflin Co., Boston.

Stark, W. E., *Every Teacher's Problems*.

Stone, C. R., *Supervision of Elementary School*, Houghton Mifflin Co., Boston.

Strayer, G. D., *Centralizing Tendencies in the Administration of Public Education*, Teachers College, Columbia University Contributions to Education, Bureau of Publications, T. C. New York.

Strayer, G. D., Changing Concepts of Educational Administration, *Teachers College Record*, March 1939.

Strayer, G. D. (Director), *Report of the Schools of Newburgh*, New York, Bureau of Publications, Teachers College, Columbia University, New York.

Strayer, G. D. (Director), *Report of the Survey of the Schools of Holyoke*, Massachusetts, 1930, The Institute of Educational Research Division of Field Studies, Teachers College, Columbia University, New York.

Strayer, G. D. (Director), *Report of the Survey of the Schools of Watertown*, Massachusetts, Bureau of Publications, Teachers College, Columbia University, New York.

Strayer, G. D. & Engelhardt, N. L., *School Building Problems*, Bureau of Publications, Teachers College, Columbia University, New York.

Strayer, G. D. & Engelhardt, N. L., *School Records and Reports*, Bureau of Publications, Teachers College, Columbia University, New

York.

Strayer, G. D. & Engelhardt, N. L., *Score Card for Village and Rural School Buildings of Four Teachers College*, Columbia University, New York.

Strayer, G. D. & Engelhardt, N. L., *Standards for Elementary School Buildings*, Teachers College, Columbia University, New York.

Strayer, G. D., Engelhardt, N. L., *Standards for High School Buildings*, Bureau of Publications, Teacher College, Columbia University, New York.

Strayer, G. D., Engelhardt, N. L. & Burton, T. C., *Campus Standards for Country Day and Boarding Schools*, Bureau of Publications, Teachers College, Columbia University, New York.

Strayer, G. D. & Engelhardt, N. L. & Elsbree, W. S., *Standards for the Administration Building of a School System*, Bureau of Publications, Teachers College, Columbia University, New York.

Strayer, G. D. & Thorndike, E. L., *Educational Administration Quantitative Studies*, The Macmillan Co., New York.

Strayer, G. D. & Others, *Problems in Educational Administration*, Bureau of Publications, Teachers College, Columbia University, New York.

Symonds, P. M., *Mental Hygiene of the School Child*, The Macmillan Co., New York.

Terrman, L. M., *Hygiene of the School Child*, Houghton Mifflin Co., Boston.

Thomas-Tindal, E. V. & Myers, J., *Junior High School Life*, the Macmillan Co., New York.

Uhl., *Principles of Secondary education*, Silver Burdett & Co., Newark, N. J.

Uhl., W. L. & Others, *Supervision of Secondary Subjects*,

D. Appleton & Co., New York.

Vineyard, J. J. & Poole, C. F., *Student Participation in Government*, A. S. Barnes & Co., New York.

Washburne, C. W. & Others, *A Survey of the Winnetika Public Schools*, Public School Publishing Co., Bloomington.

Wiley, G. M., Whither Democracy's Schools, *School and Society*, 1934.

Willett, G. W., *Philosophy and Practice in High School Administration*, The Christopher Publishing House, Boston.

Winslow, C. E. H., *The School Health Program*.

Wood, T. D. and Rowell, H. G., *Health Supervision and Medical Inspection of Schools*, W. B. Saunder and Co., Philadelphia.

Committee of the Dept. of Supervisors and Directors of Instruction of The National Educational Association, Current Problems of Supervisors, *The Third Yearbook*, Bureau of Publications, T. C. Columbia University, New York.

Educational Progress and School Administration — A Symposium by a Number of his Former Associates as a Tribute to Frank Ellsworth Spauding on His Retirement from Active Service, Yale Press, New Haven.

National Society for the Study of Education, *Thirtieth Yearbook*, Part II, The Textbook in American Education, Public School Publishing Co., Bollmington, Illinois.

The Elementary School Principalship, *Seventh Yearbook of the Department of Elementary School Principals of the National Education Association*, Washington, D. C..

Thirtieth Annual Report of the Supervisors Schools to the Board of Education of the City of New York, July 1928.

The Superintendent Surveys Supervision, *Eighth Yearbook of the Department of Superintendence*, The National Education Association, Washington, D. C.

The Thirty-Seventh Yearbook of the National Society for the Study of Education, Part Ⅱ, The Scientific Movement in Education, Public School Publishing Co., Bloomington, Illinois, 1938.

Yale University, *Educational Progress and School Administration*, Yale University Press, New Haven, 1936-For F. E. Spauding.

(2) 中文部

杜佐周：《教育与学校行政原理》，商务。
夏承枫：《现代教育行政》，中华。
常导之：《增订教育行政大纲》，中华。
程湘帆：《中国教育行政》，商务。
张季信：《中国教育行政大纲》，商务。
邰爽秋等：《教育行政之理论与实际》，教育编译馆。
邱椿、姜琦：《中国新教育行政制度研究》，商务。
夏承枫：《教育行政通论》，南京书店。
罗廷光：《教育概论》，正中，世界。
张金鉴：《行政学之理论与实际》，商务。
马宗荣：《最近中国教育行政四讲》，商务。
周成：《教育行政学》，泰东。
程其保：《教育原理》，商务。
孙贵定编：《教育学原理》，商务。
蒋泽宣等著：《中国教育问题之讨论》，商务。
李之鹍译：《各国教育政策之综合的研究》，中华。
陶天南：《中国行政法总论》，中华。
姜书阁：《中国近代教育制度》，商务。
国联调查团：《中国教育之改进》。
陈宝泉：《中国近代学制变迁史》，文化学社。

符世衡：《中国教育制度及其时代环境》，晨光。
孟宪承：《教育概论》，商务。
吴俊升、王西征：《教育概论》，正中。
陈倪：《教育概论》，中华。
罗廷光：《最近欧美教育综览》，商务。
古楳：《现代中国及其教育》，中华。
舒新城：《近代中国教育史料》，中华。
舒新城：《近代中国教育思想史》，中华。
《四千年来中国教育大事记表》，载《中国教育辞典》，中华。
丁致聘编：《中国近七十年来教育记事》，商务。
教育部：《十年来之教育概述》。
罗廷光：《教育科学研究大纲》，中华。
郑宗海译：《教育之科学的研究》，商务。
国民政府：《中华民国教育法规汇编》。
教育部：《教育法令汇编及续编》，商务及正中。
《抗战建国纲领》，正中。
教育部：《教育法令特辑》，正中。
教育部：《划一教育机关公文格式办法》，中华。
邰爽秋：《教育图示法》，教育印书合作社。
教育部：《第一次中国教育年鉴》，开明。
《大清教育新法令》，商务。
李建勋、康绍言：《直隶省教育行政组织之改革案》，文化学社。
蒋维乔：《江苏教育行政概况》，商务。
孙䇹侯：《浙江教育史略》。
《贵州省教育概况》。
《云南省教育概况》（二七年〔1938〕八月至二八年〔1939〕七月）。
《广西省教育法规汇编》（二五年〔1936〕一月）。
唐资生：《广西省现行教育法令简编》（二七年〔1938〕六月，桂南教育厅)。

《改进全省地方教育行政方案》(广东省教育厅)。

《湖北省现行法规汇编》。

邰爽秋等:《地方教育行政之理论与实际》,教育编译馆。

辛曾辉:《地方教育行政》,黎明。

潘守正:《福建省地方行政与地方自治》。

甘豫源:《县教育行政》,正中。

甘豫源:《地方自治法规辑要》,正中。

孔充:《县政建设》,中华。

黄哲真:《地方自治纲要》,中华。

中央自治计划委员会:《地方自治法规辑要》,正中。

程方:《中国县政概论》,商务。

张永译:《各国地方政府》,商务。

程懋型:《剿匪地方行政制度》,中华。

乡村工作讨论会:《乡村建设实际》,第一、二、三集,中华。

程懋型:《现行保甲制度》,中华。

程懋型:《现行保甲制度续编》,中华。

昆明市政府:《昆明市现行规章汇编》。

罗廷光:《师范教育新论》,南京。

罗廷光:《师范教育》,正中。

赵冕:《社会教育行政》,商务。

邰爽秋等:《中小学及地方教育行政公文书牍大全》。

廖世承:《中学教育》,商务。

黄式金、张文昌:《中学行政概论》,世界。

汪典存:《修正中学制度刍议》。

邱椿:《学制》,商务。

庄泽宣:《各国学制概要》,商务。

朱有光:《中国教育制度之研究》,商务。

中山文化教育馆研究部编辑:《中国教育制度讨论专刊》。

周佛海：《十年来的中国中等教育》。

廖世承：《实验新学制后之东大附中》，中华。

中大实校：《中央大学实验学校表册规程》。

杜佐周：《小学行政》，商务。

程其保、沈廪渊：《小学行政概要》，商务。

李清悚：《小学行政》，中华。

俞子夷：《小学行政》，中华。

雷震清：《小学校长》，南京。

雷震清：《怎样办理小学》，南京。

俞子夷等：《一个小学十年努力记》，中华。

程其保：《小学行政概要》，商务。

沈子善：《小学行政》，正中。

饶上达：《小学组织及行政》，中华。

蒋息岑：《小学行政》，开明。

陈剑恒：《小学实际行政》，儿童。

《实验小学行政组织》（苏州中学实验小学）。

刘百川：《小学校长与教师》。

王素意：《校长和小学》，商务。

李清悚：《小学校长》，中华。

金步犀：《广西之国民基础教育》（桂西教育厅）。

陈友松译：《教育财政学原论》，商务。

《教育经费问题》，教育编译馆。

江西省政府会计处：《会计法令汇编》。

邱治新：《小学经费处理法》，正中。

姜琦、杨慎宜译（Q. A. Wagner 原著）：《视学纲要》，商务。

周邦道：《教育视导》，正中。

雷震清：《教育视导之理论与实际》，教育编译馆。

庄泽宣、华俊升：《浙江教育辅导制研究》，中华。

《浙江省地方教育辅导方案》。

李晓农等：《乡村教育视导》，黎明。

李之鸥译：《乡村学校行政与辅导》，商务。

王人驹：《地方教育辅导经验谈》，开明。

杜定友：《学校教育视导法》，中华。

程湘帆：《教学指导》，商务。

姜子荣：《赖蒂教学视察与指导概要》，商务。

张哲农：《城市平民学校视导法》，商务。

盛振声编：《乡村小学视导法》，商务。

广东省教育厅：《小学教育指导书》，商务。

罗廷光：《教学通论》，中华。

罗廷光：《普通教学法》，商务。

张文昌：《中学教务研究》，民智。

李相勖：《课程论》，商务。

程湘帆：《小学课程概论》，商务。

郑宗海、沈子善译：《设计组织小学课程论》，商务。

李相勖：《训育论》，商务。

余家菊译：《训育论》，中华。

范寓梅译：《建设的学校训育》。

吴俊升：《德育原理》，商务。

张铭鼎译：《杜威的德育原理》，商务。

邰爽秋、王克仁译：《德育问题》，中华。

吴俊升：《教育哲学大纲》，商务。

余家菊译：《道德论》，中华。

温公颐：《道德学》，商务。

张东荪：《道德哲学》，上、下册，中华。

蔡元培：《中国伦理学史》，商务。

谢晋清译（三浦藤作著）：《西洋伦理学史》，商务。

郑俞合译：《密勒氏人生教育》，商务。

周天冲：《中小学训育问题》，商务。

陈启天：《中学训练问题》，中华。
陈翊林译：《应用教育社会学》，中华。
张绳祖译（T. K. Slabliton 原著）：《中小学训导实施法》，商务。
仲靖澜等：《中学教育指导》，世界。
　　　　《中央颁行学生团体组织原则学生自治会组织大纲及其施行细则》。
李相勖：《中学课外作业》，华通。
李相勖：《课外活动》，商务。
江苏省立上海中学：《学生课外作业概况》。
李相勖、徐君梅、梅君藩：《课外活动》，商务。
樊兆庚：《小学训育实施法》，正中。
李庚復等：《小学训育的实际》，商务。
朱智贤：《儿童自治概论》，中华。
谢颐年：《儿童活动指导法》，中华。
　　　　《小学公民训练标准》（二十三年〔1934〕部颁《小学课程标准》）
刘百川：《小学教育法》，世界。
汪联煜：《小学公民训练实施法》，儿童书局。
李廷安：《学校卫生概要》，商务。
俞广恩：《学校卫生讲义》，商务。
金兆均：《体育行政》，勤奋书局。
卫生署：《城市小学学校卫生设施方案》。
程翰章：《学校卫生行政》，商务。
蒋世刚：《学校庶务之研究》，商务。
金殿动：《学校设备用品述要》，商务。
李清悚：《学校建筑与设备》，商务。
王国元：《各科教具自制法》，商务。
教育部颁行：《物理学设备标准》，商务。
教育部颁行：《化学设备标准》，商务。
教育部颁行：《高、初级中学动植物、生物学设备标准》，商务。